U0444758

WINNING THE SERVICE GAME

# 服务企业制胜法则

〔美〕本杰明·施奈德 〔美〕戴维·E.鲍恩 著

沈 峰 译

商 务 印 书 馆

2007 年·北京

*Benjamin Schneider & David E. Bowen*

**WINNING THE SERVICE GAME**

Original work copyright © Benjamin Schneider and David E. Bowen.

Published by arrangement with Harvard Business School Press.

**图书在版编目(CIP)数据**

服务企业制胜法则/〔美〕施奈德,〔美〕鲍恩著;沈峰译.—北京:商务印书馆,2007

ISBN 7-100-05128-2

Ⅰ.服… Ⅱ.①施…②鲍…③沈… Ⅲ.服务业—企业管理—研究 Ⅳ.F719

中国版本图书馆 CIP 数据核字(2006)第 078517 号

所有权利保留。

未经许可,不得以任何方式使用。

**服务企业制胜法则**

〔美〕本杰明·施奈德〔美〕戴维·E.鲍恩 著

沈 峰 译

商 务 印 书 馆 出 版

(北京王府井大街36号 邮政编码 100710)

商 务 印 书 馆 发 行

北京瑞古冠中印刷厂印刷

ISBN 7-100-05128-2/F·629

2007年6月第1版　开本 700×1000 1/16

2007年6月北京第1次印刷　印张 24½

印数 5 000 册

定价:49.00 元

# 商务印书馆—哈佛商学院出版公司经管图书
# 翻译出版咨询委员会

（以姓氏笔画为序）

方晓光　盖洛普(中国)咨询有限公司副董事长
王建铆　中欧国际工商学院案例研究中心主任
卢昌崇　东北财经大学工商管理学院院长
刘持金　泛太平洋管理研究中心董事长
李维安　南开大学商学院院长
陈国青　清华大学经管学院常务副院长
陈欣章　哈佛商学院出版公司国际部总经理
陈　儒　中银国际基金管理公司执行总裁
忻　榕　哈佛《商业评论》首任主编、总策划
赵曙明　南京大学商学院院长
涂　平　北京大学光华管理学院副院长
徐二明　中国人民大学商学院院长
徐子健　对外经济贸易大学副校长
David Goehring　哈佛商学院出版社社长

# 致中国读者

哈佛商学院经管图书简体中文版的出版使我十分高兴。2003年冬天，中国出版界朋友的到访，给我留下十分深刻的印象。当时，我们谈了许多，我向他们全面介绍了哈佛商学院和哈佛商学院出版公司，也安排他们去了我们的课堂。从与他们的交谈中，我了解到中国出版集团旗下的商务印书馆，是一个历史悠久、使命感很强的出版机构。后来，我从我的母亲那里了解到更多的情况。她告诉我，商务印书馆很有名，她在中学、大学里念过的书，大多都是由商务印书馆出版的。联想到与中国出版界朋友们的交流，我对商务印书馆产生了由衷的敬意，并为后来我们达成合作协议、成为战略合作伙伴而深感自豪。

哈佛商学院是一所具有高度使命感的商学院，以培养杰出商界领袖为宗旨。作为哈佛商学院的四大部门之一，哈佛商学院出版公司延续着哈佛商学院的使命，致力于改善管理实践。迄今，我们已出版了大量具有突破性管理理念的图书，我们的许多作者都是世界著名的职业经理人和学者，这些图书在美国乃至全球都已产生了重大影响。我相信这些优秀的管理图书，通过商务印书馆的翻译出版，也会服务于中国的职业经理人和中国的管理实践。

20 多年前，我结束了学生生涯，离开哈佛商学院的校园走向社会。哈佛商学院的出版物给了我很多知识和力量，对我的职业生涯产生过许多重要影响。我希望中国的读者也喜欢这些图书，并将从中获取的知识运用于自己的职业发展和管理实践。过去哈佛商学院的出版物曾给了我许多帮助，今天，作为哈佛商学院出版公司的首席执行官，我有一种更强烈的使命感，即出版更多更好的读物，以服务于包括中国读者在内的职业经理人。

在这么短的时间内，翻译出版这一系列图书，不是一件容易的事情。我对所有参与这项翻译出版工作的商务印书馆的工作人员，以及我们的译者，表示诚挚的谢意。没有他们的努力，这一切都是不可能的。

哈佛商学院出版公司总裁兼首席执行官

万季美

献给永远的挚爱——布伦达

本杰明·施奈德

献给我的儿子——安德鲁，为了和他在一起的每一个快乐瞬间

戴维·E.鲍恩

# 目录

# CONTENTS


前言…………………………………………………… i

第一章　掌握游戏规则，建立制胜服务组织 ………… 1

制胜服务组织的三层结构 ……………………… 2

优质服务的关键：服务的无缝性 ……………… 10

胜利的果实：优质服务的回报 ………………… 13

**顾客层：以顾客为中心** ………………………… 21

第二章　满足顾客的期望………………………… 23

顾客期望的心理及其要素………………………… 26

为分析顾客期望及服务质量整理资料…………… 45

战略性关注顾客期望……………………………… 55

总结………………………………………………… 68

第三章　尊重顾客的需求………………………… 71

需求在服务游戏中扮演的角色…………………… 72

顾客追求的三种需求……………………………… 79

总结……………………………………………… 111

第四章　开发利用顾客的才能………………… 115

顾客的三种独特的角色………………………… 116

将顾客作为人力资源管理……………………… 119

作为领导替代者的顾客………………………… 136

作为组织顾问的顾客…………………………… 142

我们团结在一起……………………………………………… 14

**交界层:管理与顾客的人员接触和非人员接触** ……… 14

第五章　通过招聘和培训,管理人员接触 ……………… 14

直接接触顾客的员工的生理与心理世界……………… 14

为直接接触顾客的服务工作配备员工………………… 15

培训直接接触顾客的员工……………………………… 17

总结………………………………………………………… 19

第六章　通过奖酬机制,管理人员接触 ………………… 19

奖酬机制失灵的典型原因……………………………… 19

如何激励员工? ………………………………………… 20

有哪些奖酬方式? ……………………………………… 20

奖酬中的公平与合理:确保员工坚持以服务
为导向的行为…………………………………………… 22

总结………………………………………………………… 23

第七章　通过亲自体验,管理非人员接触 ……………… 23

必须管理的问题………………………………………… 24

顾客接触的服务设备和场所…………………………… 24

顾客接触的员工的穿着………………………………… 25

顾客接触的广告………………………………………… 25

顾客接触的核心服务…………………………………… 25

总结……………………………………………………………… 264

**协调层：创建服务文化**……………………………………………… 267

第八章　设计以顾客为中心的服务系统…………………………… 269
基于"服务逻辑"，构建无缝系统 …………………………… 270
运营管理………………………………………………………… 272
市场营销………………………………………………………… 284
人力资源管理…………………………………………………… 294
服务产品研发…………………………………………………… 303
财务：简略的概览（一个现实问题） ……………………… 310
弥合管理职能中的裂缝………………………………………… 312
第九章　创建服务文化……………………………………………… 319
文化是协调员工的关键………………………………………… 320
组织文化的含义………………………………………………… 321
发起组织文化的变革…………………………………………… 329
管理服务游戏：实现无缝服务 ……………………………… 342
注释…………………………………………………………………… 351
作者介绍……………………………………………………………… 375

服务企业

# 前　言

在本书中，我们就与理解和认识服务质量及向顾客提供优质服务相关的各类问题进行了广泛的探讨，并给出一个综合的全貌。本书是写给主管经理们的，特别是那些负责改善他们企业服务质量的经理们。本书所讨论的问题涵盖了从理解客户期望和需求，到遴选和培训一线服务人员，以及从整合营销和运营到协调整个服务管理系统等众多方面。

我们在书中阐述的理念汇集了我们30年来在服务机构管理方面的咨询、教学和研究的心得及成果。从这些经验里，我们总结了服务企业要想提供优质服务所必须遵从的五条重要原则：

1. 当你考虑服务业务的真谛到底是什么或如何管理服务业务时，永远不要脱离顾客。顾客是企业的组成部分。
2. 为提供优质服务遴选、培训和奖励员工。正如你自己的营销调研结果所表明的那样，服务质量是由你的顾客确定的。

3. 就像关注一线人员和业务流程一样，高度重视后台的人员和运作细节。服务在于细节——如果你的服务质量恶劣，顾客才不会理会服务是来自一线还是后台。
4. 努力满足顾客期望和需求，在组织内部进行跨职能整合，确保所有职能都以向顾客提供高质量的服务为导向。
5. 将上述1—4项整合起来，促进形成一种“服务文化”，作为服务品质的保证。只有通过文化才能管理好服务质量，因为你不可能时刻关注每一项交易。

本书就这些原则提供了下列信息材料：

- 支持这些原则的背景信息。
- 卓越的服务提供商们实践这些原则的案例。
- 这些原则长远效益的研究例证。
- 管理人员遵循的一套清晰法则。这套法则能使管理人员养成对需要关注的特别重要的问题的敏感性，以便使这些原则得以贯彻。

市场营销专业和人力资源管理专业的学生们也会发现这本书是值得他们关注的。无论是在实践方面还是在理论方面，我们书中的阐述强调了这些学科（还包括其他学科，如运营管理)协作的必要性。市场营销要想获得成功,很大程度上要依靠服务工作的人力资源。而人力资源经理们则需要具备以市场为导向的理念,从而为经营业务的成功作出最大的贡献。如果他们为之努力的企业要想在未来具有竞争力,这些团队最好现在就开始相互理解对方的语言。将他们关在一间屋子里,直至他们能够相互沟通、讨论和协作为止。本书将有助于企业取得这样的效果。

许多个人和公司为我们提供了奠定本书基石的真知灼见和数据帮助。本杰明·施奈德在马里兰大学和管理与企业学院(法国艾克斯—马赛大学)的同事和研究生对他的思想产生了很大的影响。1993 年秋季,他在马赛大学度过了大学教师休假年并开始着手本书的撰写。特别是贝丝·程(Beth Chung)为我们这本书的早期草稿提出了富有见地的批评和建议。

本杰明要感谢原在花旗财团、后来在大通曼哈顿银行工作的丹尼尔·Q. 凯利(Daniel Q. Kelly)给予的支持和鼓励。没有丹尼尔的支持,现在所提出的许多理念将无法用真实的数据来验证。此外,本杰明还要感谢曾有幸共事过的 AT&T 公司的乔尔·摩西(Joel Moses)、理查德·坎贝尔(Richard Campbell)和 GEICO 集团的帕特里克·E. 威尔逊(Patrick E. Wilson),他们同样关注服务质量问题,他们是本杰明工作灵感的源泉。

戴维要感谢以前在南加州大学的同事,他们激发了他对高参与组织(high-involvement organizations)动力学的研究

制胜法则

兴趣。要特别感谢史蒂夫·克尔(Steve Keer,原在USC公司工作,现在通用电气公司工作),他关于奖酬系统的独创见解对如何赢得服务竞争的认识有着重要影响。在亚利桑那州立大学,戴维从史蒂夫·布朗(Steve Brown)和他在服务营销第一州际研究中心的同事那里学到了很多东西。他还要感谢服务管理专业MBA班的学生保罗·约翰逊(Paul Johnson),感谢他评阅了早期书稿的部分内容。

本杰明·施奈德 于马里兰州,贝塞斯达

戴维·E.鲍恩 于亚利桑那州,凤凰城

# 第一章　掌握游戏规则，建立制胜服务组织

以工业模式管理服务企业就如同用农业模式经营工厂，无异于缘木求鱼。[1]

本书要传达的信息非常简单：只要掌握了我们所言的“服务游戏规则”，服务组织就能够超越竞争对手。我们突出强调服务竞争，因为它是完全不同于制造业的竞争。在阐述工作性质演化阶段的一部著作里，丹尼尔·贝尔(Daniel Bell)清晰地向我们阐明了这一点。以下是他对这些阶段的具体描述：

1. 第一阶段是对付天赋之物的农业博弈，在这场博弈中，人类的对手是土地。
2. 第二阶段是对付制造之物的工业博弈，博弈在人类与机器之间展开。

3. 第三阶段是对付人的后工业时代服务博弈，它是在服务人员与顾客，或者说专业人员与顾客之间展开。[2]

每种博弈游戏都需要不同的资源和不同的规则。

我们将这些服务游戏规则列在本章的后面，供读者查阅。这些规则告诉大家如何认识服务质量和怎样实现服务质量。规则简朴，表面看来似乎也是容易遵循的。但是，要自始至终地坚持这些规则并不是件容易的事。如果管理者能够遵循这些规则，那么他们就能够创建起一个服务组织，提供远远优于竞争对手的服务。这些规则致力于塑造一个制胜法宝——适合各类服务组织的“三层结构”聚合体。

## 制胜服务组织的三层结构

服务业的竞争优势源自设计和管理服务运营的独特方式。在本书中，我们提出了我们对服务组织的独到见解——将服务组织看做是由三个层级构成的：顾客层、交界层和协作层。这个三层模型与传统的按诸如市场营销、人力资源和运营管理职能划分组织的模型是截然不同的。我们将服务的成功与有效地管理和整合这些层级联系起来。所以，本书既不讨论人力资源、市场营销，也不讨论被人们称做是治疗职能型组织通病的灵丹妙药的跨职能团队，而是讨论如何从战略上和整体上管理在这三层里要做好的成百上千的事务，以赢得服务游戏的胜利。

*顾客层*

顾客是所有服务组织的根本,是服务游戏的评判员。我们的一些同事认为,就当今世界的竞争性质而言,用花样滑冰比赛来比喻服务游戏是再恰当不过的了。不同于足球或者曲棍球那种目的在于打败比赛对手的游戏,在服务游戏中,每个组织的目标是取悦评判委员会的评判员们和设法给评判员们留下深刻的印象,而评判员就是你的顾客。因此,即使你打败了其他组织,但如果顾客给你的评分仅仅是4分或5分,那么你仍然会输掉比赛。在花样滑冰比赛中,10分是完美表现的评分——这正是要赢得服务游戏所追求的。

管理活动应该以对顾客三个方面的深入了解为基础:顾客的期望、顾客的需求和顾客的能力。就我们的经验来看,当今的管理者们对顾客的期望知之甚多,但是对顾客的需求和能力了解甚少。

区分顾客期望和需求是至关重要的,因为顾客往往知道或很容易搞明白自己的期望。但是,他们通常对自己的需求却是模糊不清的。要想不被淘汰出局,与竞争对手继续较量,服务组织最起码必须满足顾客的期望。顾客的这些期望是什么,如何发掘它们,这正是我们要详细探讨的主题。如果你不想被淘汰出局,你就必须明确顾客对你的服务的特定期望。

管理所面临的一个严峻挑战就是要根据你的目标顾客

的期望设定企业的战略重心。每一个服务组织都必须适应它的市场,适应顾客对服务质量的特定要求。组织的设计要以目标顾客的期望为中心——这就是"服务质量的战略观"。它是奠定所有服务游戏规则的中心准则。第二章将探讨顾客的期望问题及其与服务质量的关系。

一旦顾客的期望得以明确和满足,那么他们的潜在需求就成为服务经营差异化的关键。这正是赢得服务游戏的出发点。现在我们深信,服务组织必须满足顾客的三个关键需求才能实现优质服务:

1. 安全:对安全感的需求和对身心不受伤害、经济上不受损害和威胁的需求;
2. 尊严:维护自身尊严和被人尊重的需求;
3. 公正:对受到公平和公正对待的需求。

聚焦于顾客的需求有助于我们认识顾客所作的反应,特别是了解他们对失败的服务采取的反应,以及他们对新服务反应迟钝的原因。在第三章,我们将全面探讨顾客需求在获取服务质量竞争优势中的作用。

顾客不仅有期望和需求需要服务组织去满足,他们还有自己的能力。那些能够充分利用顾客能力的组织将会成为服务游戏的大赢家。在服务组织中,顾客既是消费者又是生产者。如同企业的雇员一样,顾客也是企业人力资源的一部分。如果顾客具有充足的才干,那么他们就能为你做各种各样的工作，从与你共同设计服务业务到共同规划人力资源管理活动。拥有“优秀顾客”将是企业竞争优势的源泉。第四章将会讨论服务企业开发利用顾客能力的途径。

顾客层要应对顾客的三个重要特征：顾客的期望、顾客的需求和顾客的能力。只有明白了这些，那些负责管理服务并与顾客打交道的人才能开始投入工作。我们把这些与顾客直接打交道的人员统称为交界层。

### 交界层

交界层是服务组织的第二层，顾客在此与组织打交道——这被称做是“关键时刻(moment of truth)”。[3]在交界层人员之间的游戏大多发生在服务提供商和顾客之间面对面的打交道过程中。

直接为顾客提供服务的人员在交界层起着独特的作用，应该给予特别的关注。与制造业相比，服务业的特性(如无形性及与顾客直接接触)要求负责服务业务的员工表现得更加主动，更加有效地应对压力，在处理人际关系上更加敏捷。

从事服务业务的人员将顾客与组织联系到一起，他们所起到的作用不是创造就是破坏。交界层，特别是交界层的员工，是将顾客与企业紧密联系在一起的黏合剂。因为负责服务业务的员工在身心两方面都最靠近他们服务的顾客，他们在组织中至少扮演了两个重要角色：

1. 印象主管(Impression manager):在许多顾客看来,提供服务的员工就代表着该服务组织。这意味着交界层员工的行为和他们的行为给顾客带来的体验就是顾客眼里的服务质量。
2. 信息的监视员(Gatekeeper of information):交界层的员工时刻在与顾客交往,他们总在注视着顾客的态度,了解竞争对手的策略,知道如何改进服务质量——他们是有益信息无尽的源泉。

在此,我们将介绍如何招聘、任用、酬劳、培训和奖励一线的员工。然而,尽管我们强调要对这些员工给予重视,关注他们的能力、态度和工作积极性,但是这只是赢得服务竞争众多法则中的一条。我们要避免陷入我们所说的“人力资源陷阱(human resources trap)”。许多企业都在这方面犯错落入陷阱,它们将服务质量问题全部归之于员工在“关键时刻”与顾客的交往上。因此,我们还要强调配套的非人员服务的重要性(例如服务设施和账单的及时、准确),重视对一线员工的支持才能使他们最有效地为赢得服务游戏发挥作用。正如花样滑冰需要适合的音乐和表演服装一样,服务工作人员的表现也只能达到所得到的支持限度内的完美。

我们将任用和培训交界层员工的内容放在第五章;第六章的主题则是如何奖励这些员工,如何促进服务的优化。尽管与顾客的非人员接触不涉及面对面的交往,但是我们仍然将这些接触视为交界层的一部分,因为它们对顾客感受到的服务质量有很大的影响。第七章将分析交界层与顾客的非人员接触。

***协调层***

协调是管理人员的职责，在服务企业中，它是管理人员最重要的职责。它包括协调顾客的活动（顾客常常在现场协助服务的实施）以及整合顾客层与交界层。协调工作的关键是确保如下几点：

- 制定清晰的战略决策，确定目标市场是什么或者应该是什么，有效地协调组织内部的职能，开拓目标市场；
- 交界层能够利用后勤、各个系统和人员的支持，努力满足顾客层的期望和需求；
- 要同时满足处在交界层的工作人员的期望和需求。

在此，最艰难的挑战是使服务组织的各个子系统（如运营管理、市场营销及人力资源管理）能够合而为一地运作。每个职能都有自身的内在运作方式，有可能与组织的相应要求是不一致的。例如市场营销部门对于为了销售更多的服务所做的各种必要工作，可能感到勉为其难；运营部门对于为了降低成本所采取的各种措施，也可能感到难以适应。协调工作的目标是将这些相互冲突的逻辑融合为一个整个组织都接纳的逻辑，并共同致力于实现顾客的期望和满足他们的需求。我们将在第八章中谈到相关策略。

我们强调通过营造服务的氛围和文化这种最有效的方式实现协调，应对服务系统一体化的不同寻常的挑战。也就是说，协调问题可以概括为对于一种追求卓越服务的氛围和文化的建设、维护和强化。我们将用相当大的篇幅来阐述协调层的责任，包括建设、维护和强化追求卓越服务氛围和文化的方法。更准确地说，因为不同的组织有不同的顾客，所以卓越服务的含义对不同组织来说是有差异的。我们详细地描述了不同含义的卓越服务所需的不同类型的氛围和文化。例如一种氛围要求迅速接待顾客，而另一种氛围则要求在接待顾客时给予其更多的体贴和关爱，管理这两种不同的氛围就需要有不同的方式。

本书的最后一章——第九章将探讨建设、维护服务文化的相关问题。其中列举了建设服务文化应采取的一些步骤。这一章是基于这样一个基本原则：良好的服务质量不是依靠一两件工作就可以实现的。要想让员工笃信他们的企业确实是信奉优质服务的——正是员工的这种信念转化成了优质的服务，组织需要做大量的工作。

总之，我们建议管理者们必须深入地认识服务组织，要知道它包含了三层：顾客层、交界层和协调层。对服务组织的这种认识方式（见图 1－1）有许多独特的地方。首先，顾客被纳入组织中，成为组织的一部分，而不是将顾客排除在组织之外。他们属于组织并被视为组织的基础。在此，值得我们重复强调的是：没有哪一个商业组织没有顾客；服务组织因顾客而存在；顾客是组织的基础。

交界层，是本书认识服务组织的另一个特点。如图 1－1 所示，交界层具有可渗透性，很容易受到来自上层（协调层）和下层（顾客层）的影响。处在这一层的人是负责服务的员工。因为这一层具有渗透性，所以他们有特别的需求，这使他们与众不同。他们处在中间的位置。而且，这一层非人员的特性，例如场所、制服、设备等，会同时影响顾客和员工。

最后，我们对服务组织的认识方式为管理者提供了一个独特的视角。图 1－1 展示了协调层正是为管理人员所占据：管理的主要任务是协调各项活动，实现优质的服务。我们这种认识方式的独特性，在一定程度上在于我们所没有重点强调的管理者的一些职责。我们没有强调“控制”和“领导”以实现优质的服务是管理者的职责。管理者的职责是把系统协调起来，只有这样才能使提供优质的服务成为可能。为什么在此管理者最重要的职责是协调呢？这一点可以从我们对服务特征和优质服务必要条件的阐述中得到答案。

**图 1－1　服务组织的三个层次**

| |
|---|
| 协 调 层<br>（管理者） |
| 交 界 层<br>（所有与顾客的接触点） |
| 顾 客 层<br>（顾客） |

服务企业

## 优质服务的关键：服务的无缝性

我们将提供强有力的证据表明，服务企业的三层次观点（以可渗透层为划分基础，而不是以职能为划分基础）能够实现服务的无缝性。所谓无缝性，是指在所有维度和各个方面，服务的提供都是没有任何阻绊的，同时也是可靠、迅速和殷勤的，等等；其所必需的场所和设施都能够流畅地发挥作用，没有故障，也没有中断和延迟。同样对于系统失灵和一些特殊的需求也能作出类似的高效应对。无缝服务是所有顾客所期望的。

从顾客角度来看，最简单的无缝连接的例子就是大多数组织中的销售部门与服务部门之间的连接。在《服务优势》（*The Service Edge*）一书中，有这样一段话：

> 如今，销售部门与服务部门之间的往来活动在顾客眼中是否无缝、流畅，已经成为评判一个企业的销售是否达到了炉火纯青的境界的标准。许多企业正在采用的策略是创造跨职能的团队：结束以职能为界的条块之争；确保履行诺言；关注所有的顾客，不仅要争取新的顾客，而且要寻找长期留住顾客、满足顾客的途径。[4]

我们看到的各类服务组织，包括从抵押贷款银行到电信公司，从汽车维修公司到保险公司，在创造无缝服务方面普遍做得比较失败。向顾客提供服务还是落入了按职能和部门划分的陷阱。在抵押贷款银行，办事员总是丢失文件，然后又一遍遍不停地向顾客索取信息，使业务流程看上去总是磕磕绊绊。在电信公司，沟通简直就不可能：维修部门无法联系到维修车；维修组人员收到的地址是错误的；客户则永远不知道到底发生了什么和为什么得不到所承诺的服务。在汽车维修公司，维修的价格总是高于原有的估计，而且顾客永远无法得到一个确定的预约（脑外科手术医生都能够按计划时间表工作，为什么汽车维修行却做不到呢？）。事实上，汽车还经常没有得到很好的维修。

我们并不是有意责难这些行业，只是以它们为例，列举服务中发生的一系列反反复复、停停走走的不顺畅和长时间的延迟、不确定。与这些例子相比，无缝服务则完全不同。我们相信，服务企业的目标就是要创造这样一个环境：在这个环境中，交界层和协调层能够融合一致，使顾客层体验到无缝的服务。顾客希望体验到的服务是一个完整的过程，而不是不同部门工作的拼凑，就如同“穿着的是一件完整的衣服”，而不是零零碎碎的布头儿的拼接。

想一想花样滑冰运动员。让我们回想一下奥林匹克运动会和那些获得冠军的运动员：从三周旋转的沙霍夫（Salchow）跳到双脚尖立地的回旋，无论是向外旋转还是向内旋转，他们所有的动作表现无不是无缝的紧密相连、流畅，还有自始至终的微笑。这是服务企业要面临的挑战：创造一个环境，将无缝服务展示给你最为重要的评判员——顾客。

联合太平洋企业集团（Union Pacific，联合太平洋企业集团是在北美洲的交通运输、计算机技术方面占主导地位的公司之一，拥有贯穿美国东西海岸的铁路服务网络，是《财富》世界 500 强之一。其营业范围覆盖美国、加拿大和墨西哥等 50 个国家。——译者注）奉行无缝服务。在 1993 年联合太平洋企业集团的年报中，作为 CEO 的德鲁·刘易斯（Drew Lewis）写道：

> 我身后的这幅名画《金色的道钉》（Golden-Spike，一幅有关完成联合太平洋铁路最后一颗道钉的画）展示了铁路的建设者和投资人激动的场景，他们在庆贺辛勤建设的成就——无缝的国家铁路连接。……正如你在本报告所看到的，你会在此看到另一种无缝连接的范例——我们为什么需要无缝服务存在的原因。它会使消费者、顾客和股东都受益。

在联合太平洋企业集团和其他企业，无缝服务成为了目标——一个在竞争不断加剧的时代必须实现也能够实现的目标。顾客不会关心错误是如何产生的，或者是谁造成的，或者为什么没有能在承诺的期限内完成；除非相关各方（包括企业内部所有参与其中的人和顾客）共同努力，有效地行动起来，否则无缝服务是无法实现的，服务质量也不可能得到改善。遵循本书提供的游戏规则，能够强化企业的无缝服务，进而增强企业的竞争力。

### *胜利的果实：优质服务的回报*

掌握服务游戏规则，就会实现优质的服务，并从优质的服务中获得回报。这一点已经得到了许多文献的充分证明：

> 从长期来看，影响企业绩效的最重要的单个因素是企业产品和服务与竞争对手相比较的质量……不断地改进质量是企业成长的最有效方式。良好的质量可以带来市场的拓展和市场份额的增加。[5]

证据清晰地表明，质量是影响经营单位绩效的最重要因素。这一证据来自 PIMS(Profit Impact of Marketing Strategy)的数据库。数据库包含了来自全世界2 600多家企业的战略与绩效的数据。它证明了质量可以为企业从市场上赢得六项优势：

- 更高的顾客忠诚度；
- 更多的重复购买；
- 更强大的应对价格战的能力；
- 在不影响市场份额的前提下使其产品维持相对较高的价格；
- 降低营销成本；
- 提高市场份额。[6]

除了 PIMS 数据库，还有其他的一些资料使我们明白服务质量能够获得长远的利益：

➤ 佐治亚州立大学(Georgia State University)的肯·伯恩哈特(Ken Bernhardt)和他的同事们刚刚完成一个项目。在这个项目中，他们调查了 472 家家族式经营的连锁餐馆，分析顾客满意度与赢利率的关系。他们发现，第一天收集到的顾客满意度数据与随后九个月餐馆的利润高度相关。[7]

➤ 密歇根大学(University of Michigan)的吉恩·安德森(Gene Anderson)和他的同事们在对来自不同领域(包括航空、汽车制造、银行、旅行社和服装零售等行业)的 77 家企业的研究中发现了相似的结果。他们首先计算了各个企业的投资回报率，然后检验其与客户对质量的主观感受的关系，结果呈显著的正相关关系。该结论对不同企业具有普适性。[8]

越来越多的企业也通过自己的研究发现了服务质量对其长期健康发展和赢利的价值。我们所知的一些对私营企业的研究也得到了相似的结论。这些企业将这些数据视做获取竞争优势的源泉——它们也的确应该这样做！

### *胜利的果实：良好的管理意义重大*

我们这本书的关注焦点是如何认识服务和如何让你的目标顾客获得高质量的服务。我们掌握的大量证据表明，管理者能够影响顾客得到的服务质量：通过为交界层的人员营造服务文化，提供给顾客的服务质量是可以控制的。我们和其他人所做的许多项目清晰地表明，企业组织的内部运营与顾客得到的服务质量有着紧密的关系。

我们所作的研究涉及了各类企业，既包括有诸如西尔斯(Sears)公司、赖德(Ryder)卡车公司这样一些企业，也涵盖了银行和咨询公司的分支机构。基于这些研究得到的证据，我们得出了这样的结论：

- 如果交界层的员工工作在奉行向顾客提供高质量服务理念的管理层之下，那么顾客的反馈是他们得到了高质量的服务。
- 如果交界层的员工为之工作的企业能够很好地促进(通过员工的安置和培训)和支持(在后勤上和战略上)优质服务的提供，顾客的反馈是他们得到了高质量的服务。
- 如果交界层的员工为之工作的企业宣称其正积极地努力留住现有的顾客，那么顾客的反馈是他们得到了高质量的服务。
- 如果交界层的员工宣称他们在为企业工作时的工作态度是积极主动的，那么顾客的反馈是他们得到了高质量的服务。
- 如果交界层的员工宣称他们为顾客提供的服务是优质的，那么顾客也会给出同样的反馈。如果这些员工宣称他们为顾客提供的服务是劣质的，那么顾客也同样会反馈说他们得到了劣质服务。

最后一点可以在图1－2得到体现。图1－2是23家银行分支机构的调查结果。横轴代表员工对分支机构提供的服务质量的观点；纵轴代表这些分支机构的顾客对得到的服务质量的评述。图中的每一点都是一个分支机构的数据，代表着顾客和员工的态度。图1－2所揭示的相关系数是0.73，可以说是高度相关，这显然不是偶然的结果。

图1－2　顾客对得到的服务质量的感受与员工对提供的服务质量的观点的对比

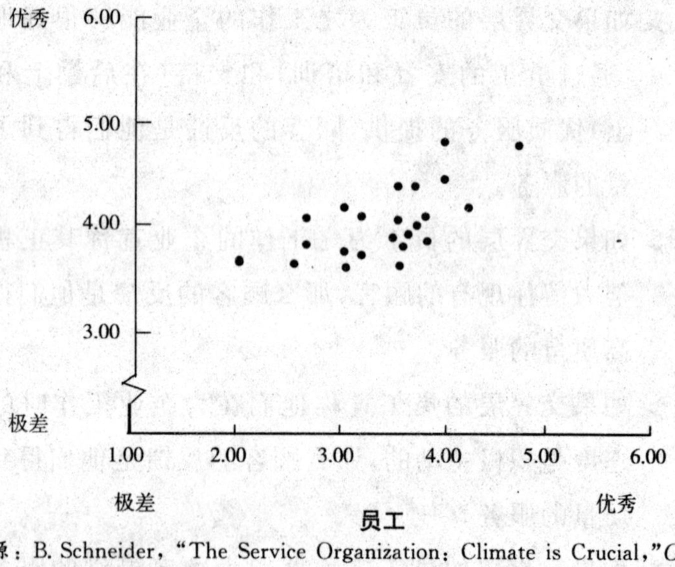


资料来源：B. Schneider, "The Service Organization: Climate is Crucial," *Organizaition Dynamics* 9(autumn 1980):62。

支持这些发现的其他证据也正迅速地增加。[9]在本书，我们会就这些证据提供更加详细的说明，告诉读者如何将这些数据应用到实际的服务质量管理工作中，并提供一些能够遵从的法则，以实现无缝服务，赢得服务游戏。

## 游戏规则

下表列出了游戏规则。规则的详细解释放在了本书下面的章节之中。在此我们仅列出它们，为后面的论述提供一个要旨性的框架。我们要传递的要旨是，服务的无缝性、高质量取决于对顾客层、交界层和协调层的动态跨层次整合。

---

### 赢得服务游戏的规则

第二章　满足顾客的期望

1. 管理无形性
2. 用心关注“习惯性”期望
3. 辨识顾客的双层期望
4. 分析顾客复杂的“质量心理”
5. 系统失灵的恢复计划
6. 知道谁真正了解你的顾客
7. 监督是为提高质量，而不是为数据本身
8. 聚焦目标市场，否则就会游弋不定

第三章　尊重顾客的需求
9. 从需求的角度着手，认识服务质量
10. 违背需求意味着失去顾客
11. 尊重顾客的安全需求
12. 尊重顾客的尊严需求
13. 尊重顾客的公正需求

第四章　开发利用顾客的才能
14. 明确顾客的合作生产者角色
15. 通过遴选和培训，提高顾客能力
16. 激励顾客参与
17. 评估顾客绩效
18. 注意观察那些能让顾客做得更多的线索
19. 以顾客作为领导的替代者
20. 引导顾客成为服务提供系统的合作设计者

第五章　通过招聘和培训，管理服务的人员接触
21. 减少交界层员工在同时为管理部门和顾客服务时面临的巨大压力
22. 为各个工作岗位雇用员工
23. 扩充应聘人才库以提高员工素质
24. 基于应聘者在招聘程序中的表现来确定最终人选
25. 雇用具有合适素质的员工(必须严格遵守)
26. 管理员工的素质和数量

27. 要明白非正式培训 = 学习企业文化
28. 在工作中强化正式培训的两个有利效应

第六章　通过奖酬机制，管理服务的人员接触
29. 充分利用员工都是可以被激励的这一信息
30. 保证奖酬方式要通过七种效力测试
31. 使奖酬系统多元化
32. 履行与员工的心理契约以提高服务质量

第七章　通过亲自体验，管理非人员接触
33. 避免陷入人力资源管理陷阱
34. 管理服务中的有形因素与顾客的心理链接
35. 不要宣传服务质量：要让顾客真切体验到服务质量
36. 如同把握组织盛衰一样管理核心服务
37. 通过服务包来保护核心服务
38. 创造一个包含人员接触和非人员接触的无缝服务

第八章　设计以顾客为中心的服务系统
39. 将“服务逻辑”贯彻于所有的职能部门中
40. 平衡不同顾客接触程度的系统间相互冲突的逻辑
41. 确保运营管理的重心与经营战略的重心相一致
42. 对于营销的以顾客为中心实施一定的限制——除非它适合你的细分市场
43. 判断你是否真的需要设立市场营销部门以实现市场营销

导向
44. 抓住三个关键,实现以市场为导向
45. 人力资源管理职能"服务化"
46. 增加研发投入,开发信息技术和人力资源管理技巧
47. 用内部服务审计和服务配置图判断你的服务逻辑

第九章　创建服务文化
48. 通过文化而非管理者进行管理
49. 避免文化精神分裂
50. 利用员工这个外部市场研究资源
51. 授权给你的员工——正确的道路
52. 要认识到任何单独某一方面的管理改善都无法实现无缝服务
53. 持之以恒地协调服务文化

# 顾客层：以顾客为中心

服务企业

# 第二章　满足顾客的期望

事实上，在服务实施过程当中，很难对服务、提供服务的过程、提供服务的系统加以明确区分。由于服务本身总是需要顾客的参与，因此顾客根据他们的感受来体会服务的质量。同样，他们会依据与他们打交道的员工的行为举止和风度以及实体工具和设备对生产服务的系统作出评判。服务是无形的，这就自然使得顾客不得不寻求其他线索来评价服务。[1]

这段话引自理查德·诺曼（Richard Normann）所著的一本书，他是最早提出"关键时刻"这一概念的学者。所谓关键时刻，是指顾客接触到服务的任一方面并对整个服务质量下评判结论的那一时刻。在关键时刻，顾客的期望是什么呢？

诺曼给出了一些线索。首先，顾客对服务提供商提供服务的状况是有一定期望的。提供的服务是不是非常迅捷、到位和殷勤？其次，提供服务的人员在服务时是否配备有必要的工具（电脑、扳手）？第三，服务现场的设置是否符合所提供的服务的特性？

从上面引述的诺曼的话中，我们还可以看到一个非常重要的问题——服务的无形性。这就是说，服务不仅仅是一种产品，它更是一种行为和过程；在服务过程中，顾客获得的不仅仅是物质上的占有，也是心理上的体验。服务是行为和过程，其内涵远大于产品的物质特性。这一行为和过程决定了顾客对服务的满意程度。

在服务业中，质量取决于顾客对服务本身的体验；而在生产领域，质量则取决于顾客对产品物理特性的体验和使用时的感受。服务给顾客带来体验主要是在服务过程中；而产品给顾客带来体验是在产品使用过程中。对于产品来说，其使用和生产发生在不同的时间和地点；而对于服务来说，接受服务的同时也是服务的生产过程。

就拿马里兰州贝塞斯达市的一个顾客来说吧。他到当地一个家电商场购买了一台吸尘器，带回家后开始使用。他对这台吸尘器是否感到满意，主要在于使用它的过程和使用后获得的效果。这台吸尘器或许是从另外一个国家进口的，而且还是一年前或几年前生产的。但是，这些问题与顾客使用它的体验无关。

还是这位顾客，他前天晚上去听了一场交响乐音乐会。这场音乐会是在他“身临其境”下演出的；他欣赏音乐的过程也是音乐生产的过程。对这位顾客而言，音乐创造了一种心理体验，这场音乐会所传达的体验，只能是精神上的，不可能是物质上的。就像音乐会一样，服务也“生产”体验；它不同于产品，是无形的。要“生产”积极的顾客体验，服务需要众多参与者的协调努力。

1

### 管理无形性

服务不像产品那样看得见、摸得着：重要的是服务过程本身。如何提供服务与提供什么样的服务同等重要。

---

顾客对服务的期望与对产品的期望相比，是迥然不同的。此外，他们对不同类型的服务也有不同的期望，正如他们对不同的产品有不同的期望一样。没有人能给出顾客具体需要什么样服务的答案：当我们去医院看病，我们期待的服务是完全不同于去银行时所期待的；再比如我们去听音乐会，我们要求得到的，也与到银行要求得到的不一样；即便同样是音乐会，我们参加交响乐音乐会和参加摇滚乐音乐会也必定会获得不同的感受。

对于一个企业来说，了解顾客对不同服务和不同市场的期望的细微差别是至关重要的。汽车旅馆下榻的客人与入住星级宾馆的客人相比，他们的期望是截然不同的。因此，只有了解顾客期望的多层面和细微差别，才会在激烈的竞争中更胜一筹，这是那些仅仅机械地评估顾客需要的组织无法企及的。组织对这一点的理解和认识决定了交界层如何应对不同的客户，也决定了客户体验到的服务质量。此外，交界层能够如何满足顾客的期望还取决于协调层能给予怎样的支持。

在本章其余部分，我们重点探讨三个方面的内容：(1)顾客期望的心理和要素；(2)在顾客期望和对服务质量的感知方面收集可靠且有效的数据的方法；(3)服务机构制定一项集中全部资源以满足顾客期望的战略的重要性。

## 顾客期望的心理及其要素

在讨论顾客总体满意度尤其是服务质量时，顾客的期望起着非常重要的作用。因此，我们用了好几页的篇幅集中探讨以下五个核心问题：(1)期望为什么重要？(2)期望是怎样形成的？(3)顾客是否真正了解他们的期望？(4)顾客期望的是什么？(5)顾客对重新提供服务的期望是什么？弄清楚了这几个问题，我们就可以全面了解顾客在提出服务需求时所表现出的心理状态。

### 期望为什么重要？

期望是重要的，因为顾客眼中的质量是最好的评价标准。当顾客衡量产品或服务的质量时，他们往往根据自己内心的标准作出评估。由于没有合适的术语，我们暂将这个用于评判顾客质量期望的标准称为内在标准。[2]

本书中所涉及的质量是“被感觉到”的无形质量。任何一个服务企业的目标是提供让顾客所能够真正体验到的服务质量。这并不意味着，即便我们根本没有提供优质服务，也可以诱导顾客认为他们正在获得一种优质的服务。我们再次强调这个大家都认同的词——“被感觉到的”。正如美丽的评判标准存在于目睹者眼中一样，质量也早已存在于顾客的脑海里。当顾客说质量是差的时候，他们从来都不会错，因为如果他们感觉质量是差的，那么它就是差的。我们可以和顾客争论一天说我们的服务质量有多么地好，但是如果这种服务被感觉是差的，那么它就是差的。

我们有必要指出，本书中所谈的只是相对的服务质量。那些希望基于服务质量在竞争中取胜的服务组织，必须提供胜于对手的，并且能被顾客感觉到的高质量服务。当然，这种服务不必是完美的，除非达到完美是它在竞争中胜出的唯一途径。因此，上述证据证明，在商业领域，收益的多少从根本上归因于产品或服务的质量，并且这种质量的优劣也总是相对的。

对于一个服务领域内的企业来说，竞争是在提供能被顾客感觉到的具有相对优质的服务上展开的，所以企业必须掌握两个信息：

1. 我们的服务质量给顾客的感觉是怎样的？
2. 竞争对手的服务质量给顾客的感觉是怎样的？

以上两个信息告诉我们，组织的竞争基于质量。仅仅知道你所提供的服务是不足以在基于质量竞争的服务中取胜的。所以，在作顾客调查时，除需了解顾客对本企业服务质量的评价外，还需要了解顾客对于那些他们熟悉的，并与你有竞争关系的企业的服务质量作出的评价。

总之，期望是顾客判断他们所得到的服务质量的内在标准。因此，对服务组织来说，了解顾客对服务的特定形式的期望，并按照那些期望，提供能被顾客感觉到的优于对手的服务是十分重要的，这也是服务企业获取利润的关键所在。

### 期望是怎样形成的？

我们不可能时刻意识到我们的期望，但是我们几乎对于日常生活中遇到的每件事物都有期望。当我们拿起电话听筒的时候，我们期望听到拨号音。我们甚至有对其他人行为的潜意识的期望。例如当我们开车在街道上行驶碰到绿灯时，我们“预期”在左边的道路上行驶的驾驶者能看到红灯并停车。我们没有说出这些期望，也不使它们流露于意识层面，而且通常情况下我们也不会意识到它们的存在，除非它们被违背——没有拨号音或愚蠢的驾驶者在红灯亮后没有停车。这些对于事物发生方式的期望只能即时产生。

顾客的期望以相似的方式产生——来自于他们在市场中的经历。这不是说除经历之外的其他因素不能影响期望。但是个人的经历是最可信、最使人印象深刻的因素，其次是口口相传，最后是广告。这就为为什么关键时刻（即顾客与服务组织相接触的时刻）能给顾客带来积极的服务体验提供了另一条理由。

随着时间的流逝，人们期望的特定的标准在各种不同的服务行业中已经逐步固定下来。因为不同类型的企业建立了不同的服务标准，所以当与不同的企业打交道的时候，人们有不同的期望。例如在美国，电话服务和其他的公共服务与汽车修理服务相比要可靠得多；我们对这些服务的可靠性有不同的期望。顾客在获得服务时，不同标准的体验会使其产生不同的期望。因此，服务企业要想表现其胜人一筹的服务质量，就必须设法满足这些期望，甚至做得比顾客期望的还要好。

此外，由于在不同的社会中人们遇到的服务标准是不同的，相应地，顾客的期望在不同的社会中也存在差异。衡量一个法国小酒馆提供的服务和美国一个地方性餐厅提供的服务的标准是不同的。例如法国的小酒馆直到晚上八点才开门，而且每桌只有一个座位，因此顾客可以在这里待上一整晚。

进一步研究复杂一点的服务标准的差异性，我们会发现，服务的规范也随着人口统计学意义上各组群的不同而不同。这些不同的组群可以被视为某些文化内的亚文化。他们获得的服务体验因性别、年龄、身材等的不同而不同。

最后，我要指出的是，一旦期望形成，将很难改变。它们是“认知模式”中的一个部分，顾客（人们）将这些模式存放在自己的头脑中，并且应用它们来有效率地感知世界上不同事物的运行情况。这些模式帮助我们体验世界，并且决定着我们整合我们所处环境中的信息的方式。一个新的信息，即使不同于我们过去的经历，也可以进入一个已存在的模式之内，并被整合。但是，如果过去有很好的服务，一次不是特别好的体验是不会改变我们的全部印象的。反之亦然，如果服务经常是差的，而我们只有一次好的体验，我们的整体印象也会认为它是差的。一般来说，大量不同的信息才足以改变顾客对某一企业服务质量的主要印象。

### 顾客真的知道自己的期望吗?

由于各种原因，顾客往往意识不到他们在接受服务过程中的期望。一个原因是，随着时间推移，一旦期望实现，它便从人们的意识中消退了。例如当拿起电话听筒时，人们并没有意识到听到拨号音的预期。我们称这一过程为适应，它也就是我们所说的“习惯性期望”。

适应所指的是一个身体上和心理上习惯于某事的过程。只有当这件事情改变后，我们才会意识到我们已经习惯了它。当我们进入一间灯光昏暗的房间或者电影院时，过了一会儿，我们就会适应。直到我们进入强光区域后，我们才意识到我们刚才的适应过程。又如一段时间后，我们会对电风扇的噪音听而不闻，因为我们已经适应了它。

我们的心理期望是相似的。我们都曾有过听到拨号音和开灯的经历。只有当我们拿起电话而没有听见铃声和拧了开关而灯却没有亮时，才会意识到我们对这些事情所持有的期望；并且，当我们的期望没有实现时，就会生气。

这里有一条针对服务业务的通用规律，那就是：顾客的期望越是具有习惯性和适应性，当这些期望不能得到实现时，顾客就会越失望和沮丧。举个例子，如果自助洗衣店一开始总是免费浆洗你的衬衣，但是一旦它突然对这项服务收费或者根本不提供这种服务，那么顾客就会失望——这是因为他们不再能享受以前曾被他们视为理所当然的服务。这使我想到纽约市城市银行试图要求其顾客付费使用ATM服务后顾客们激烈的反应。在此之前，这家银行自其开通ATM业务以来就向其顾客免费提供这项服务。

## 2

### 用心关注“习惯性”期望

顾客有时习惯于某种服务的水准，以致在接受服务时，他们意识不到他们对这些服务的期望。所提供的服务越可靠，顾客就越容易习惯于它。违背习惯性期望会引发顾客强烈的反应。必须弄清楚你的顾客是否拥有他们没有意识到的期望（习惯性期望）。

---

期望一般都通过习惯性隐藏在我们的潜意识中，但是违背期望的行为却可以使我们的期望浮现出来。与此类似，违背期望的行为也能使我们的意识中存在的另外一种不太重要的期望明确化。我们把这种期望称做“未预料期望”。例如我们拥有一种没有意识到的期望，即对服务企业如何应对

突发事件的期望(如当顾客拿起电话却没有听到拨号音时,服务企业能多么迅速地恢复正常服务)。

一个总的原则是:当顾客的期望(无论是潜意识层面还是意识层面的)被违背时,他们才能最清楚地意识到他们的期望——这种违背体现在两个方面,即积极的方面(超出期望)和消极的方面(期望没有实现)。这里需要提醒的是,我们应该尽快在顾客期望被违背之后展开数据收集工作。这是了解顾客期望的最佳时机,因为此时顾客最清楚他们的期望是什么。

### *顾客期望什么?*

我们不能具体地指出,在每一个服务企业中,顾客的期望是什么。我们现在讨论的是笼统的顾客期望,但每一个具体的服务企业必须确认自己顾客的具体期望。也就是说,尽管我们已经知道,在服务(期望的内容)的提供过程中,顾客有对如可靠性和响应性的期望,但可靠性和响应性的具体内涵应由特定的服务企业自行决定。

## 3

### 辨识顾客的双层期望

每个服务企业都必须辨识它自己顾客期望的内容和形式,即他们的期望是什么和期望的具体表现形式。

当我们的顾客光临我们的服务场所时，我们可以和他们交谈。我们可以问问他们，他们认为在这里会发生什么，他们期望这里会发生什么，以及他们认为这里应该发生什么。通过这样的方式，我们可以了解我们顾客的期望。

相应地，询问我们的顾客，了解不同问题对他们的重要程度的不同也是十分有用的。因此，顾客期望某事发生是一回事——这种期望对他们而言是相当重要的，但是他们期望的事是否真会发生却又是另一回事——对他们而言，这并不是那么重要。例如饭店客人对饭店与客人之间的关系以及房间的清洁度有或高或低的具体期望。但是，这两点在影响顾客对饭店服务质量的整体评价方面的重要性也是不一样的。

表 2-1 中的信息来自于调查员与顾客的交谈，表中列出了顾客对四类服务组织（银行业、小额信用卡业、证券经纪业和产品维修业）的期望。[3]

表 2-1　服务质量的十个要素

**可靠性**包括产品持久的性能和可信任度。它意味着企业在第一时间正确地实施服务；它也意味着企业信守它的承诺。具体包括：

- 准确地开具单据；
- 正确地保管记录；
- 在规定的时间内完成服务。

**积极响应性**指服务人员是否乐意并热忱地提供服务。它涉及服务的时间性：

续表

➢ 及时地邮寄一个交易单据；
➢ 迅速地回应顾客来电；
➢ 提供迅速的服务(例如快速安排一个预约)。

**称职**指服务人员必须掌握完成服务所必需的技能和知识。它包括：

➢ 与顾客直接接触的服务人员的知识和技能；
➢ 为服务人员提供支持的操作人员的知识和技能；
➢ 服务组织(如证券经纪公司)作调查研究的能力。

**随和与亲和**指所提供的服务让人乐于接触，且很方便地就能获得。它包括：

➢ 顾客可轻松地通过电话联系到服务企业（线路不忙碌，接线员不会让顾客久等)；
➢ 顾客不需要等待服务(例如在银行)；
➢ 服务在使顾客感到便利的时间段里实施；
➢ 把服务设施放置于使顾客感到便利的地点。

**礼貌**指直接与顾客接触的服务人员(包括接待员、电话接线员等)对顾客表现出的尊重、周到和友好。它包括：

➢ 充分考虑和保护顾客的财产（例如确保服务人员泥泞的鞋子不会踩在顾客干净的地毯上)；
➢ 公关人员必须有干净和整洁的外表。

**沟通**指确保顾客以他们熟知的语言获知信息，并且保证服务人员认真聆听顾客的话。它可能需要企业必须根据顾客的不同而调整自己的沟通语言——用高雅、得体的语言与一个受过良好教育的顾客交流；用简单、易懂的语言与一个文化水平稍低的顾客交流。它包括：

➢ 向顾客解释服务的本身；
➢ 向顾客解释服务的价值；
➢ 向顾客解释服务的交易过程和服务价格；
➢ 向顾客保证，他们的问题将会得到解决。

续表

**信用**包括可信赖性和诚实性。它要求服务组织把顾客的最大利益铭记在心。以下几个方面构成了服务组织的信用：

- 企业名称；
- 企业信誉；
- 与顾客直接接触人员的性格；
- 与顾客交易过程中难以达成交易的比例。

**安全**指使顾客免受危害、风险和怀疑。它包括：

- 顾客自身的安全（在ATM机提款时我是否会遭遇抢劫?）；
- 顾客财产的安全（企业是否知道我的股票证书在哪里?）；
- 保密性（我与企业的交易是否可保障其私秘性?）。

**理解和了解顾客**指尽力了解顾客的需求。它包括：

- 研究顾客具体、细微的需求；
- 确保提供个性化的服务；
- 服务人员应该认识经常光顾的客人。

**有形性**指服务的物质表现：

- 实体设施；
- 员工的外表；
- 提供服务的工具或设备；
- 服务的有形体现，例如一个塑料信用卡或一张银行月结单；
- 在服务场所的其他顾客。

资料来源：A. Parasuraman, V. A. Zeithaml, and L. L. Berry, "A Conceptual Model of Service Quality and Its Implication for Future Research," *Journal of Marketing* 49 (fall 1985): 47。

从上表中，我们总结出了几条关于顾客期望的重要结论，其中包括：



制胜法则

- 在服务过程中，顾客对提供服务者有一系列复杂、多方面的期望。顾客期望他们得到的不仅仅是一个微笑和一个握手。要满足他们的期望，服务机构必须至少遵循十个服务质量的特征。[4]
- 服务质量同时由服务的实施方式和服务的具体内容共同决定。
- 在表 2－1 中，我们用了一些笼统的术语如"准确地开具单据"、"实体设施"等来定义上述每个方面的行为和过程。从表中列举出来的这十个方面和相应的例子中，我们可以看出：在具体的情况下，在一个既定的行业中，服务人员不与顾客交谈，就可以满足顾客期望的情形是不存在的。接下来，我举个例子来说明这个问题。与联合航空（United Airlines）公司的顾客相比，MCI 通信公司的顾客对可靠性的期望是什么呢？与美国航空（American Airlines）公司的顾客相比，美国运通（American Express）公司的顾客对安全性的期望又是什么呢？这些都只有通过服务人员和顾客的具体交谈才能够了解。
- 顾客不仅对需要人际交往的业务特性抱有期望（例如礼貌和能力），他们也对不需要人际交往的业务特性有所期望（例如可靠性和有形性）。这就意味着，顾客对服务质量的期望不仅可以通过服务人员与顾客的直接接触来获得满足，也可以通过其他非人员接触得到满足。对于服务企业来说，它们并不知道有形性和无形性哪个对于顾客对服务质量的感觉更具有决定意义。这需要各个企业自己判断。

- 顾客期望还涉及服务场所和设备。产品的生产与提供通常发生在不同的时间和地点。与上述情况不同，服务的生产、提供和接受通常都发生在同一时刻。因此，对一个从经销商手中购车的人来说，通用汽车公司的生产设备不在他所关心的范围内。但是当一个人去银行兑现支票时，银行设备的情况却与他对服务的期望密切相关了。服务的生产和消费在相同的地点和相同的时间内发生。因此，服务的生产设备和生产工具对服务业顾客的消费经历都会产生一定的影响。

对任何服务企业而言，要发现决定服务质量的这十个要素对应于其自身的具体要素都是一个挑战。例如在对这十个因素进行研究后，我们有如下发现：

- 对于使用信用卡的顾客来说，安全问题是不容忽视的，尤其是当信用卡被没有获得授权的人使用时；
- 对于银行业和证券经纪业的顾客来说，隐私或保密是影响服务质量的至关重要的问题；
- 对于产品修理和维护业的顾客来说，企业规模被认为是影响可靠性的关键因素——顾客认为，企业的规模越大越不可靠，其所提供的服务也越差。

我们应该强调,即便是这十个因素也不可能涵盖顾客期望的所有方面。一个特定的企业可能会发现其他更重要的因素。例如麦当劳公司已经不再强调服务的"创新"和"速度",而"清洁卫生"这个服务宗旨却成了它在竞争激烈的环境中取胜的法宝。

另外一个挑战是,如何在组织中创造条件,来最大化地满足顾客的期望。我们将就此花一定的时间来讨论。无论是发现顾客的具体期望,还是满足或者超越顾客的这些期望都是相当困难的。在这些困难下,很少有企业能够在以服务质量为基础的竞争中以独特的服务取胜就不足为奇了!

这些想法给我们构建了一张关于服务企业的复杂的画面。企业必须首先注意服务自身(有些人将其称为"核心"服务——像餐厅里的食物一样)的特性,其次注意服务周围的环境(像餐厅的装饰和气氛),最后还要注意服务实施的全过程(像服务人员的态度)。托马斯·博斯韦尔(Thomas Boswell)是《华盛顿邮报》的体育记者。他在接下来的描述中,巧妙地捕捉了在 Marlins 队的棒球比赛(Marlins 是迈阿密的一个新的棒球队,比赛本身是核心服务)中顾客获得的服务体验的复杂性。

> 在最近 30 年里,Marlins 队学习了每个成功的棒球队的经验教训。它把一个棒球之夜转化成一种完全的社会体验,而不仅仅是一个有最后分数的球类游戏。它把球场布置得五彩缤纷、颇有新意、精妙完美,并极具亲

和力。它把观看比赛的人数保持在 45 000人以下。它在赛场附近设置了小售货摊，人们可以在那里买到 Ban 啤酒。观众在那里能体会到一种宾至如归的气氛。此外，Marlins 还重视以相对低廉的价格提供高质量食品。它强调友好的服务并且重视人的安全。最重要的是，它把它的目标消费者定为有孩子的家庭和约会的情人。它的宗旨是：一旦你创造了使女人觉得舒适的气氛（干净的休息间到文明的举止），你就可以在有限的空间里创造出更大的市场。[5]

总之，提供优质的服务的关键在于：一个组织能以怎样的程度满足顾客对于服务质量广泛、多样性的期望。做到这一点的秘诀在于：组织必须准确地知道自己的顾客在上述所列举的每一个决定服务质量因素中的具体期望。在一场棒球比赛和一场职业拳击赛中，决定是否应该，或应该在哪里供应啤酒，这就可能要基于不同的考虑；对于一个航空公司的乘客来说，飞机延迟五分钟可能无关紧要，而对于一个有心脏病的人来说，救护车晚到五分钟带来的后果就要严重许多了。组织必须知道它们的顾客在心理上的期望；它们必须知道顾客期望的具体内容以及未能满足那些期望的后果。

当一切就绪后，顾客就会结合这一系列整体的要素来对企业进行一个基本评价。顾客处理这些信息，并以此构建出企业的一个整体形象；他们对企业有一个心理上的印象。图 2-1 给出了关于这一现象的一个有趣的例子。

图 2-1 中用坐标轴的方式来表现在纽约市的一个街区里,人们对经营各种不同商品的知名百货公司的心理印象。我们沿着两条坐标轴来排列这些百货公司。这两条坐标轴分别表示企业传统与创新的程度,以及出售产品的奢侈和经济程度。通过这个坐标轴我们可以发现:人们认为 Bergdorf Goodman 是经营奢侈品的商店代表,而 A&S(Abraham and Strauss) 却是经营经济商品的代表;同样,人们认为 Lord &Taylor 表现的是传统,然而 Barneys 代表的则是创新。

图 2-1　百货公司的心理学分析:百货公司的个性分布图

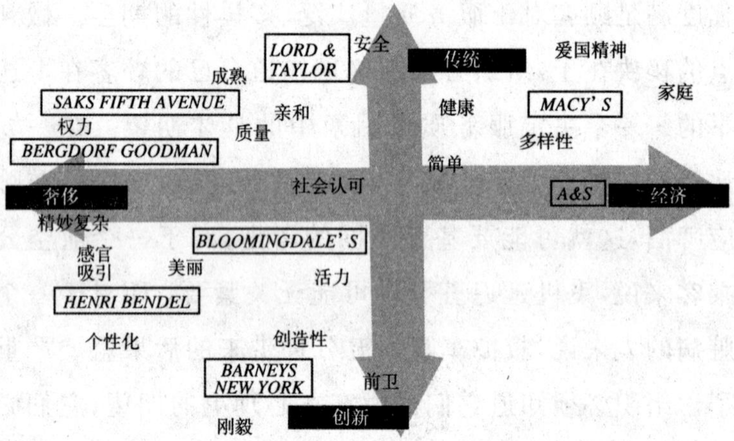


资料来源:Stephanie Strom,"Image and Attitude Are Department Stores' Draw," *New York Times*, Sunday ,August 12,1993,Business section,D1,这篇文章是基于纽约的一家市场调研和广告公司——BBOD 所进行的一项研究完成的。

需要注意的是这两个维度都有多种构成元素,它们构成了顾客对每个百货商店的心理印象。

图 2－1 表明：顾客会对他们光顾的商店产生印象，并以此作为选择商店的基础，而且这些选择也暗示了商店在顾客心中留下的不同形象，以及顾客对这些商店相应的不同期望。顾客去 Bergdorf 百货商店，他对一双鞋子的预期价格可能为 250.00 美元；而当他去 A&S 百货商店买鞋子时，他可能只想出 37.95 美元。[6]

**4**

## 分析顾客复杂的"质量心理"

对于顾客而言，质量包括成百上千次表面上看来毫不关联的经历和感受。要理解顾客的这种心理，并且借此去识别顾客的"期望模式"。

---

### *顾客对于弥补性服务有什么期望？*

当服务出现问题时，组织通常无法满足顾客期望。组织必须尽力解决服务过程中所出现的问题，我们把这一过程叫作"弥补性服务"。那么，什么是弥补性服务呢？

M. J. 比特纳（M. J. Bitner）、B. H. 布穆斯（B. H. Booms）和 M. S. 特翠奥特（M. S. Tetreault）在这个问题上进行了一些非常有趣的研究。[7]他们发现了顾客对企业处理下列几种失败服务的期望：

制胜法则

- 服务未提供：这主要是指企业未能提供顾客期望得到的服务。例如在电影院顾客没有得到座位或在餐厅里没有得到预订的座位。在这类情形中，企业必须更好地服务顾客来弥补最初未兑现的许诺。
- 服务速度缓慢：每个企业都有自己的节奏，而顾客对特定的企业和市场部门也有特定的速度期望。如果企业提供服务的速度过于缓慢，超过了顾客的容忍范围，企业就必须作出补偿。
- 其他类型的失败服务：上面的方法已经向我们指明了弥补失败服务的规则，即要提供给顾客更好的服务，来弥补企业未能向顾客履行，但已向顾客明确提出或者暗示过的承诺。[8]

比特纳及其同事还发现，顾客对于一个企业应该如何回应下列这些特殊的要求有所期望：

- 特殊的需求：这些期望涉及一些未预料到的事件或情形，尽管它们并不是企业的过错造成的，但是顾客仍然希望企业应该对此有所准备（例如在飞机上，一个人的录音机没电了，他会向航空公司要求两块儿电池）；
- 顾客的偏好：这些期望指顾客希望在特殊环境中受到特别的关注（例如酒店的服务员能为一个希望听交响乐的客人购买门票）；

➢ 顾客的错误：这些期望指顾客希望企业积极地对顾客的错误和过失作出反应（例如一个顾客把他的皮夹放错了地方，一个宾馆职员发现了它，并把它原物奉还给这个顾客）；

➢ 破坏性行为：这些期望指顾客希望企业对破坏服务企业环境的行为作出恰当的反应（例如企业应尽可能迅速、有礼貌地处理噪音、抽烟、醉酒以及斗殴等问题）。[9]

与服务组织打交道时，对于发生的这类重要事件，顾客们会畅所欲言。我们之所以把企业对失败和特殊要求进行回应的能力称为弥补，是因为组织能够扩大它自身的影响，并通过提供一些特别的服务来弥补其形象所遭受的损失。

一些服务组织通过提供特别的服务，在顾客中间树立了它们服务优质的好形象。例如诺思通（Nordstrom）零售店的售货员能够帮助顾客从他们的竞争对手那里搜寻自己不能提供的货品。对于自己断货或没有库存的商品，他们从竞争对手那里为顾客采购，但是仍按诺思通的价格出售这些商品。在通常的情况下，这种特别的做法被当做是一种小技巧，这是因为：

1. 特别的服务需要被即刻执行。为了满足顾客的要求，服务组织不能有片刻的耽搁。为了确保这种特别服务的即刻执行，交界层的工作人员以及在服务现场的工作人员必须被授予一定的权力，这种权力可以使他们不惜一切代价对突发的事件作出反应。我们将在第九章详细讨论员工的授权问题。

2. 附加的服务可以变成顾客期望的标准。事实上，如果一个组织并没有计划在将来不断试着去寻找新的和特别的方式提供服务，那么提供优质、特别的服务有可能是一个错误。记住，随着时间的流逝，顾客将逐渐习惯额外的服务。那样的话，在顾客眼里，就只有失败的服务和失败服务的弥补性服务才是特别的服务。（就这一点，你可以从当地电力公司了解到更多。）

研究证明，对于顾客而言，一个服务企业如何回应服务过程中的失败服务是导致令顾客难忘的服务体验的源泉之一：有时候这种服务体验是积极的，但是更为常见的情况是消极的服务体验。我们首先应该明确，企业最初提供给顾客一种不在顾客期望内的服务，其效果远比企业积极应对失败的服务更令人满意。但是，当被要求描述一次特别满意的服务经历时，23.3％的顾客说当服务系统出现故障的时候，由于企业的积极回应，他们得到了最满意的服务。[10]

不幸的是，当顾客被要求描述他们最不满意的服务体验时，42.9％的答案是组织没有能力回应系统失灵，不能在系统失灵的情形下满足顾客的期望。[11]也就是说，最好不要发生系统失灵的情况——但是如果你碰到这种情况，它也可能提供一个使顾客满意的服务机会。

5

系统失灵的恢复计划

服务失败为加强服务质量和减少顾客不满提供了一个机会。面对系统失灵，恢复必须是非常迅速的，只有这样才会得到一个积极的结果。如果恢复计划能使顾客满意，那么它可以产生极大的效益。

## *为分析顾客期望及服务质量整理资料*

本书不是研究市场的，因此我们将不讨论评估服务质量的感受和顾客期望的细节。然而，在此我们要强调期望和感受之间的区别，以及如何收集这两个方面的数据。

### *首先评估顾客对质量的感受，其次才是期望*

在我们自己对顾客的研究中，我们首先评估顾客对他们所得到的服务质量的感受；进而，为了改进服务质量，我们才会接着评估他们的期望。这与大多数研究人员的研究程序恰恰相反，但出于社会科学测量法、效率问题和竞争力等方面的考虑，我们认为最好首先探讨市场如何看待你的服务质量（即感受），然后再通过了解顾客的期望来改进工作。必须使改进后的质量水平与顾客期望的质量水平相一致。这里有一个例子。

在表 2 - 1 中，我们列举了服务质量的十个方面。在每一个方面，我们都可以让顾客为我们提供的服务打分评级，我们用了五个级别来描述顾客对质量的感受：

1. 杰出的
2. 优秀的
3. 非常好的
4. 好的
5. 差的

顾客会在可靠性、响应性、能力、礼貌等方面给我们打分。我们会告诉顾客，像那些在表 2 - 1 中列出的每个等级意味着什么。我们可以把它作为等级评定的一个参考架构。

当我们的服务质量没有被评定为杰出时（假如我们想做得杰出或竞争要求我们做得杰出），我们会要求顾客尽可能详细地指出我们需要怎样做来改进服务质量。而正如在稍后的讨论中将提到的，我们也可以询问那些提供服务的一线员工，了解如何从顾客的角度出发提高服务质量。

我们发现，这些问题的答案给我们提供了一个丰富的资源。从中，我们可以从员工和顾客那里获得很多可行性建议。比如说，我们最近在一个飞机场采访了一些乘客来了解如何才能改善他们关于航空公司“响应性”的感受，因为一项调查显示飞机场的服务仅仅达到了“好的”水平。我们并不需要追问与服务质量有关的所有问题，我们可以把“响应性”作为一个至关重要的问题，来重点向乘客询问。我们从乘客那里得到了许多具体的建议：

- 候机区的每个入口应该有标志，指示各航班的候机区。
- 应该在候机区入口处设置动态告示屏，为乘客提供将在1—2小时内出发或到达的所有航班的信息（得州达拉斯的空港就是这样做的）。
- 候机厅男女卫生间里都应备有方便小孩儿换尿布的更衣台。
- 根据需要专为孩子准备一个或几个房间，并配备有孩子的游戏和玩具，为小孩儿和他们的父母在候机的过程中提供方便（瑞典自助仓储家居连锁店宜家就是这样做的）。如果能够雇用一个训练有素的人管理这些房间会更好。
- 应该安排巡查员工来主动向顾客提供关于飞机、航空公司和航班的信息，为那些看起来不知所措的及有疑问的乘客提供帮助。（有时，你不易找到或发现信息问询处。）
- 应该安装多种语言的标志牌，雇用能讲多种语言的员工，以招呼来自其他国家的初次来访的乘客。

我们在许多企业中与顾客都展开过这样的面谈，上述列举的是顾客们对服务企业经常提出的建议和意见，很典型，也很合理。

我们可以用这种直接面谈的方式来了解顾客的期望。但是，我们可以首先使用该调查来帮助我们更精细地确定工作的重心。如果我们曾经调查过顾客期望的整体状况，顾客的回答就可能已经会告诉我们，他们在每个要素上都要求甚高。当我们向人们询问他们的“理想”或他们认为什么事情“应该”发生时，情况就更是这样。但是，我们应更多地询问人们实际的期望。这样的调查将会给服务组织更多比较现实的答复。

我们关于收集顾客数据的模型，涉及调查和面谈这两种方法的运用。首先，我们可以通过调查（感受）来确定服务质量的基点；接着，我们可以通过面谈询问（他们的期望）来获得可以帮助提高服务质量的有用信息。通常，面谈针对的是聚焦群体（focus groups）。所谓聚焦群体，就是由特定顾客组成的群体，群体中的每个顾客都要回答关于一个特定主题的一系列问题；在文中给出的例子中，这个特定主题是响应性。

### *如何使用数据来提高服务质量*

现在有许多市场研究机构专门从事服务企业顾客满意度的测评工作。每一个机构都有不同的工作流程、衡量标准，以及不同的计划和培训标准。我们不仅仅鼓励企业对顾客对其提供服务的满意度和感受进行评估，还鼓励它们在收集到这些调查数据后采取以下步骤：发现企业需要改进的方面。通常，很多企业在评估服务质量的顾客感受方面投资很大，并且想当然地认为，它们已经知道它们应该做些什么了。由于信息传递过程中必然存在的失真和过时，那些不和顾客直接接触的管理者们需要亲自观察所服务的顾客和为顾客提供服务的员工，才能真正了解他们的企业应该做些什么。

以上这一点可以从以前的一项对银行业、信用卡业、证券经纪业和产品维修业等服务组织所作的研究得到验证。这个研究发现，管理人员的观点有时会和顾客的观点存在极大的不同：

- 银行业和证券经纪业企业的管理人员从不把保密问题当做服务质量的一个重要部分，但是每个接受调查的顾客群体都说这是一个关键性的问题。
- 信用卡公司的管理人员很少认为卡片的安全问题对服务质量而言很重要，但是顾客却认为这个问题是很重要的。
- 产品维修公司的管理人员认为：在顾客心目中，规模大就意味着质量有更好的保障；而事实上，顾客们的说法和上述观点恰恰相反。

## 6

## 知道谁真正了解你的顾客

管理人员可能没有足够重视顾客。如果你想知道顾客的期望，就去问他们，甚至可以亲自问他们，而不只是依赖其他的人或方法（例如市场调查专家或行业刊物）来了解顾客的期望。

坐在办公室里，冥思苦想顾客的期望是什么的做法是完全错误的。正确的做法是：管理者们必须走出去，和顾客交谈（或像我们稍后将讨论的那样，至少与一线员工讨论顾客的期望）。只有这样，他们才能了解顾客的期望。满足顾客的期望是顾客服务的最终目标。

此外，通过调查和面谈的方法来收集顾客数据也是非常重要的。关于这一点，我们有很多信息资源可以供我们了解顾客期望，并提高服务质量：

**意见信和称赞信：**这些信应该得到认真处理。当这些信寄到公司后，公司应该对它们进行整理，按照信中提到的问题对它们进行分类，而且要保证回复每封信。此外，市场销售的高级主管们应该阅读 1/10 的顾客来信，且这些来信应该是被随机抽取出来的〔在万豪（Marriott）国际酒店，马里奥特（Bill Marriott）会亲自阅读 1/20 的顾客来信〕。在每个星期一的早晨，组织还有必要回顾一下这些被分类整理过的顾客来信。

我们在一个主修服务管理的班级中作了一个小小的研究来验证这个想法。我们让每位学生写一封意见信，寄给一个服务公司，投诉他接受的一次很糟糕的服务。然而，公司没有回复他们的信。我们接着要求学生描述他们对公司总的看法。这次研究的结果在表2－2中列举出来了。从这个表中，我们可以明显地看出，那些不回复顾客来信的公司，顾客会列举出一大串他们认为公司不回复信件的理由，而这些理由对公司的服务质量而言有潜在的负面影响。顾客列举的这些理由与事实相符还是相悖并不重要。顾客都是根据他们的经历归纳出这些理由的，因此这些理由也就是正确的，因为没有人可以与感觉争论。

表 2－2　顾客认为企业不回复意见信的原因

- 它们收到了太多关于它们的服务的意见信以致它们没有时间一一回复。
- 它们不在意回头客。它们通常是欺骗人们尝试一次它们的服务，而这一次已经足以使它们维持经营。
- 它们自己也认为它们提供的服务质量是差的，并且因为不能对其进行改善而感到很尴尬。
- 我并不指望得到公司的回信，因为我写信给它们就只是为了投诉它们糟糕的服务。它们没有回信，这表示它们提供的服务确实很差劲。
- 它们不能有序地提供回复，正如它们也不能有序地提供好的服务一样。
- 它们从未培训员工来回复顾客的意见信，因此它们也从不培训员工来提供好的服务。
- 从今以后我将不再光顾那里。假如它们回复了我的信，我可能会再去那里一次。
- 收到我的意见信而不给我回信的主管与没能给我提供优质服务的员工同样糟糕。
- 根本没有人负责管理顾客服务。

**神秘顾客计划(mystery shopper programs)**：服务业发现，培训专门的人员来视察服务场所，并为他们的评估制作标准化核对清单是相当有用的。如果这项计划执行得适当，神秘顾客就能关注到服务质量的不同方面，帮助企业回应在交易中顾客的需求以及发生的问题，进而帮助企业提供完美的服务。如果服务是通过其他方式来提供,例如电话、计算机或视频,这些服务也可以通过同样的方式得到评估。

**有据可查的数据**:调查、聚焦群体、顾客来信和神秘顾客为基于顾客感受的行动提供了数据。企业也可以建立一些硬指标,它可以反映服务质量,并可以指导企业的行动。我们在下面列举了其中一些指标:

- 系统停工时间:协助员工传递服务质量的系统必须是全天 24 小时开放——不是全天 95% 的时间或 97% 的时间开放,而必须是 100%的全天开放。系统总是"在错误的时间"停止工作,这是因为系统在任何时候都不应该停下来。我们在第七章中将详细讨论负责管理服务系统的人员的责任。
- 员工替换时间:企业花多久的时间可以替换一个缺勤、辞职或被解雇的员工?企业需要这些指标,因为如果上述情况发生在提供服务的一线员工身上,企业绝对马虎不得。企业经常会面临人手不够的时候;当某人缺勤或辞职时,企业必须很快找到人来顶替他的位置。"很快"通常意味"立即"。我们已与一些企业合作培训出了能适应各种工作的"全能"团队,这个"全能"团队会来填补任何职位空缺。在第五章中,我们将更详细地讨论人力资源管理中诸如此类的问题。
- 顾客接受服务的频率和程度:大多数企业有一些数据资料用来追踪顾客接受服务的频率和程度的变化。很明显,企业的目标就是增加顾客接受服务的频率并加深程度。企业从哪里可以获得这些数据呢?答案是信用卡公司。你是否能得到这些数据呢?答案是肯定的。

➢ 新老顾客的比例:你得到的顾客比你失去的顾客多吗?所有证据说明,留住一个顾客比获得一个顾客更重要,但如果两者都能做到则是最好的。我们与这样的服务企业工作过,我们可以称它们为“旋转门企业(revolving door bussiness)”:它们得到了一群顾客的同时也丧失了相等数量的顾客。这对于维持相当数量的顾客而言,是一个代价很大的方法。得到一个新顾客远比留住一个老顾客的成本高得多。通过服务质量留住顾客,企业就需要对顾客服务进行投资,诸如此类的问题就如同回复意见信一样值得去做。

最后,服务企业应该清楚为什么不论采取什么样的方法(调查、面谈、神秘顾客等等),它们都要获取来自顾客的数据。使用这些数据时,它们应该把重点放在应用这些数据来提高服务质量而不仅仅是监督服务质量上。我们不应过分强调服务质量监督,除非我们的目标是要改进服务质量监督这一服务本身的质量。

许多企业现在正结合这些不同渠道的信息来判断它们的服务质量,并且制定了提高服务质量的步骤。例如 GTE 公司结合使用调查、面谈和参考一些统计数据等方式,更精确地指导了企业的服务,并改善了服务质量。在对顾客所作的一个调查中，GTE 公司希望了解顾客对电话服务的看法，并预测他们将要放弃 GTE 所提供的电话服务的可能性。它使用了如下不同的策略来了解使用手机的顾客的行为：

- 调查：那些认为 GTE 提供了高质量电话服务的顾客不可能取消 GTE 的电话服务；而认为 GTE 的竞争者提供了更高质量的电话服务的顾客有可能会取消 GTE 的电话服务。
- 顾客投诉：以报告或拨打客户服务电话等方式反映过问题的顾客很有可能取消 GTE 的电话服务。
- 使用统计数据：每月电话费高的顾客会长期使用 GTE 的服务，而购买了呼叫等候服务的顾客也不大可能取消 GTE 的电话服务。

有趣的是，对取消电话服务最准的预测方式是利用从账单记录得到的关于使用情况的数据。

## 7

### 监督是为提高质量，而不是为数据本身

许多企业监督顾客对服务质量的感受以及顾客的满意程度，好像仅仅是为了一堆数据。实际上只有当这些数据被用于提高服务质量时，它们才是有用的。

### 战略性关注顾客期望

第一弗吉尼亚银行、代顿—哈德森(Dayton-Hudson)公司以及 Kimco 宾馆和餐饮管理公司有什么共同之处呢？答案就是它们对不同的顾客开展了有针对性的服务。[12]

第一弗吉尼亚银行是总部设在哥伦比亚特区华盛顿市的银行中最大的一个。但它不是哥伦比亚特区最大的银行，只是总部设在那里的一个最大的银行。第一弗吉尼亚银行确定了顾客至上以及小规模经营的宗旨，这一宗旨帮助它成功地应对了 20 世纪 80 年代后期和 90 年代前期的一些目标远大的银行所遇到的问题。第一弗吉尼亚银行在弗吉尼亚州、田纳西州和马里兰州共拥有 21 个社区银行，它的战略是"扎根当地"。正如总裁罗伯特·H. 扎洛卡(Robert H. Zalokar)所言，"我们想要构建一个'超级社区银行'"。他还说："我们在银行零售业风行前就已经开始了银行零售。"

这项战略同时还针对服务质量和利润。顾客喜欢在小城市享受大银行非常安全和可靠的服务。在银行业的萧条时期，第一弗吉尼亚银行完全可以称得上是一个利润机器：在哥伦比亚特区、马里兰州、弗吉尼亚州，第一弗吉尼亚银行的资产收益率和资本收益率是这些地区银行平均额的二倍。在全国范围内，与资产规模相同的其他银行相比，第一弗吉尼亚银行在资产收益率和资本收益率方面也超出平均水平 30%。

代顿—哈德森公司想把每年花费超过1 500美元的顾客

单独划分出来，并把他们作为一个特殊群体展开针对性的服务。它不仅做了有针对性的广告，在实际服务过程中也坚定地遵守有针对性的原则。它为前十大重要顾客开展了一种特别的服务计划。这项计划被称为“关心计划”。它发给这些顾客特制的信用卡，使他们享有额外的特权。如他们可以获得打折券，可以享受免费的停车服务、免费的礼品包装服务以及在大规模打折前为这些顾客专门安排一天供他们购买打折商品的服务。

有趣的是，这个特制信用卡的主意由于顾客的参与而逐渐发展成为一项成熟的计划。代顿—哈德森针对这个特定顾客群体作了一个调查，他们中的2 000人从多个方面对这个计划提出了构想。“关心计划”似乎已经赢得了这些顾客的忠心，而这也是代顿—哈德森制订这一计划的初衷。

Kimco宾馆和餐饮管理公司是美国西海岸一个小型的私人连锁宾馆，它为客人提供一种威廉姆斯·金普顿（Williams Kimpton，创办人和执行总裁）所说的“可负担的高雅”的服务。金普顿先生在不同的城市购买一些比较旧的建筑物，并且把它们改装成很舒服而不张扬的欧洲风格的宾馆。这些宾馆尽管在许多方面不能尽善尽美，但却因其风格而拥有无限的魅力。

金普顿先生的宾馆提供的服务并非面面俱到，但是除了提供床铺和早餐外，金普顿先生还为客人提供针对性服务。例如当顾客说他们喜欢早餐的氛围，并希望能在相同的气氛中享用晚餐时，金普顿先生就会为他们增设晚餐。正是由于宾馆房间的魅力、优质服务的提供能力、服务人员对顾客的深入了解、宾馆的供应能力和精美的食物，金普顿宾馆才会对追求高层次享受和休闲的客人产生巨大的吸引力。

金普顿先生的宾馆赖以生存下去的原则在于：

- “我们购买的是廉价货，但我们销售的是古董。”他的意思是，他会购买旧的有历史意义的建筑物，然后重新装饰它们，把它们改建成迷人的宾馆。
- “让人们得到他们主观感受中的现实，而不是现实本身。”例如应按照顾客的心目中的形象来设计古时候法国的普罗旺斯(Provence)式餐厅，你不必担心这个餐厅实际上看起来像什么。
- “销售睡眠。”金普顿先生的宾馆重视如何给顾客提供一个好的夜间睡眠环境，而并非会议室、娱乐或宴会设施。

前面这些例子告诉我们：服务企业必须把重心放在它们想要吸引并且留住的顾客的期望上面。因此，任何企业必须首先选择它想为之服务的那一个细分市场，然后再进行组织工作，并服务于那个细分市场。为保证企业的竞争优势，它必须要决定提供何种有价值的服务给顾客，这种有价值的服务将成为企业竞争优势的基础。

战略关注点问题在于如何最好地利用下面的这个顾客价值方程：

服务企业

$$\text{价值} = \frac{\text{被满足的期望}}{\text{价格}}$$

分子表示顾客的期望是否得到满足,我们可以根据期望的内容的被满足情况(例如礼貌)以及期望的特定形式(例如称呼我为"先生")的被满足情况这两方面来判断。切记,期望指顾客最想接受到的服务,以及顾客心目中最重要的事情。当然,被满足的期望指的是实现那些重要的期望。最后,分母表示顾客期望实现的价格。

当一个企业把重心集中在根据顾客价值方程的两个因素来运营时,通常而言,它们会采用两大基本经营战略的其中一个。其一是"成本领先"战略,这个战略的重点在于:在可接受的最低质量水平范围内,提供最低价格的服务。该战略把低价作为获取竞争优势的基础〔例如价格俱乐部(Price Club)〕。另一个战略是"差异化"战略,即企业尝试为顾客提供独特的服务,例如有些企业提供高级的个性化服务,而顾客在同行业的其他企业不能够获得这种服务(例如 Kimco 公司或 Radio Shack 公司)。这种独特性使企业在定价时拥有更大的空间,企业有时可以制定一个较高的价位。简而言之,成本领先战略关注的是顾客价值方程中的分母;差异化战略关注的却是分子。

为了执行基本的经营战略,企业需要有一个明确的服务提供战略。执行何种经营战略要根据顾客期望来决定。如果顾客逛商店主要考虑的是价格,那么很明显企业应该选择成本领先战略。我们在对 A&S 的描述中提供过一个例子,如图 2-1 所示，此时不需要提供额外的服务。但是企业若想通过差异化战略在竞争中取胜时，情况如何呢？此时，哪些服务要素应该是企业关注的焦点呢？

表 2-3 列出了许多成功的服务企业在价格和差异化两种战略中所作的选择，还列出了使用差异化战略时的服务重点。从该表中我们可以得到如下提示：这些成功的服务企业往往只关注一个，至多两个顾客期望的因素。注意，在相同的行业中不同的企业会有不同的市场选择，赢得服务竞争的诀窍在于要使你自己选定的顾客满意，那是你自己的细分市场。

### 细心关注服务实施战略

我们认为，服务企业需要调整它们的服务战略，且这些调整的内容甚至超出了表 2-3 中的内容。顾客对服务的期望会持续上涨（他们期望企业提供的服务不仅仅在一到两个方面使他们满意），并且他们想要一个合理的价格。

表 2-3　各类企业为获得市场中的竞争优势所关注的运营焦点

| | 接待 | 速度 | 价格 | 多样性 | 独特的技能 |
|---|---|---|---|---|---|
| 诺思通百货公司 | X | | | | |
| 联邦快递公司 | X | X | | | |
| 美林公司(现金管理账户) | | X | | X[a] | |
| 王冠(Crown)书店 | | | X | | |
| 沃尔玛商场 | X | | X[b] | X | |
| 价格俱乐部 | | | X[c] | | |
| 迪士尼乐园 | X | | | | X |



制胜法则

续表

| | 接待 | 速度 | 价格 | 多样性 | 独特的技能 |
|---|---|---|---|---|---|
| 美国运通公司 | X | X | | | |
| 麦当劳公司 | | X | X | | |
| 多米诺比萨 | | X[d] | X | | |
| 万豪集团 | X | | | | |
| 地中海胜地俱乐部 | X[e] | | X | | |
| 美国航空公司 | | X[f] | | X | |
| 新加坡航空公司 | X | | | | |
| 西南航空公司 | | | X[g] | | |
| Riverside Methodist 医院 | X[h] | | | | |
| H & R 街区 | | X | X | | |
| 美国汽车协会(AAA) | | X[i] | | | |

[a]现金管理账户包括支票簿、信用卡、货币市场资金和其他服务。

[b]沃尔玛通过与供应商艰苦的讨价还价来控制存货成本。

[c]价格俱乐部让顾客自己到仓库挑选所需的商品，以实现低价的大量销售。

[d]首先使用自动化的比萨饼机，一个服务员将一个生的馅饼从一边放入，从另一边将烤好的比萨饼取出。

[e]应有尽有、低成本的度假胜地。在那里，全体职员以“优雅的组织者”著称。他们和客人(被称为“优雅的客人”)一起合作，营造出一个充满乐趣的度假体验。

[f]SABRE 座位预订系统可以方便地为旅行社预订座位并使公司可以根据竞争者的情况及时调整价格。

[g]因为没有不实用的服务（例如没有计算机化的预订系统，不提供预订座位的服务，不提供餐饮服务），所以它可以提供业内最低的价格。

[h]该医院以对待顾客的方式来对待病人和他们的家人。他们给成年心脏病人泰迪熊玩儿，并让他们穿上有心形图案的、五彩缤纷的住院服。抱着泰迪熊可以让病人觉得舒服，并且有利于他们的康复。

[i]该公司的电话及计算机网络可以根据顾客从美国任何地方打来的电话号码，告诉顾客最近的 AAA 车库在哪里。

资料来源：R. B. Chase and W. E. Youngdahl,“Service by Design,” *Design Management Journal*(winter 1992):11。

在表 2－4 中，我们列举出了在服务实施过程中，关注顾客期望的可供选择的方法。表中列出了八个不同的潜在的细分市场。这八个细分市场是根据三种重要的顾客期望的不同组合形式划分而来的，这三种顾客期望分别是：

1. 对服务的速度的期望；
2. 对充满体贴和关怀的服务的期望；
3. 对定制化服务的期望。

就服务速度而言，其内涵是响应、可靠、快速以及在规定的日期内兑现承诺。充满体贴和关怀的服务的内涵是礼貌、理解、善解人意和人际间的温暖和友谊。而定制化的内涵是服务提供的规模。它涉及服务的各种要素，包括诸如服务员工的衣着和外表、物质设施、与服务和服务提供相关的“能容易引人注目”的问题等等。

任何服务组织都可以决定，在一个或全部的服务要素上是达到服务行业的平均水平，还是做到卓越超群。在表 2-4 中，0 表示平均水平，+表示超过平均水平，例如一家餐厅在上菜速度以及体贴和关怀上只达到了平均水平，但其定制化的服务可以使你享受到一种典型的家庭晚餐的氛围。它所提供的服务可靠且快速，服务员文明，场所整洁（尽管没有水晶吊灯）；它提供的食物，虽不特别精美，但却搭配有荷兰芹（不是罗勒）和小块腌菜（而不是由胡萝卜切成的玫瑰状）。经常光顾这家餐厅的顾客会对这些服务的特别组合抱有期望。提供的服务超出或达不到顾客期望都是不恰当的——

通过市场研究,我们可以发现什么是“超出”顾客期望的服务,什么是“达不到”顾客期望的服务。表 2-4 中的第一排是三个 0,就是“适当的服务”,正如上述我们描述的餐厅的服务情况。

表 2-4　市场细分与顾客期望

| | 顾客期望 | | |
|---|---|---|---|
| **服务细分** | 速度 | 体贴和关怀 | 客户定制化 |
| 适当的服务 | 0 | 0 | 0 |
| 迅速的服务 | + | 0 | 0 |
| 友好的服务 | 0 | + | 0 |
| 奇特的服务 | 0 | 0 | + |
| 好的服务 | + | + | 0 |
| 冷淡的服务 | + | 0 | + |
| 热情的服务 | 0 | + | + |
| 极好的服务 | + | + | + |

在表 2-4 中,没有负号标志,只有零和正号。这是因为我们认为,服务组织必须在每个要素上都至少做到“适当”才能生存。也就是说“适当的”餐厅必须比那些精致餐厅定价低,一个企业要存活下去并赢利,就必须符合该行业的最低标准。

为了简化这个问题,我们回顾一下表 2-4。你会很容易发现,如果顾客期望有八种不同的组合方式,那么餐厅就可以拥有八个不同的细分市场。因此,有些餐厅同时在体贴和关怀以及定制化方面表现出色(在表中,用+表示)。而其他餐厅则只需通过在速度上的优势保持竞争地位(但是,其他两要素要达到平均水平)。快餐店就是在速度上表现得很优秀,而其他要素只达到平均水平;家庭式餐厅则在所有的三个要素上都保持平均水平。以上两种类型的餐厅都满足了顾客的期望,因而这两种形式的餐厅都可以存活下来。确切地说,它们之所以存活下来,是因为它们用顾客期望的不同组合吸引了顾客(它们的顾客可能相同,但是同一顾客在不同的年龄阶段或者在同一天中的不同时刻,期望的组合都会发生变化)。

总之,你可能选择快速地吃一顿午餐,然而你可能会希望慢慢享用一份周年纪念晚餐。很明显,表2-4列举的情况适用于所有服务行业,而不仅仅是餐饮业。从这个表格中,我们可以得出如下重要结论:为了吸引不同的细分市场(例如快餐厅、自助餐厅、家庭式餐厅有着不同的市场部分)的顾客,服务企业(如餐饮业)必须用不同的方式来提供服务。如何做到这一点呢?

### *使服务组织适合细分市场*

就拿餐厅来说,需要针对不同的市场细分挑选和培训员工。配有精美白色台布的高级餐厅和家庭式的普通餐厅会选择不同类型的主厨。那些正式的高级餐厅的顾客期望的是定制化的服务——及时的伺候服务和更加细致的核心服务(食物)。而且,这两类餐厅的服务员的能力需要达到的标准也是不同的。因此不仅雇用的员工不同,而且培训员工的程序和内容也应该是不同的。

对两种类型餐厅的员工应采用两种不同的管理方式。对于高级餐厅来说,服务员应该给与更多的授权,但是家庭式餐厅的服务员则应该得到更多的指导和约束。例如高级餐厅的服务员可能需要更多的判断力,因为他们要能够向顾客推荐食物、酒品和餐后甜点的搭配,并根据顾客的口味改变酱油、香料的用量等等。顾客期望服务员能不需要与他的主管请示就能作出决定。

处于不同细分市场的组织,其津贴和奖酬的基础也将不同。当组织对职工的能力要求提高时,员工的问题会逐渐变得复杂,而且员工对待遇的要求会提高。相应地,其他类型的奖酬也逐渐变得重要。为了在服务竞争中取得成功,对优秀员工的信任和认同已经成为了一种重要的奖酬形式,而这些优秀的员工正是高级餐厅所需要的。

在我们的例子中,我们仅讨论了服务问题中的三个方面,即速度、体贴和关怀以及定制化。随着决定服务质量的因素的增加,满足你的细分市场的顾客的期望将变得更复杂。顾客对于这些服务质量要素的期望正不断地提高。例如在服务速度上的竞争正在加剧。这是一种完全以时间为基础的竞争,关键的问题是:你的企业提供的服务是快速的吗?我们现在已经不会把快速服务与简单服务(多米诺比萨和 Jiffy Lube 快速汽修店)对等了,因为现在许多复杂的服务也有很快的服务速度(花旗银行可以在 15 分钟内对抵押贷款申请作出决定)。与顾客对速度的期望相关的是顾客对获得持续可用服务的期望。一个参加过我们主办的服务业主管人员培训计划的管理者说,他的顾客对于服务的供给保障定义是7×24×365(原著如此,作者本意是每周7天、每天24小时、全年365天不间断。——译者注)!

现在的服务行业已经开始广泛重视顾客定制化服务的提供。以AT&T、MCI和Sprint为例。这三家公司都着力推行各种计划,为每个顾客量身定制电话服务。它们的辨声电话服务(在这种特色服务中,接线员可以辨认出每个顾客的声音)可以算是"个性化服务"的极致了。"个性化服务"这一术语是哈佛商学院教授厄尔·萨瑟(Earl Sasser)提出的。在出版业中,一成不变的标准教科书受到了定制化、有针对性的教科书的挑战。再以麦当劳为例,这家企业一直以来都以一种高标准化、统一生产线的服务形象出现,而现在它针对不同顾客可提供多达150种不同的食物,你甚至还可以在西班牙麦当劳餐厅找到西班牙凉菜汤!

但是,服务企业可能无法按照自己的意愿选择提供何种顾客定制化服务。即使顾客的期望在广度和深度上不断加强,服务企业还是必须专注地为其细分市场提供服务。专注就要求服务企业多多重视如员工选拔,员工培训,对员工的授权、监督以及奖酬等一系列复杂的问题。在这本书中,我们将具体地介绍一些方法来确保服务企业能实现其目标。这些方法包括:雇用适合企业细分市场的员工的方法,满足你的目标细分市场顾客的期望的方法以及奖酬员工的方法(可以既通过工资的方式又通过其他方式)。

8

**聚焦目标市场,否则就会游弋不定**[13]

服务企业必须首先选择它们的市场,然后选择它们将要参与竞争的细分市场。顾客在不同的细分市场中有不同的期望,企业必须辨识所专注的细分市场的顾客期望。那些顾客期望一旦得到确认,企业的所有政策和活动(从人力资源管理到运营管理、从财务到营销)都必须符合这一市场细分的要求,否则企业将会在市场中游弋不定。

***用"期望—感受图"检测聚焦点***

正如我们已经讨论的,企业可以通过战略性地聚集于特定细分市场的顾客期望,并且调整组织的各项活动来满足这些顾客的期望,以取得服务竞争的胜利。在这些步骤之后,企业还需要从顾客的角度检验其战略,了解它在顾客的眼中是否也是一种成功的战略。期望—感受图就是这样的一种检验方法。

假定我们对于前面讨论过的那家餐厅在速度、体贴和关怀以及顾客定制化(见表2-4)等方面有着期望(顾客真的需要什么)和感受(顾客对他们所接受的服务的感觉)。再假定这家餐厅已经制定了一项战略性决策,决定更好地服务于顾客对速度的期望，亦即在“服务速度”细分市场上胜过其他餐厅。从图2－2中，我们可以看到，顾客认为对他们而言速度很重要，但是他们并不认为这家餐厅的服务速度很快。这家餐馆应该怎样看待这个问题呢？这个问题的关键在于：这家餐厅的服务速度在其所在的细分市场中的表现如何。如果这家餐厅意识到了它在整个竞争环境中所处的位置，它就可以根据以下规则调整其服务：

- 如果一个企业和其竞争对手在那些重要服务要素方面不相上下，那么它仅仅“取得了竞争资格”；
- 当它在某个重要服务要素上胜于其他竞争对手时，这种情况被称为“赢得订单”；
- 当它在一个不重要的服务要素上胜于竞争对手时，此时的情况被称做“三不沾(air ball)”，即一种浪费（在要求速度的细分市场中，企业在体贴和关怀方面的杰出表现也许就是一个三不沾）；
- 当它在一个重要的决定服务质量的要素上败于竞争对手时，这种情况被称做“丧失订单”[14]。

图2－2所体现的有关细分市场的观点意味着：虽然顾客的感受总是对的，但他们的某些感受并不会对服务质量造成影响。服务企业必须判断它们处于什么样的服务行业里？它们的目标市场在哪里？而且目标市场的期望是什么？然后向顾客提供他们所期望的。如果组织的目

标顾客发现组织服务质量很糟糕(例如他们抱怨公司的服务速度太慢),那么组织必须予以注意,因为这些顾客永远是对的。如果组织的非目标顾客认为组织的服务质量很糟糕(例如他们抱怨公司的服务不够定制化),组织并不用对其加以理会。这种情况下的“丧失订单”也是讲得过去的。

图 2-2　检测聚焦点

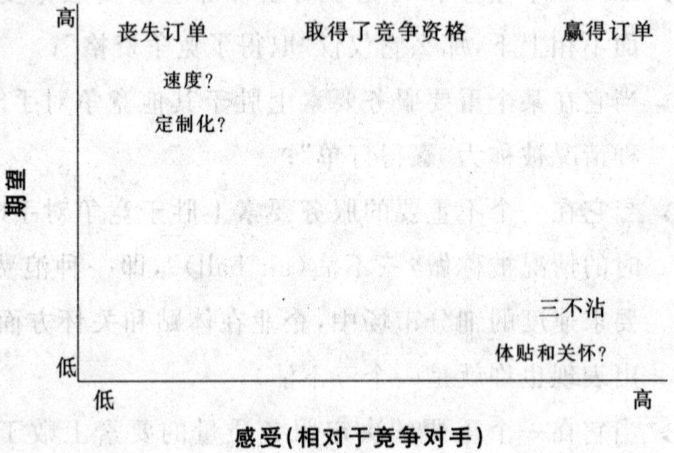


### *总结*

如上所言,服务业的挑战来自于确认细分市场,确定其顾客期望,时刻关注顾客对服务质量的期望和感受,并采取相应的措施,为提供无缝服务创造条件,从而使顾客满意。

在推行上述措施之前，我们有必要慎重考虑并研究交界层和协调层之间的相关问题。不过，接下来，我们首先要谈到一个更为微妙的问题，这个问题与顾客层相关，即顾客需求的问题。

# 服务企业

# 第三章　尊重顾客的需求

人的动机的复杂性远远超过我们从表面看到的。我们可以根据人们内在的心理状态来探讨它，如饥饿或口渴；也可以根据人们的外在目标来研究它，比如想要拥有一辆汽车或找到一份工作。因此，我们可以把动机看成是一种内部和外部力量相互作用的产物。正是人的动机涵盖范围的广泛和复杂性使得对动机的研究和认识十分艰难。[1]

本章的重点不是人类的动机，而是人类的需求，它是理解服务业顾客行为的重要途径。我们关注的是服务企业的顾客的动机。

我们从研究服务竞争中人类需求的作用着手，来探讨顾客的动机。然后我们将进入到本章的核心内容——顾客对服务的三种需求，即对安全、尊严和公平的需求。我们将讨论这些需求对顾客意味着什么，并且讨论组织为尊重顾客的这些需求能做些什么。

*需求在服务游戏中扮演的角色*

在这一节论述中，我们会发现在服务消费中顾客的需求与在产品消费中的情形是不同的，从人类的需求角度解释服务消费中顾客的反应是非常有用的。但是，我们首先必须要说明的一点是，这里所说的顾客的"需求"与顾客的"期望"是两个不同的概念。

*期望和需求之间的重要差别*

期望和需求是连续的统一体，如图 3－1 所示。这一连续的统一体的始端是那些很容易被人们意识到的问题（期望大多存在于此），终端是那些很难被人们意识到的问题（需求大多存在于此。一旦受到刺激，需求就会释放出来）。期望和需求都决定了人们对发生在自己身上以及发生在他们周围的事件的解释。期望和需求决定了人们如何处理事情，并且决定了人们在应对他们所遇到的一些事件和情况时可能的行为举止。

但是需求比期望更全面，同时也更加深刻。期望关注日常琐事；需求关注的则是长期的存在性问题以及身份问题，例如生与死，又如这个人是谁或他想成为谁。我们的期望被违背时，我们通常会感到失望或不满；但是一旦我们的需求被违背，我们会感到非常生气、愤怒，甚至会产生敌对行为。

图 3－1　顾客期望和顾客需求的区别

| 期望 | 需求 |
|---|---|
| 有意识的 | 无意识的 |
| 具体的 | 整体的 |
| 表面的 | 深层的 |
| 短期的 | 长期的 |
| 对于作为"服务接受者"的诉求（例如少于五分钟的服务等待） | 对于作为一个人的诉求（例如拥有自尊） |
| 如果你由于没有满足顾客的期望而使他们感到失望，你还可以补救 | 如果你由于没有满足顾客的基本需求而使顾客感到失望，你将失去他们 |

企业违背顾客需求比违背顾客期望的后果要严重得多。这是因为人们对某件事情或某种情形的情绪上的反应越强烈，他们表现在行为上的反应也会越激烈。如果企业违背了顾客的一个或更多的需求，顾客会公然地表达他们的愤慨，他们还可能给该企业提供的服务一个很差的评价，他们甚至不再愿意接受该企业提供的其他新服务。

我们认为，只要企业能满足顾客最主要的期望，并在服务质量方面优于其他竞争对手，即使它有可能数次违背顾客的一个或更多的期望，顾客仍不会采取过激行动。但是，一旦企业违背了一个顾客的需求，这个顾客将会离去。[2]

## 9

### 从需求的角度着手，认识服务质量

顾客首先是人，其次才是顾客。从人最基本的要求而言，满足人们的需求比满足他们的期望更为重要。要满足顾客的需求，而不要违背顾客的需求。

在对人类行为学的研究中，特别是在心理学的研究中，需求扮演了重要的角色。[3]由于西格蒙德·弗洛伊德(Sigmund Freud)的心理学著作传播，有一种观点得到了心理学者以及心理学的门外汉们的广泛接受。这种观点认为：需求是一种人们心理深处的机制，它以一种特别的方式推动着人们的生活。历史学家也发现，运用需求这一概念来解释历史上的重要事件、行为和人是非常有用的。这一历史学的分支被称为心理历史学，它强调以需求为基础解释历史。

市场营销学中有一个分支是"消费者行为学"。它也显示出了人们对人类需求这一概念的兴趣。消费者行为理论的倡导者们把需求看做细分市场信息的另外一个主要来源。需求这一概念在现代应用的变体是 VALS[4]，这是一种认识产品市场消费者的生活方式和价值观的工具。服务组织可以按照消费者的生活方式和价值观把他们分成不同的组群，每一个组群就是一个细分市场；服务组织可以针对细分市场开展营销。事实上，需求这一概念和心理学描述(如 VALS)作为一种工具,正被广泛地应用于广告设计和目标市场策划等领域,使产品定位更加符合需求。[5]

*在服务游戏中需求更为重要*

对一个服务组织而言,确定自己的细分市场,并做一些针对性的广告来使顾客了解自己也是相当重要的。我们认为,服务组织也应该了解一些关于人类需求方面的知识,这对它们是大有裨益的。需求这一概念可以帮助我们了解顾客在服务提供过程中的反应。因此,如果服务是传递体验的过程,那么我们应该运用一些方法来了解顾客在服务传递体验过程中的反应,并且研究他们作出这些反应的原因。

在研究消费者行为的著作中,关于服务企业顾客动机和需求方面的研究并不多见,可以给我们的提示太少。简单地说,需求这一概念在服务质量领域还不流行。我们很难解释需求不受重视的原因,但是我们认为它非常重要,因为已经有数不清的例子向我们证明了:是需求这一概念而不是期望这一概念,能解释顾客在服务传递体验过程中的反应。下面,我们列举出了一些支持需求重要性的理由:

- 顾客首先是人,其次才是顾客。作为一个人,首先必须满足生活中的核心需求,这些核心需求比顾客在服务提供过程中需要被满足的期望更为根本，也更为强烈。因此，无法满足顾客的这些核心需求比无法满足顾客的期望更容易使服务组织失去顾客。

- 当基于"满足期望"的说法无法解释顾客在服务提供过程中所作的反应时，需求理论就派上了用场。当作为顾客时，我们大都有这样的经历：我们对服务不太满意，但是又找不出不满意的原因。我们不知道到底是哪里出了错，也就是说，我们不知道我们哪一种具体的期望没有得到满足；但是我们确实感觉不太对劲，有些地方出了错。对于上述这种情况，我们可以这样来解释：我们的一些最基本、根深蒂固的需求没有得到满足，服务组织在一定程度上甚至违背了我们的这些需求。
- 服务质量的满足期望模型(met expectation model)完全是没有意义的。它过于理性，并且不是一个人性化的模型。而服务，实际上是一种人与人之间的游戏。满足期望模型忽视了顾客的内心、灵魂和需求。产品质量模型不重视需求或许还情有可原，因为在产品质量模型中，顾客并没有同时积极地参与消费和生产两方面。但是，在服务提供过程中，顾客整个人都参与进来了。
- 联系上面的内容，我们可以推断出：引入需求这一概念使得我们在谈论服务质量和顾客满意度时，再次认识到了顾客情感所起的作用。正如圣迭戈的一位著名的顾问达雷尔·爱德华兹(Darrel Edwards)所言：企业应该这样处理与顾客的关系，“提供顾客他们真正需要的服务以满足他们的情感，……服务组织不仅仅要让顾客表面上满意，还必须了解顾客对自身的认识，满足顾客在更深层次上的情感需求”[6]。

在下面的部分，我们将概述需求是如何影响顾客行为的。

### 需求如何影响顾客行为

需求通过某种压力起作用。这种压力总是存在的，但是它通常是潜藏于意识深处，因此我们并没能认识到它的存在。这种压力使人们以某些特定的方式接近世界，这种方式通常会使人们的需求得到满足而不是挫伤。因此，人们常常趋向于做一些更能使他们的需求得到满足的事情，并且他们总是尽量使自己处于一个更能满足他们的需求的环境中。他们的这种做法非常有意义，因为这暗示了人们总是选择满足自己的需求而不是挫伤自己的需求。

因为需求是全方位的，所以通过很多不同的方式都可使需求得到满足，或者遭受到挫伤。由于需求的这种多样性，几乎所有的需求理论，除了研究人类最基本的需求(如饥饿和性)的理论外，都不可能明确指出在什么样的环境中，什么样的行为会使需求得到满足；它们也不可能明确指出何时、何种行为会使需求遭受到挫伤。因此，人们做的有些事情、身处的某种环境可以满足他们的需求，而另外一些事情、环境却会挫伤他们的需求。

对服务组织而言，应用需求这一概念时，它们面临的最主要的问题在于其无法精确地知道应该做些什么，才能满足顾客的需求。服务组织可以明确地知道如何做才能满足顾客的期望，但是它们应该如何做才能满足顾客的需求却没有那么一目了然。服务组织甚至很难搞清楚它们什么时候满足了顾客需求，什么时候没有。在企业尊重了顾客的位于某个潜意识层上的需求的情况下，顾客会因为各种各样的表面原因（例如价格或地理位置）继续接受该企业的服务。另一方面，一旦企业违背了顾客的需求，顾客的需求就会上升到意识层面，这时顾客会清楚地知道他们的需求没有得到满足。然后他们会转向其他企业寻求服务，来满足他们的需求。

**10**

### 违背需求意味着失去顾客

如果你因为没有满足顾客期望而使他们感到不满，你可以弥补。如果你因为违背了顾客的基本需求而使他们感到不满，你将失去他们。

基于上述原因，在这一章接下来的部分，我们将集中讨论当顾客需求被违背时，对顾客和服务企业可能产生的最严重的后果。

## *顾客追求的三种需求*

我们选择了三种顾客需求来重点讨论：

1. 安全需求：顾客对安全感的需求和对身心不受伤害、经济上不受损害和威胁的需求；
2. 尊严需求：顾客维护自身尊严和被人尊重的需求；
3. 公正需求：顾客对受到公平和公正对待的需求。[7]

为什么我们要选择这三种需求呢？其实，选择多少人类的需求来作研究取决于你偏好哪种理论。你可以只选择一种需求（享乐需求），也可以选择三种需求（成功需求、归属感需求以及权力需求），还可以选择五种需求（生理需求、安全需求、爱的需求、尊严需求以及自我实现需求），你甚至还可选择250种需求来作研究。但是我们研究的目的在于研究与服务企业相关的人类需求。也就是说，尽管人类在所有年龄和发展阶段以及在所有情形下的需求都具有学术研究价值，但是我们这里只选取几种人类需求来研究，这些需求对于研究服务业中服务质量的传递有着启发意义。

基于多种考虑，我们选择了这三种需求。我们首先考虑的是亚伯拉罕·马斯洛(Abraham Maslow)提出的需求理论[8],这一理论在过去的半个世纪里一直被广泛引用。在他的人类动机和个性的五种需求理论(见图 3-2)[9]中,他把人类的需求分成了五个等级。他把最下面的两个,也是最基本的两个人类需求称为生理需求和安全需求。另外三个分别是归属感与爱的需求、尊严需求和自我实现需求。

我们前面提到的安全需求涵盖了马斯洛需求层级图中的生理需求以及安全需求。我们提到的尊严需求涵盖他的需求理论中的归属感与爱的需求、尊严需求、自我实现需求。学者们或许不会欣赏我们对马斯洛理论的这种改动,但是这种改动后的理论对于研究顾客在服务过程中的反应是十分有价值的。

虽然马斯洛的需求理论不包括公正需求,但自从亚里士多德以后的很多学者都把公正需求当做一种人类最基本的需求。近来也有很多学者指出,道德感是人区别于其他物种的一个最基本的标志。这种说法可以用来解释人们对这样一种信条的坚持:每个人都应该得到他们应该得到的回报,即他们需要生活在一个"公平的世界"[10]中。

现在让我们仔细地审视这些需求(安全需求、尊严需求和公正需求),看它们是如何影响顾客行为的,以及组织应该如何在所提供的服务中满足这些需求,而不是违背这些需求。

图 3－2　马斯洛需求层次理论

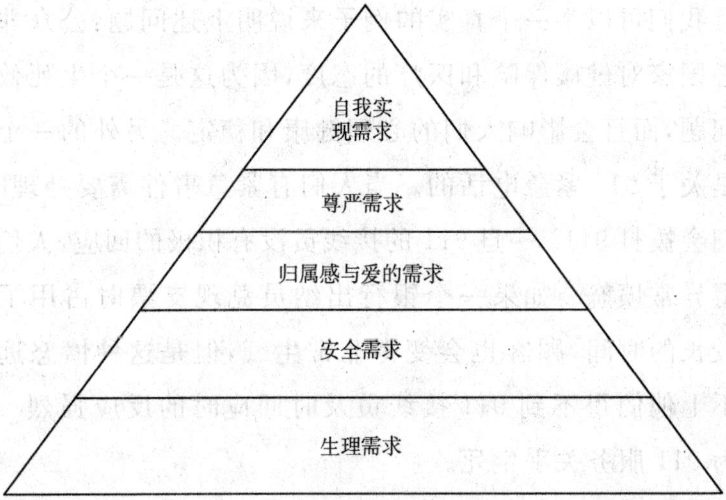


资料来源：Abraham H. Maslow，*Motivation and Personality*（New York：Harper and Brother，1954）。

## 安全需求

我们这里谈到的安全需求不仅涉及生理层面的生死问题，还包括马斯洛在他的理论中提出的心理层面的对安全的需求，例如对受到保护的需求、对稳定性的需求和对秩序的需求等等。我们在这里提出这一点，是因为很多服务企业与顾客的生死以及稳定性直接相关，然而我们有时候并没有意识到这一点。

例如健康保险和人寿保险关系到人们的生和死；救护车、急诊服务和消防部门也和人们的生死相关。因此，我们认为，这些行业的顾客绝不只在乎服务的可靠性和积极响应度，以及服务人员的礼貌和能力。因为这些行业提供的是生死攸关的服务，所以顾客才以这种严格的标准来感受服务。

我们可以举一个真实的例子来说明上述问题：公众非常关心国家对健康保险和医疗的态度，因为这是一个生死攸关的问题，而且会影响人们的心理健康和稳定。另外的一个例子是关于 911 紧急电话的。当人们有紧急事件需要处理时，他们会拨打 911。一旦 911 的接线员没有积极的回应，人们会变得异常愤怒。如果一个银行出纳员兑现支票时占用了顾客较长的时间，顾客也会变得非常生气，但是这种愤怒远远比不上他们得不到 911 接线员及时回应时的反应强烈——因为 911 服务关乎生死。

我们认为，私人提供的紧急服务大幅增长的状况是由于公共紧急服务单位并没有意识到它们提供的服务是一种生死攸关的服务，它们也没能满足公众在接受这种服务时对安全感的需求造成的。现在，私营救护车服务、私人安全保卫，甚至私营消防队的数量增长很快。我们可以把这种增长作为一个指标，了解顾客在面对关乎生死的事件时，他们对受到保护的需求。

Rural/Metro 公司是全国最大的私营消防服务的提供商，他还是第四大私营救护车服务的提供商。它的成功为我们提供了一个很好的例子。Rural/Metro 公司致力于与接受它服务的社区建立一种良好的关系。它采取了一系列的措施，包括培训顾客、为顾客提供免费的家庭火险安全检查来避免火灾；针对那些在火灾中遭受到损失的人，开展“受害人援助计划”;经常打电话与顾客沟通,了解他们对企业提供的服务的理解程度;给每个新顾客都寄送感恩卡。

我们可以从人们对安全需求和相关服务的关注中得出另外一个结论:服务组织提供的服务的稳定性相当重要。如果说顾客确实将保险和其他的“紧急事件”服务看做是生死攸关的服务,那么他们对服务的一些意外变化的强烈反应也就不足为奇了。这也是“关系营销(relation marketing)”中需要重视的一个问题。它是决定顾客与服务组织相互关系的主要因素。顾客的反应越强烈,这表示服务与顾客的安全的相关度越高。因此,银行改变其某些服务的费率时,银行顾客可能不会有很强烈的反应。但是,如果健康保险公司改变了其提供给艾滋病人的可用救济金,艾滋病人的反应就会非常强烈了。一旦人们的生存和安全受到威胁,而人们对于安全的需求又得不到满足时,人们的反应会相当激烈。

另外一种会使顾客感受到有生命危险的服务是航空公司提供的飞行服务。对有些人而言,从登上飞机的那一刻起,他们就感到生命受到威胁(这里就涉及人们的安全需求)。对旅客而言,每一件与飞机有关的事情都会影响他们对安全的感觉。这些事情包括飞机场跑道的情况、指引顾客进入机场的标牌、飞机晚点时工作人员的处理方式和他们给出的解释、飞机场及登记处的清洁和有序程度,以及乘坐飞机的安全提示等等。与满足顾客对便利性等的期望相比,上面提到的这些问题对顾客更为重要。

迪士尼一直致力于做这样一件事情:确保顾客能看到

的所有事情都能传递这样一个信号，即迪士尼可以满足顾客对安全的需求。迪士尼乐园的管理监督人雷·赛德杰斯(Ray Sidejas)曾说过："不洁净就意味着不安全。"迪士尼乐园非常在意它的卫生间，一旦卫生间出现损坏，工作人员会立即进行修理。地中海俱乐部在其上个世纪90年代的一份报告中指出，安全是顾客期望的一个重要方面。地中海俱乐部告诉它的顾客如何获得警察的帮助，并且保证告知客人有关飓风动向的信息。美国汽车协会现在规定，各家旅馆要想被列入《美国汽车协会旅行手册》中，就必须做到除了在客房门上安装一道主门锁外，还必须再安装一道安全性更高的门锁。[11]所有的这些例子都表明，顾客只有在他们的安全需求得到满足后，才能够享受核心服务（旅行、娱乐、住宿）。

当然，在使顾客觉得安全可靠和使他们受到惊吓之间存在着一个微妙的平衡。例如旅店虽然不能为顾客提供逃离现场的演习，来告诉他们如何应对突发事件，但是却可以在客房内张贴警示，或者通过电视播放有用的信息，来传达信息给需要安全提示的顾客。机场也面临相似的问题。乘客的生命在机场和飞机上会受到各种各样的威胁，航空公司应该如何使其乘客熟知这些威胁呢？在这里，调查可能会有所帮助，但是还有一个更加有用的办法，即航空公司应该向对安全问题感到担忧的顾客提供有用的信息，并且确保顾客很容易获得这些信息。这样，顾客就不需要询问有关安全的问题了。记住，这些信息必须是容易获得且易于理解的。

经济上的损害是安全需求这一定义的另外一个重要组成部分。银行、抵押贷款机构、股票经纪公司和诸如此类的单位通常会威胁到人们的安全需求。我们在第二章中讨论过的信用卡公司的主管人员并没有提及安全问题的重要性，但事实上，安全问题对顾客而言是相当重要的。

我们发现，金融机构的工作人员对金融问题对他们的顾客的影响已经习以为常。他们处理的货币金额巨大，因此他们往往忽视了一小笔钱对一个顾客的重要意义。

下面我们来谈谈抵押贷款申请。抵押贷款机构（它可能是一个银行或一个存贷款公司）每天都要处理很多抵押贷款申请，这些申请对抵押贷款机构而言没有特别意义。然而每一份抵押贷款申请对抵押申请人都可能具有唯一意义，即这可能是他们作的唯一一次申请。对申请人而言，申请被拒绝意味着经济上的损失。但是对抵押机构而言，却算不了什么，因为这只是众多申请中的一个。现在我们可以解释抵押贷款申请人的愤怒了。抵押贷款机构只把抵押申请当做是一个交易，然而申请人却把它看做是对于他们安全和生存的潜在威胁。抵押贷款机构和其他的财务机构应该从顾客的角度来看待上述问题，即这是一个涉及顾客经济安全的根本问题，而不仅仅是一种纸上交易。如果它们还没有认识到这一点，当顾客感觉他们的需求已经或可能被违背的时候，他们将会非常愤怒。

服务广告偶尔也会意识到顾客的安全需求。例如旅行者保险公司的“在旅行者的保护下(under the travellers' umbrella)”和信诚(Prudential)保险公司的“拥有自己的一片土地(owning a piece of rock)”等广告语都明确地表达了安全的理念。但是,重要的是服务企业的所作所为应该和它在广告中提出的理念一致。例如好事达(Allstate)保险公司的广告语是“拥有好事达,你将获得可靠的帮助”。然而,当佛罗里达州遭受到安德鲁飓风的巨大破坏之后,好事达却打算终止大约300 000个住宅保单。好事达公司的这种行为将会对其广告语给顾客留下的印象带来怎样的长期影响呢?这将是一项有趣的研究。

人寿保险公司最近都饱受非议,人们认为它们严重地违背了人们对经济安全的需求。这种非议似乎不太合乎情理。毕竟,保险公司销售的是保险,它们怎么会违背人们对安全的需求呢?简·布赖恩特·奎因(Jane Bryant Quinn)这样解释说:“从对纽约人寿保险业的一个调查中我们可以得知,从事人寿保险业的企业已经因为自我监督的缺乏、投资的不合理、政策的不合适以及销售费用的无节制而变得千疮百孔。这些企业往往投资于那些它们不应该投资,并且负担不起的高额保险项目,最后又不得不放弃这些保险项目,这时它们就会给顾客带来巨大的经济损失。”[12]

奎因还指出:这一问题自从1905年以来就已经引起了人们的广泛关注。但是在业内,这种肮脏的行为仍然存在。例如大都会(Met Life)人寿保险公司和公平人寿保险公司(Equitable Life Assurance Society)等都还存在这种行为。

为什么会这样呢？这是因为公司对短期利润的追求使得它们忽略了顾客对经济安全的需求。一个企业是否能在这种对安全有广泛需求的市场中存活下来，只有时间能告诉我们答案。

我们必须指出，这里所写的大部分关于违背人们安全需求的内容都仅仅是我们自己的思考，因为我们知道还没有相关的研究从顾客对服务质量的感受的角度分析需求的内涵。我们想要指出的是，所有涉及物质或经济福利的服务行业都必须满足顾客的安全需求，而不能违背它。服务组织必须把满足顾客的这一需求当做重中之重。尽管要重视测评业务可靠性、服务态度、积极响应度等方面的计分卡的情况，但是公司对满足顾客需求的重视程度应该远远超过它们对计分卡的重视程度。

特别重要的一点是，我们感到，损害顾客对身心以及经济方面的安全需求要比满足这种安全需求容易得多。我们认为，之所以会这样，是因为顾客在潜意识中总是认为他们处在一个能满足他们这种需求的地方；一旦他们的需求没有得到满足，顾客就会产生一种挫败感。这种挫败感会使顾客作出各种各样的反应，这些反应都会对服务企业造成潜在的伤害。顾客可能会选择离开而转向别的服务企业；或者会在公共场合公然发怒；又或者，顾客虽然不动声色地离开了，但是他们却会告诉其他顾客他们糟糕的经历；等等。未能满足顾客的安全需求只能给服务企业带来消极的后果，但最大的问题可能还是满足了顾客的安全需求也不能使顾客满意。最好的情况是，当顾客的安全需求得到满足时，他们只是把得到这种服务当做了自己的一项权利；但是通常情况下，顾客甚至根本不会意识到他们的需求已经得到了满足。

一个对服务提供商而言相当棘手的问题是，顾客的要求有时并不能最好地满足他们对身心安全和经济安全的需求，而服务提供商应该如何使他们明白这一点呢？在这种情形下，服务提供商必须拥有更多知识，他们必须知道什么能够真正满足顾客的需求。用一位牧师的话来说，“人们是很难理解牧师这个独特的职业的。例如我们有义务服务于上帝的子民，但是没必要按照他们的想法来服务于他们”。同样地，老师应该教给学生他们所需要的，而不是他们所想要的；运动俱乐部的教练必须建议健身新手们选择相对轻一些的重物来锻炼，而不是完全听从他们自己的选择；精神治疗医师应该给患者专业的意见，即使这些患者并不想听取这些意见；诸如此类。我们推断，随着在二战后的婴儿潮时期（指二战后的十几年间，美国的人口出生率大幅增长的那一时期。——编者注）中出生的人们的逐渐老去，很多事情不会像在过去那样简单而顺利地进行。因此，当顾客的想法并不能满足他们的安全需求时，对服务企业而言，如何使顾客明白怎样做才能真正满足这种需求是一个极大的挑战。我们需要好好作一些调查，并需要一个理论来指导我们，让我们能够通过合理的方式使我们的顾客意识到他们的错误，并同时让他们感觉到他们的需求并没有被违背。

服务提供商在这些情形中处境艰难。正如我们说过的那样，这是因为顾客很难知道他们的需求得到了满足，然而当服务组织违背了他们的需求时，他们会立即发现这一点，这时他们会表现得相当愤怒和失望。由于这种压力，人们在服务竞争中引进了道德规范。高质量的服务并不代表服务提供商要“唯命是从”。当你知道顾客的要求对他们而言并不是最好的选择时，你为何还要服从顾客的请求。服务企业要真正做到尊重顾客需求就应该把重点放在那些充分体现着职业道德的行为上，而不仅仅是满足顾客的期望。

**11**

**尊重顾客的安全需求**

顾客有希望身心和经济免受伤害的安全需求。为满足这些需求，服务企业必须：(1)暗示顾客他们是安全的；(2)确保服务的稳定性和可预测性；(3)随时准备应对可能威胁到顾客安全的紧急事件；(4)找出一种合适的方法来告诉顾客他们关于安全需求应该如何最好地得到满足的看法可能是不正确的。

### 尊严需求

从需求理论的角度来看，也许人类行为学中成果最丰富的部分是关于我们所谓的“尊严需求”的部分。除马斯洛之外，其他知名的学者如戈登·奥尔波特(Gordon Allport)、卡伦·霍尼(Karen Horney)、罗洛·梅(Rollo May)和埃里克·埃里克森(Erik Erikson)都曾提到过关于这个需求的一个或多个方面。

谈到尊严,我们指的是人的自我概念或自我认同——尤其是一个人积极的自我观念或自我价值。虽然人积极地看待自己的程度不尽相同,但是有一点是毋庸置疑的,即身心健康的人(大多数的人)都试图维持并且加强他们的自我概念。有时我们把尊严称为自尊,这说明了自我以及自我价值的重要性。

我们把所有马斯洛所谓的高层次需求(对爱、尊严和自我实现的需求)都归到尊严需求这个概念之下。这是因为这三个需求需要通过相互影响来得到满足。由于在很大程度上服务过程涉及与他人的互动,而服务质量的评判基础就是建立在这样的一个过程之上,因此尊严需求很容易被违背。服务就必然涉及接触——通常是与另外一个人的接触,而维持和强化对顾客的尊重必须是服务接触的一个目标。我们在这里再一次指出,服务发生在人与人之间。我们可以假定,在服务企业中服务接触的一个主要的目标就是要避免伤害人们积极的自我观念,并且维持和强化对顾客的尊重。

尊严需求的重要性对于产品顾客和服务顾客是大不相同的。对于产品顾客而言,尊严需求可以通过广告来管理。这些广告要能激发人们的自我观念,如精干、高雅和有能力。而服务业则涉及人与人之间的互动。在这里,问题的关键已经不是对尊严的激发,而是对尊严的维护和强化。简而言之，我们认为，尊严需求的概念对于了解服务顾客的行为比了解产品顾客的行为更为重要。

而且这种尊严需求不仅仅只在我们做发型或看心理医生的时候出现，它们甚至在最简单的服务过程中就存在了。万豪公司销售和营销部门的副总裁罗杰•道(Roger Dow)讲述了当他带孩子们去麦当劳，将他的自尊心置于公众面前时的感受。他说当靠近收银台时，他实际上便感受到了所谓的“行为忧虑”(performance anxiety)：我点的东西对吗？我是不是忘了孩子们想要的什么东西了？我会不会因为花了太长时间点餐而受到站在我后边的人或者前边服务员的责备？想想所有这些不可思议的事情，他得出这件事的结论——一个成功的商人会发现即使是在一个18岁的店员面前，他也在担心自己的行为是否得体！但是，事实是我们从不喜欢在其他人面前表现得愚蠢笨拙。而且这个故事说明了我们的观点：虽然服务并不会激发对尊严的需求，但它们时常会营造一种尊严被昭然地测试的情形。

服务企业是如何侵害顾客尊严需求的呢？一种情况是没能发现和感知到顾客不满的现实情况。在本书中，“顾客永远是对的”这句话非常有用，因为顾客相信他所感觉到的就是真实的。没有人能与顾客的感觉和信念争辩。人们可以对这一感觉表示理解(“我知道你对此很心烦”)；而最糟糕的错误是争辩(“对于这件事你完全是错误的”)。后一种回应同诸如“让我来解释你错在哪儿了”，或“让我来告诉你为什么你不应该有那样的感觉”一样，所有这些都伤害了顾客的自尊。我们对于从其他人身上得到关于否定自己的反馈都是十分敏感的。而当我们的尊严需求没有得到满足且在这个过程中我们花费了钱财的时候，情况会更加恶化——这相当于我们花了钱却受到了轻视。

服务企业违背顾客尊严需求的第二种情况是，营造一种让顾客自觉很愚蠢的状况——或者更糟糕的是，在其他人眼中很愚蠢的状况。人们总是不遗余力地使自己避免看起来愚蠢。在最近的一个宣传活动中，Wherehouse Records 公司发现即使以一定的报酬为诱饵，你也不能诱使人们作出愚蠢的行为。在这一活动中，只要顾客大声唱出任何歌曲的第一句，便会得到除商品外的一美元的奖励。我们中的一个人询问销售店员有多少顾客参与了这项活动，回答是"很少"。接着他说："我认为人们不像我们想象得那么贪婪。"这些顾客是贪婪的——贪婪地维护着他们的自尊心。

当顾客专注于我们所谓的"差别服务"的时候，企业就侵害了不同等级顾客的尊严需求。我们认识一些女士，她们掌管着家庭的预算，而且也同她们的丈夫一样了解汽车，但销售人员对她们却是爱搭不理。《今日美国》(*USA Today*)杂志刊登了一项调查结果，询问女性对汽车机械工的感觉。虽然在所有的轿车和卡车中，女性的购买量超过了 50% ，但是《今日美国》却报道了下列统计数据：

- 57% 的女性感觉机械工并不像尊重男性那样尊重女性；

- 35％ 的女性感觉机械工把她们当做傻瓜；
- 33％ 的女性感觉在她们所不知道的事情方面，机械工让她们感觉非常不舒服。[13]

另外一个例子来自于本书的一位作者给非洲裔美国人博物馆联合会（African American Museums Association）所作的一次演讲。我们告诉听众，所有的现有研究都表明，顾客重视服务提供的“可靠性”更胜于“响应性”或“感情投入”之类的问题。在那次会议之后，一位听众走近我们说，如果所有的顾客都是黑人的话，这项研究的结果就将会不同。他告诉我们：对于黑人，响应性将是最重要的。因为除了对他们的行为指手画脚外，服务人员经常不理睬他们。在这里，问题不仅是你想获得服务的期望会在五分钟内得到满足，更重要的是使你基本的自我意识不受侵害。

如果顾客不知道该如何使用企业所提供的潜在服务，他们甚至会避开这种服务。例如当自动柜员机刚出现时，银行认为几乎每个人都会立即使用它们。但是它们没有立即被使用——即使是现在，也有相当大部分的银行顾客（尤其是一些年老的顾客）并不使用它们。为什么不用呢？这或许是因为顾客们无论是在他们自己眼中，还是在其他人的眼中，都不想表现出不够聪明。因为不知道如何使用柜员机，或害怕由于他们的无知造成卡片的丢失，以及随之而来的尴尬，所以一些顾客就不去使用自动柜员机。如果希望通过让顾客采取某些行动以减少服务过程中的成本并增加利润，服务企业就得建立这样一个系统：在这一系统中，顾客觉得自己是聪明的，而不是愚蠢的；它要使顾客感觉到他们能力过人，而不是笨拙无能。

在服务企业中有一种正日益扩展的运动，顾客与服务企业一同创造他们所需要的服务。快餐厅和银行是第一批这样做的，加油站、旅馆（旅馆登记）和航空公司（自购机票，利用家里的计算机购买和预订机票）也正在尝试使顾客成为合作者。[14]为什么像航空公司预订机票这样可以使用家用计算机来完成的业务发展如此缓慢？很可能是因为人们不知道该如何使用它，或者害怕因为尝试它而显得愚蠢，或者由此造成他们在公共场合的尴尬。我们相信，如果对这种家用计算机服务进行免费课程式的广告宣传，数以千计的人都将作出这一有利于他们自己的选择——使用家用计算机来享受这些新的便利的服务。

服务企业如何才能维护并且增强顾客的自尊心呢？这里有三种主要的方式：

1. 必须真正地理解这一点，即在使用组织的服务的过程中，顾客确实很在意他们的自尊心；
2. 以多种方式承认顾客对于组织的重要性；
3. 将顾客视做有能力、可以作出正确决定的成年人，他们的决定可以使服务更容易提供。

角色扮演的概念为组织了解与顾客自尊心相关的问题

提供了一个创新的方法。例如少数医疗中心推行医生扮演病人角色的培训项目。当他们被要求带着助步架使用卫生间，填写复杂的医疗保健表格，或者让男同学经历对于女性来说是家常便饭的侮辱——在马镫形的座椅中等候一位医生的到来时，他们发现这些都是对病人自尊心的一种伤害。一位医生曾经接待了一位在汽车事故中伤及脑部的病人，这位病人言语粗鲁而且很不友善。但由于这位医生拥有这样的换位经历后，他懂得去充满关爱地对待病人，并能够控制住自己的脾气。他这样解释说："我意识到那个病人怕得要死，神智有些混乱，而且他已经失去了很多尊严。这就是我能与他好好相处的原因。"[15]

随着人口的老龄化趋势增强，维护老年人的自尊这一问题将会日益突出；能很好应对老龄化问题的公司将在服务行业中占有竞争优势——这不仅仅指医疗保健领域。但是医疗保健领域为发现潜在问题提供了一个有用的分析框架。例如布伦达·施奈德(Brenda Schneider)是一个在疗养院为老年人工作的社会工作者，他曾这样说：当疗养院的职员不能意识到病人的自尊问题时，就可能会对病人感觉迟钝，从而引起病人表面上看来不合作的行为。

假如病人在去厕所时需要帮助。病人按铃寻求护士的帮助，但是没有人回应。病人被告知，当没有人能回应的时候，他们可以弄脏他的尿布！然而，病人会继续按铃寻求帮助。这是为什么呢？因为老年人不想使用便壶，他们想维护他的自尊。

所有的服务方式都使老年人面对类似的问题(而且我们全都会变老)。例如站在老年人的立场上,尝试到机动车管理部门去领取新驾驶执照,或在搬到不同的州之后取得新的驾照和牌照;或者上下一些现在在许多百货商店中都设置的快速电动扶梯;或使用一台自动柜员机——这些柜员机屏幕上的字迹如此之小,使得老年人无法阅读菜单。如果服务企业没有将老年人的生理需求考虑在内,它们就将失去这一基础顾客群。

下面列出了一些组织能够认知它们顾客的自尊心的一些方法:

- 对于那些经常来访的或者已经是企业某项服务用户的顾客,要记住他们,并能认出他们。人们喜欢被认出来。因为这样的话,他们会认为自己是重要的和有价值的;如果一个企业认同这一重要性,那么它将是一个维护顾客自尊心的企业。对于交界层员工来说,知道他们常客的名字是一项基本技能。举例来说,在常客生日时寄出的生日卡〔就像美国国营农场保险(State Farm Insurance)公司所做的一样〕或送给长期信用卡的持有者的感恩卡,都是企业可以运用的维护顾客自尊心的方法。
- 承认服务中存在的问题、错误和疏忽,从而更多地倾听顾客的意见,为顾客提供信息和解决办法。这显示出了企业对于顾客感受的敏感,并再一次承认了顾客的价值。

将顾客当做有能力的成年人来对待的关键是信息。顾客渴望得到信息;为顾客提供的信息永远不嫌多——假定信息的提供方式并不要求顾客必须深谙企业的情况,或必须拥有博士学位去理解它。作为人的基本需求,我们渴望关于我们所处环境的信息。我们必须知道正发生在我们自身及我们周围的事情。对于这种好奇心,我们别无选择,我们需要了解,因为我们需要觉得自己有能力来控制一切状况。信息是支持这种控制能力的一个坚强后盾。以下是关于维护并且增强我们自尊心的信息需求的一些例子:

- 在医疗界,包括医生和医院,只有熟悉该行业的人才能明白其各种职能的行使情况。他们应该与病人分享信息,否则病人就会感觉自己像孩子而非成年人。Aetna 健康卫生机构通过一系列"你知道得越多,你的感觉就越好"的广告,显示了其对这一问题的理解。这些广告向病人告知了 Aetna 的医疗保健和保险项目实际上是如何运作的。医疗行业通过尝试一些新的做法,例如允许住院病人管理他们自己静脉注射的流量等,在这方面取得了极大的进步。这能增强病人在能力和控制力方面的感觉。
- 新的顾客发现几乎不可能与银行进行谈判。在哪里开户?在哪里申请贷款?航空公司的终端则更为糟糕。我的航班的柜台在哪里?如果我已经有了登机证,我还需要登记吗?我的航班为什么被延期而它可能什么时候起飞？再看看邮局的工作吧。“图书级”是什么意思？“第一等级”何时变成“优先级”？为什么与第一等级花费相同的还有“第四等级”和“第三等级”？“第二等级”又是什么？保险单中的用语又是怎么样的呢？有谁知道保单的保险范围是否能将他包括在内吗？

我们的观点是，服务组织必须找到认知他们顾客的身份和自尊的办法。依照先前所说，在这些需求被关注的地方，让顾客失望比让他们获得良好感觉要容易得多。

公用事业单位，像北方国家电力（North States Power）公司（一个总部设在明尼阿波利斯的企业），就为顾客提供如何节约能源、如何处理紧急事件和问题以及如何提高效能等方面的资讯。花旗银行送给顾客一本名为《当你拨号之前》的小册子，它描述了顾客可能遇到的各种情形并提供了顾客如何自己解决这些问题的方法。下面的这些问题和它们的解决方法都列在了这本小册子里：

- 我认为我不应支付这项费用。
- 我知道我已经不再去健身房健身，为什么它仍出现在我的账单上？
- 已经一个月了，而我还没有拿到我退回的羊毛衫的退款。

很明显，花旗银行和北方国家电力公司正在尝试减少不必要的顾客服务电话。它们提供这类信息的一个意外收获是，它至少使一些顾客觉得受到了教育，由此使他们感觉更好，并且认为情况已经渐渐在自己的控制中了。感觉良好和认为情况在控制中是自尊的两个重要方面。

一般而言，人们都认为他们自己是有价值和有能力的，甚至是非常能干的。这种自我感觉很容易被侵害，因为这些侵害涉及的是人们自我认知方式中最核心的方面。问题出在服务企业中的那些与顾客打交道的人，在与顾客的交往中他们也押上了他们自己的自尊。而且当员工的自尊受到挫伤时，他们很有可能会将负面的情绪发泄到顾客身上。之后我们将会详细讨论自尊对于交界层员工的重要性。现在，重要的是要知道服务企业与顾客之间的交往就是一种机会，这种机会可能为顾客提供积极或消极的体验——一个提高对顾客的尊重程度的机会，或是侵害顾客的自我感觉的机会。

总之，人们喜欢接受和他们有关系的信号。人们想要感觉他们的出现是被重视的。稍后我们会将关注中心转向服务企业的员工，你会看到一些组织把这种认识运用到了对其员工的管理中。除了薪水及津贴等“经济奖酬”之外，他们还提供各种“地位奖酬 ”给员工。地位奖酬包括工作职称、用餐特权、豪华办公室和停车位等等。这些奖酬帮助满足所有员工所具有的自尊需求，帮助激发员工的参与性并提高其工作绩效。一位管理界巨头解释说：“你不一定非要依赖行贿

(薪酬)激励员工,你还可以使用谄媚(让他们感到备受尊重)。”

这里的重点在于,服务组织不但要以给予经济利益的方式来对待顾客,而且可以采用提升地位的方式。不只是交易中的经济价值能够留住顾客,而且提高对顾客的尊重程度(包括谄媚)也能达到这一目的。

让我们用一个公司的故事来结束对顾客的尊严需求的讨论:这个公司创造性地利用了顾客的这种需求。1993 年,美国西部航空公司开始进行大规模的广告活动。在广告中,它承诺给予它的顾客他们最想要的——受到尊重(这一结果来自于一项市场调查)。美国西部航空公司的广告负责人沃伦·拉克(Warren Rucker)解释说:“我们做了我们的家庭作业……在我们所有的市场调查和关注群体中,都有一个不变的主题,那就是‘尊重我’。没有人感到客运业给他们提供的服务是他们想要的,也没有人欣赏客运业的服务。”

美国西部航空公司的电视广告使用企业自己的员工作为演员,充满激情地演唱了他们自己版本的《尊重》之歌〔这首歌的原始版本是由阿雷塔·富兰克林(Aretha Franklin)演唱的〕。拉克指出,这个活动为公司在顾客和员工眼中树立了一个清晰的形象:

> 这就是我们要做的。关于我们的将来,无论是在公司内部还是在外部,都有很多的说法。我们自己的员工之间缺乏一致性。这一活动就像是一种行动倡议,一种

让我们把关注的焦点集中于我们的员工和服务上的方式，而员工和服务正是使我们从竞争中胜出的关键因素。[16]

12

## 尊重顾客的尊严需求

服务企业应该使顾客感觉自己是有能力的，为他们提供巨细靡遗的资讯（尤其是意料之外的改变或问题），让他们拥有各种各样的选择，对出现的问题负责并找到解决问题的办法，而且富有同情心地为他们服务，从而维护并强化对顾客的尊重。

### 公正需求

人们通常用公正、公平、平等等标准来判断其他人对待自己的态度。这种感觉能帮助我们解释人们的一些反常的态度和行为。例如如果在一项工作中，一个人每小时赚 15 美元，而另一个同事每小时赚 17.5 美元，那么每小时被支付 15 美元的人能和每小时被支付 17.5 美元的人同样对自己的薪水满意吗？再比如，假设两个人因同样的罪行受到相同的判决，那么他们中的一个有可能比另一个对此判决感到更不满吗？这两个问题的答案都是肯定的。

在第一个案例中，我们知道，当人们评判结果的公平性时，往往要比较他们自己的努力和其他人的努力——在这一案例中，结果指的就是他们的薪水。如果每小时赚15美元的工人感觉他所花费的努力要比每小时赚17.5美元的工人少，那么二者对这样的结果会感到同样满意。当人们比较自己和其他人的结果时，他们也会将自己和其他人的投入考虑在内，以得到一个公正的判断。

在第二个案例中，研究表明，当相同的结果是通过不平等的程序得到的时候，得到相同的结果（相同的判决）的人们可能并不同样满意。例如如果其中一个被告是由法院指定的公众律师为其辩护，而另一个则是请到了高价的私人律师，那么相同的判决结果就可能导致不同的满意度。其规律就是程序、过程能够决定对结果的满意程度。这一公正问题涉及程序、过程中被感知的公平度，又被称为程序的公正。

程序的公正与服务业有什么关系吗？大有关系。服务由核心服务（时常是可见的，如提供的食物）和行为及程序组成。准确地讲，服务与程序的公正有着极大的关系。一位学者甚至曾将人类称为"直觉的法理学家"，因为他们总是在作关于公正性的判断[17]——不只是评判他们自己得到的待遇，甚至也评判其他人得到的待遇。在下面的小节中，我们将探讨这类问题中的几个例子。在这些例子中，顾客因为在服务提供过程中感知到了对公平性的侵害，而产生了心理上的挫败感。

**排队挫折** 在寻求服务时，顾客试图选择那些"正确"的队伍，却往往导致受挫。因为一些队伍比其他的队伍移动得要更为迅速——顾客的公平感此时便被侵害了。队伍的移动速度完全在他们的控制之外,并且没有合理的解释来说明为什么他们所接受到的服务程序与服务于其他人的程序是如此地不同。任何通过多个队伍排队的程序来获取服务的交易都将侵害一些顾客的公平需求。

迪士尼乐园和许多银行很久以前就找到了解决这一问题的办法,即采用所谓"S"形队伍。这条"S"形队伍是一条单独的队伍,但可以通向多个服务窗口;全部顾客都要经历相同的程序。研究显示,这种"S"形队伍为每个顾客均衡了等候的时间,从而帮助企业在顾客心目中建立起公平的感觉。

**差别对待**　任何形式的差别对待,包括排队等待,都被认为是不公平的。如果有人插队,排在后面的顾客就会很气愤——除非有合理的解释。例如在机场登记处,当某架飞机即将起飞的时候,如果顾客继续按顺序检查登机,他们就将错过这次飞行,这时,登记柜台前的"S"形排队规则就可能被违反。当即将错过飞机的人们被允许排到"S"形队伍的前面来检查登机时,我们虽从未看见其他顾客抱怨,但是一定要向所有相关的顾客解释清楚此类事情发生的原因。

这里,关键的要点在于我们社会的规范是人人都要被同等对待,而不论其地位怎样。在我们的社会中,"法律面前,人人平等"是一项绝对的契约。当一些人因为出现紧急情况,或是自身有残疾,抑或是某些不言自明的原因和可以解释的情形而得到优先对待时,我们会接受;否则,我们的公正感就会受到侵害,而且将不会容忍。

服务企业如果希望为一些顾客优先服务(因为他们是极其重要的顾客),那么他们就不要让其他的顾客看见给予优先顾客的待遇——除非有完全清楚的理由来解释为什么要给予这些优先对待,并且这些理由能被其他顾客所接受。出差旅行者常感到航空公司待遇不公正,因为他们与休假旅行者同时出行却必须付更多的费用。经济舱的乘客与头等舱的乘客相比,可能就不会感觉不公正,因为他们支付的费用不同。而当一个航班被取消时,如果航空公司基于先到先得的原则为乘客预订另一个航班的机票,排在队伍后面的乘客会感到他们被不公正地对待了。这里的法则是,只有当优先对待的正当理由能得到认同时,这样的对待才会被视为是公正的。

**违背心理契约** 心理契约是各方之间的一种隐性协议,涉及在这一关系中双方各自应该付出及得到的东西。这是一种暗含的"游戏规则",双方都要依此向对方履行一种没有明确表达的义务。这种协议是隐性的,因为双方为满足协议所必须做的事情都已存在于他们的头脑中,并且没有明确表达出来——这就是它为什么被称为"心理契约"。例如雇员与雇主的心理契约通常包括信任,即如果他们工作努力并且是组织的好成员,组织将不会亏待他们——即使这样的条款并没有被写下来。

任何时候服务企业违背了顾客的心理契约,它就侵害了其公正需求。也就是说,顾客会认为他们做了他们所应该做的,但是公司却没有做它所应该做的。服务企业必须了解违背顾客心理契约的各类情况。

西尔斯轮胎和汽车中心(Sears Tire and Auto Centers)就违背了公司与它的汽车修理顾客之间的心理契约,因为顾客们发现它在加利福尼亚和新泽西的服务中心对不需要修理的地方进行了修理。纳特·里德(Nat Read)在他发表在《华尔街日报》的文章里写到了西尔斯公司的这种情况:"这一丑闻是西尔斯公司所遭受的最沉重的打击,因为它动摇了西尔斯帝国的根基:诚信。正是基于诚信的理念,公司才开展了这样一些服务:产品目录、零售、金融服务以及发现卡(Discover card,一种零售行业发行的信用卡。——译者注)"。

里德还说,使这次灾难更为复杂化的是西尔斯公司的高管层采取了拖延战术,并且争辩说这些抱怨是对他们公司的一种可耻的中伤。他指出,当管理层忽视了核心的职业道德问题时,这样的情形就会发生。[18]西尔斯公司的这种拒不承认失误的态度造成了对顾客心理契约的总体侵害——这种心理契约是指顾客对迅速、礼貌、诚恳地解释这一事件的合理期望。

心理契约被侵害的另一个例子是在一个投保人遭受意外之后,汽车保险公司提高了这位投保人的保费。虽然在一些顾客的眼里这是合理的,但另一些顾客并不这么认为。例如对于在过去的5年中已经发生过三次事故的一位投保人来说,他就很可能感到他已经被公正对待了;然而如果一位投保人已经支付了25年的保费,却从未索赔,甚至从未得到超速行驶罚单之类的东西，那么他就会感到心理契约被违背了。

为了了解顾客的心理契约，服务企业需要评估顾客自认为在交易中所作出的总投入（例如时间、金钱和在企业艰难时期对企业的忠诚）。我们认为，服务企业提供的服务越是无形（即顾客的投入得不到实实在在的商品作为回报），顾客购买企业服务的时间越长，企业就必须作出更多的努力来保证它们是在公正地对待它们的顾客。抵押贷款机构、银行、保险公司和信用卡公司（包括发行它们自己信用卡的零售商）等企业，如果没有考虑顾客已经和企业建立交易关系的时间长短，就很容易侵害顾客的公正需求。

有时，对于顾客公正需求的伤害要归因于计算机，例如支票虽被拒付，但其金额却从顾客账户中“自动扣除”。但是计算机程序是由人编写的，因此在用计算机生成的那份毫无人情味的账单向顾客催款前，完全可以根据顾客的历史记录生成这样一段提醒性文字：这是我们公司的一位 27 年的老主顾！

看看下面的故事。诺拉·雅各布森（Nora Jacobson）已经在格林威治村（Greenwich Village）开了 50 年的药房了。药房的所有账户及其个人的现金账户都开在一家当地的银行内（在这里不提及名字）。1993 年 4 月，两张支票被从现金账户中提取出来，其中一张用于缴纳“纽约州所得税”（这张支票面值为 423 美元，但其实精确的金额是多少并不重要）。但银行却拒付了这张支票，尽管她的账户上还有45 000美元的余额，而这还只是她在那家银行开立的几个大的账户之一，并且她是这个银行多年的老主顾！

银行为什么拒付支票？一个银行员工解释说："每 45 天只允许你从一个现金账户开三张支票，而开给纽约州的那张是这 45 天中的第四张。"让人震惊的是，直到雅各布森威胁要撤出全部账户，银行才表示要对这一事件采取补救措施。这是不公正的。

悲哀的是，这些长期的顾客或许已经持续多年忠实于他们的心理契约，甚至可以容忍一些企业在此期间将事情处理得一团糟。然而当企业需要公正行事时，它们却选择了强硬的态度。

在此，我们的观点是：顾客的历史是了解顾客在交易中所附带的心理契约的关键所在。任何服务企业都应该知道顾客的历史对它意味着什么，对心理契约的侵害又意味着什么。我们刚刚提供了我们的一些观点，而在吉姆·赫斯克特(Jim Heskett)、厄尔·萨瑟和克里斯·哈特(Chris Hart)合著的优秀专著《服务业的突破》(*Service Breakthroughs*)中，你还可以找到更多。[19] 赫斯克特、萨瑟和哈特引用了美国航空公司(American Airlines)的例子。作为一个服务企业，它因拥有了解频繁飞行的乘客的信息系统而享有盛誉。利用这个数据库，美国航空公司可以为它的常客提供一些特别的乘坐飞机的机会，与其最有价值的顾客时常保持联系，并且可以使它在负载和路线方面的规划能力比竞争对手更为精确。

服务企业应该尽可能地发掘尊重它们的忠实顾客的方法。这些行为将满足顾客的心理契约，并且使人们产生被公正对待的感觉。

最新研究已经清楚地发现了感觉得到了公正的对待和顾客满意之间的联系，并且这个联系看来是有效的，不论涉及的服务是何种类型。一项由伊丽莎白·克莱默（Elizabeth Clemmer）和本·施奈德进行的研究对四种服务行业进行了分析：银行、内科医生、快餐馆和豪华餐厅。克莱默和施奈德对这项研究作了如下简明总结：

> 顾客从三个方面看待公正问题：核心服务（食品质量、对顾客的消费建议）、服务程序（等待时间、服务设施）以及人际关系问题（礼貌、温情、友好）。
>
> 顾客总的满意度都是由这三种公正问题的状况决定。核心服务、服务程序以及人际关系问题必须全部得到妥善处理。[20]

最后，我们的结论是，那些感受到心理契约被尊重的顾客同时也将感受到被公正地对待，并且对服务更加满意。对此，我们深信不疑。

**违背承诺** 承诺是一份明确的合同，而对承诺的违背是服务企业的一种令人绝望的行为。了解顾客的心理契约的组成可能很困难，但是了解你自己的承诺是容易的。在服务企业中，违背承诺的行为是无法被容忍的，而且顾客也不能容忍这样的行为。对于顾客来说，这是企业不可信的最清楚的信号。违背承诺会使人诧异——它破坏了顾客的心理均衡；而在服务业中，让人产生诧异是很糟糕的，除非它们是令人愉快的。

如果确实有积极的一面，你可以违背承诺。我们中的一个人(本书两位作者之一。——编者注)将他的小汽车送入一个名为 Rising Sun Motors 的家族式公司修理。虽然它并不完美，但是它确实很棒，而且除非是出于对顾客利益的考虑，否则它从不违背承诺。实际支付的修理费用总是比你预计的略低一些，修理汽车的时间也总是比许诺的快一点儿，等等。公司的所有者道格·乌尔夫(Doug Wolfe)知道他正与顾客建立一份合同，但是他用这样一种方式来建立它，从而使他从未负过约。他的承诺与企业形象相一致，而无论是在顾客和员工的心中，还是在他自己心中，他都想要保持这种形象。

**弥补性行为** 企业有时能通过弥补性行为从违背承诺的阴影中走出来。此时，公正也开始起作用。有研究显示，当顾客感到他们已经受到了公司制度所规定的弥补性待遇时，他们就会认为其投诉已经被更公正地处理了。[21]顾客似乎从得知他们的投诉已被有效地处理中而使内心恢复了平静，并且这一处理是因为企业内部的政策，而不是他们自己运气好而碰巧遇到一位有决定权的特别员工。看起来顾客真的更喜欢通过法律途径得到的公正，而不是通过优惠待遇或者运气。

## 13

### 尊重顾客的公正需求

保证你的核心服务、你所建立的服务程序、你与顾客之间人际交往的方式都能使你的顾客感到被公正地对待了。公正的待遇是获得顾客信任的必要和首要条件，而忠实于企业的长期顾客更应当受到特别的关注。

---

*再看三种需求*

对于服务企业来说，了解需求是重要的，因为当需求被违背时，顾客的反应会很强烈。安全需求在交易中经常被违背，这些交易忽视了一个事实，即他们的顾客是有弱点的人类——这些弱点包括生与死以及经济保护等诸如此类的问题。企业必须分析当它们的顾客处在生死攸关、经济上面临巨大风险之时它们应如何对待这些顾客。并且因为他们各自的弱点不同，人们对于他们的身心和经济受到的伤害有着不同的想法。每个服务企业必须能准确确定自己顾客的极限。

在服务业中，尊严需求的重要性有两个方面。首先，在服务过程中，顾客要求维护他们的尊严。服务企业必须认同顾客对劣质服务的感受（作为服务提供商，你可以通过表明你理解他们的遭遇来达到这一目的）。对顾客的尊重必须通过对他们的待遇来实现，比如首先要把他们看成是诚实、能干的。

在服务业中，尊严需求重要性的第二个方面体现在企业推出新服务方式时。新服务是由那些了解它们并且知道如何使用它们的人设计的。当顾客对这些新服务既不了解也不知道如何使用时，如果他们使用的旧方法仍然运作良好，他们为什么要愚蠢地冒险去体会新的方法呢？如果服务企业希望顾客能参与其服务的生产，它们就不仅要保证那些顾客是仔细筛选和培训过的，还要保证这些努力会使顾客感觉到他们是有能力的，同时通过这样的参与能使他们的自尊心得到提升而不是受到损伤。

最后，因为服务业涉及技术程序和人际关系秩序，服务企业稍不小心就会违背顾客的公正需求。违背有很多形式，包括歧视性待遇、违背心理契约，以及违背承诺。我们可以断定，顾客与企业打交道的历史对于确定哪些情况将违背心理契约起着重要的作用。

### 总结

在消费者行为及服务业市场营销的研究中，服务业顾客的需求很少得到关注。我们发现，在考察令顾客感到特别沮丧和激起顾客异常情绪反应的情况和事件时，分析顾客对安全、尊严和公正的需求是一个很有用的方法。

我们没有统计数据的证据来证明这三个需求是最重要的，或者它们能解释顾客所体验的全部的挫败感和所作出的全部反应。不过，对于服务企业的经营来说，它们提供了另一种方法来思考什么使顾客能变得兴奋，什么能使他们沮丧。在此，我们并不是想给什么是顾客的关键需求下个定论。我们想要说明的是，服务企业必须找到一种方法，更深入地研究顾客的心理，而不是探讨顾客对电话在被接听之前应该允许响几声，或者时装精品店里的地毯是否是破的诸如此类的期望问题。此外，我们认为不同类型的服务企业应发掘其各自的顾客需求——急救服务不同于超级市场；保险公司不同于百货商店；银行不同于交响乐团。每一个服务企业要留住自己的顾客群，就必须认识到顾客的三种需求的重要性。

服务质量存在于服务的提供过程中。掌握了解顾客对服务质量的感受的方式对企业总是有益的，它能够提高服务质量和提升服务体验。而分析顾客对安全、尊严和公正的需求就是有效的手段。而且，创造性地思考人类其他相关的需求也是很有用的。例如顾客看起来有对快乐、笑和娱乐的需求。越来越多的轶事趣闻证明迎合这样的需求能为企业带来满意并且极度忠实的顾客。来看看西南航空公司（Southwest Airlines）。其机组人员通过内部通信系统模仿猫王的表演；而食品杂货店内结账台的电子传感器不仅能记录每项商品的价格，而且能同时用性感的声音将其公布出来。这样的体验不仅满足了顾客对服务的期望，也帮助人们得到了他们在生活之外想要的快乐。

对安全、尊严和公正的需求将变得越来越重要，因为服务过程正在逐渐演变，服务提供不再是发生在互不相识的两方的一种短期行为，而更像是相互熟悉的人们之间的一种持久关系。目前，重视关系营销和关系管理的呼声越来越高，这也佐证了这一点，即这些需求必须被认真对待。安全、尊严和公正(甚至乐趣)是这些关系的核心。

服务企业

# 第四章　开发利用顾客的才能

完全满意的顾客说："我的需求得到了重视和满足，因此与这家企业合作我感觉很好。"极度忠诚的顾客说："我们已经发展到相互依赖、共享价值观和战略的程度，因此保持长期对彼此的忠诚能够最大化地满足我们各自的需求。"[1]

在服务游戏中，一些服务组织能够通过各种方式深化与顾客的关系；而另一些则只是将它们的顾客当做终端消费者。后者无疑会输掉这场游戏。精明的从业人员和研究人员正在不断地发掘和推荐诸多创造性的方法，拉近服务组织和它们的顾客之间的关系，包括身体上的和心理上的。尽管这些公司已经非常重视其顾客，但是它们所做的远不止于此，它们在为与顾客协作和建立伙伴关系创造机会。通过关注顾客在服务生产中的角色，它们确保了对顾客需求和期望

制胜法则

的无缝服务。通过强化顾客在服务中的作用,包括把顾客视为生产性"人力资源"、"领导的替代者"和"组织顾问",它们实现了这一点。本章将阐述和解释如何管理顾客所扮演的这三个独特的角色。

## 顾客的三种独特的角色

本节将对顾客在服务组织中所扮演的三种角色作简要的概述。在本章的后面部分,我们将详细说明如何使这些角色对于组织和顾客都能有效地发挥作用。

### 顾客作为人力资源

服务独特的属性之一是顾客参与到服务的生产过程中。当企业让顾客参与服务的生产时,企业就应该认识到它的顾客是企业人力资源的一部分。顾客经常有一个"要做的工作"是帮助设计并且生产他们所消费的服务。为了帮助医生诊断他们的病,病人要尽力描述他们的症状,然后按照医生的诊断进行药物治疗;个人或企业用户则要与电话公司合作,帮助设计并且安装日益定制化和复杂化的电话系统;在快餐馆用餐的顾客自己招呼自己,并且在用餐后打扫他们自己的桌子;等等。

显然,顾客不仅是作为消费者而且是作为生产者参与到服务生产中。既然如此,自然就会有这样一个理念:除了要管理员工的业绩之外,还需管理顾客需求的业绩。这就意味着管理者必须有一种将顾客视为企业现有的、额外的、高产的人力资源的观念。将顾客视为企业的“半个员工”或服务的“合作生产者”将会使管理者们受益匪浅！[2]

如果你能将顾客视为半个员工，你就会用完全不同的方式思考顾客对你的服务的影响。现在他们带来的不仅是期望和需求，还有相关的生产服务的能力，这使他们能够充当半个员工的角色。服务管理由此面临更加严峻的挑战。当你将顾客只作为顾客进行管理时，你首要关注的问题是如何通过广告和一些朗朗上口的宣传语影响顾客的期望。但是，你要采取什么样的管理方法才能保证顾客有所需的能力为生产作出贡献呢？从顾客为企业所作的贡献中获得的利益是不是大于在合作生产过程中企业为控制顾客的行为所付出的成本呢？

后面我们将描述服务企业管理者如何确保顾客拥有必要的能力。他们采取的方式就如同他们对员工所采取的方式一样——从仔细的遴选到培训，甚至“解雇”顾客。企业拥有了最佳的顾客，自然就能获得收益。我们认为，拥有能力极强的顾客群可能正如拥有技能极强的员工队伍一样，是获得持续竞争优势的源泉。事实上，培养具有最佳技能的顾客群是一种超乎寻常的方法，因而这有可能成为实现差异化的持久源泉。

### 顾客作为领导的替代者

研究领导力的文献一直以来保持这样的传统假设，为了愉快且更好地完成他们的工作，员工们需要依赖上司对他们的指导和良好感觉（尤其是被体谅和被看做是成熟个体的感觉）。不过，现在有研究对这一点提出了质疑。[3]在上司与员工之间经常缺少理解与体谅。通常，员工也很少得到上司的工作指导；或者，上司可能给予了体谅和指导，但是员工并不重视它。

我们将回顾一些研究，这些研究指出，当上述情形出现时，员工可能会将顾客作为“领导的替代者”，把顾客当做工作指导和良好感觉的源泉。[4]这样，处在组织与顾客交界层的员工，可以从两个方向获得指导和好的感觉；他们不仅从上司那里而且从顾客那里得到工作提示。他们不仅利用顾客获得工作指导，而且把顾客作为获得赞扬和肯定（好感觉）的源泉。

### *顾客作为组织顾问*

顾客可以被授予一种发表权以评价组织的运行状况，例如员工的招聘和培训市场营销调研的进展情况。顾客的这种参与所涉及的内容，远不只让顾客参与企业的产品或服务的设计。它包含给顾客发言权，对生产产品或服务的组织的设计发表他们的意见。我们稍后会提供一些这样的例子。这里要说明的关键问题是，顾客不仅能在服务的内容上，而且能在提供这些服务的组织设计上发挥决定性作用。

关于顾客的这些各种各样的观点有什么共同之处吗？所有的这些观点都与戴夫·乌尔里克（Dave Ulrich）所谓的那种将组织与顾客连接起来的“公司结（corporate knot）”[5]——

在双方之间建立一种比仅仅是买卖关系更牢固的相互依赖关系——相关。与上述理念相同的是，汤姆·彼得斯（Tom Peters）认为“紧密联系增强剂（dense hook enhancement）”是服务成功的关键——要想尽办法，尽可能地留住顾客，而不仅是经济交易。

无论你给顾客以怎样的角色定位（顾客可以充当许多角色，如公司结和紧密联系增强剂），其目的就是将顾客由满意于企业转变为忠诚于企业。正如密歇根大学教授乌尔里克所说，“满意的顾客是开心、顺服和满足的；忠诚的顾客是愿意奉献和忠心耿耿的”[6]。要实现这一点，一般的法则是让顾客非常熟悉组织和它的服务；最重要的是，使顾客做得更多，积极地参与到他们与组织的关系中来。行为造就忠诚度。让我们近距离看一下服务企业怎样创造这种忠诚度，以获得持久的竞争优势的。

### *将顾客作为人力资源管理*

这里的理念是“靠你的顾客来提高生产率”，这借用了克利斯托弗·洛弗洛克（Christopher Lovelock）和罗伯特·扬（Robert Young）在《哈佛商业评论》上撰写的一篇经典文章（这篇文章却没有得到足够的重视）的标题。那些“让顾客服务于他们自己”或“让他们做一些服务于他们自己的工作”的做法，好像与当今提倡的企业要纵容、取悦他们顾客的做法不相称。然而，如果能让顾客得到一种对服务生产过程的控制感，顾客便能从服务他们自己的过程中获得快乐。正如我们在第三章所提到的，控制可能是顾客维护和强化自尊心最为可靠的源泉。

如果他们的参与提高了生产率，并由此通过低价格能分享其中的利益，顾客可能还会很高兴。但这并不是最重要的。重要的是，他们对提供参与的机会会更加满意，不管他们实际上是否参与，因为顾客喜欢选择。

通过顾客的现场参与可以提高生产率，可能只限于服务企业，在制造业中现场参与的作用潜力就小得多。通用汽车公司就没有在其轿车的生产过程中将顾客用作半个员工；顾客可能参与设计那些轿车，但不会参与生产过程。按照我们的逻辑，就服务领域而言，实际参与生产是可行的而且合乎需要。问题在于，顾客并不会像员工那样受到威胁、批评和约束，所以他们非常难管理。实际上，很多服务企业认为顾客是有害的，应该被屏蔽在生产过程之外！问题是，你怎样增加顾客的生产力，并且避免在生产过程中因顾客的现场参与而产生的负面结果呢？

答案是，使用与管理你的正规人力资源相同的方式，将顾客视为半个员工来管理。我们认为，要想有效利用顾客的能力必须在管理过程中做到下列三个方面：

1. 最好明确地确定你想要顾客首先执行什么角色或工作。实打实地开展对顾客的“工作分析”(job analysis)——分析在你的企业中，顾客目前的角色以及企业希望他们扮演的角色。

2. 保证顾客拥有出色完成工作的条件。我们认为员工的绩效由三种相互关联的因素决定：(1)角色的明确性（他们知道他们应该怎样去完成任务吗?）；(2)能力（他们能像期望的那样完成任务吗?）；(3)动力（如果他们如期望的那样完成了任务，他们能得到相应的奖酬吗?）。为什么不能也按照同样的条件考查顾客的绩效呢？管理顾客绩效的关键是，寻找这样一些方法，确保顾客对这三个问题的回答全都是"是"。
3. 定期评估顾客绩效。系统地进行评估，以确定顾客的绩效是否达到标准。换句话说，除评估顾客满意度之外，还衡量顾客绩效。如果绩效不令人满意，就要诊断问题的出处，是否是因为在角色的明确性、能力或者动力方面出现了缺陷，然后作出适当的调整。或许你认为适合顾客的工作，但是对于顾客来说却是烦心、困难，或者不值得做的。这意味着顾客的角色必须作改变，或者那些顾客自己必须改变——让你现在的顾客改做不同的工作，或者再找新的顾客。

让我们详细探讨一下将顾客作为人力资源进行管理的三个步骤。

*进行顾客工作分析*

工作分析详细说明了一个职位必须执行的关键工作。例如它详细地说明了为了令人满意地完成工作需要做的最重要的事和日常活动。准确地说，你到底想要你的顾客做什么？我们考虑这一问题的方法是，将顾客置于一种服务业的合作生产时间线(coproduction time line)上，然后指出你想要他们在这条生产时间线上做什么。顾客的工作包含四个阶段：

1. 服务前的阶段：这一阶段涉及顾客为服务过程所作的必要准备。例如抵押贷款机构会寄给顾客一张清单，上面列出了第一次见面时他们应随身携带的东西(例如工资支票存根、纳税申报单等)；外科诊所会寄给门诊病人一份说明，内容是他们在手术前夜应该遵循的饮食限制。
2. 服务过程本身：这一阶段涉及在服务过程中，当执行核心服务时，顾客需要做的工作。在机动车管理局(Department of Motor Vehicles)，顾客必须正确地往返于各个办公柜台之间；在银行自动提款机前，顾客必须遵循机器上的操作指南。
3. 服务结束阶段：这一阶段涉及顾客为结束服务过程所必须做的事情。这实际上就是指顾客在得到了服务之后，离开设备或服务人员。一些学者已经指出，专业服务具有一种"模糊的服务完成判断标准(ambiguous service completion benchmarks)"[7]。这一奇特的说法是指，对于服务何时结束，顾客和服务提供商可能意见不一致！心理治疗就是一个例子。

4. 后续过程:这包括在服务之后,顾客需要继续做什么,以帮助确保服务过程的持久效力。例如病人必须继续服药,而车主必须继续定期维护他的汽车。

服务管理者需要认真、彻底、战略性地考虑,在这四个阶段中他们期望顾客如何行事。工作分析是很重要的,因为它能使组织和顾客之间的心理契约变得明确而一目了然——而对于管理层和员工来说,这个心理契约通常是不明确的。然后,它可以作为组织的各类行为的指导,明确顾客的角色、能力和动力。现在组织知道如何做才能为服务的合作生产创造条件,从而使顾客有效地完成任务,履行他们所应担负的义务,为实现体现着卓越服务质量的无缝服务作出贡献。

这些阶段中,对顾客需要做的行为作出明确的界定可以或者至少应该强迫管理者们考虑,在将来组织想要它的顾客扮演什么角色。生产技术以及人口环境等因素的不断变化,将改变你对顾客的期望。战略性的工作分析(分析在未来对顾客的要求)的目标是,在随后的几年内留住顾客这部分最具有竞争力的劳动力。

最后,对工作分析的慎重与重视可以确保公司在其与顾客打交道的整个过程中积极地管理他们——从提供核心服务开始的最初接触一直到服务结束的整个过程。对于制造业而言,在投入、转换和产出阶段,缺乏对有价值原料的追踪和利用可能是一种过失。然而,服务企业有时也会犯这种错误,即在提供服务的不同阶段,忽视了其最有价值的原料,即顾客。

*确保顾客明确其角色并拥有必要的能力和动力*

在这一步，你真正需要把顾客当做除员工外的人力资源来考虑。你不会因为偶然事件而解雇绩效高的员工。人力资源管理实践是需要认真考虑的。这同样适用于高绩效的顾客。

**角色的明确性** 首先，你必须确定顾客知道他们应该做什么，尤其是在他们第一次充当合作生产者的角色时。服务组织倾向于过高估计它们的设备和服务程序带给顾客的亲切感。洛弗洛克和扬在发表于《哈佛商业评论》的那篇文章中，建议服务企业在将新程序和新设备推广以供顾客使用之前，事先对它们进行一番检测。这可能涉及检测各种服务实施方案，包括在实验室进行有关测试，与一些有代表性的顾客合作以及进行一次或更多次的现场实地测试。

自助设备必须是易于使用的，而且要有使用说明，这些使用说明还必须适用于你的目标细分市场的人口特征和心理特性。例如如果操作自助设备需要较高的运算能力，而你的细分市场的顾客又无法达到这一要求，那么这对他们将会造成伤害。记住，伤害顾客自尊心的服务已经伤害了人类的基本需求，它不可能被那些顾客再次使用。

服务的初次使用者尤其需要一些基本的指导。他们需要得到一些问题的答案，比如我首先要做什么？然后呢？再然后呢？如果这样或那样的事情发生或不能发生，我需要做什么？在凯悦（Hyatt）饭店，通过设置一个“培训者”——酒店入住自动登记计算机来为人们提供说明并且回答疑难，因此顾客不会得不到帮助，也不会受挫。受挫的顾客是不会开心的。

“实际服务预览（RSP，realistic service preview）”能为顾客清楚地描述他们将在服务中所要扮演的角色，它可能是一种很有用的工具。其目的在于帮助顾客建立他们在服务生产和服务提供过程中准确的角色预期。例如正畸的牙医通常让病人观看详细的录像，告知病人在佩戴牙套的时候可能会发生什么情况，以及在牙套被磨坏之前的两年左右时间内病人需要做些什么来保养它。

实际服务预览的点子实际上是对在管理学研究中发现的“实际工作预览（RJPs，realistics job previews）”的概念的扩展。[8]管理学研究认为，实际工作预览应比较适合应用于传统的招聘中，它能为求职者提供一个对他们将要填补的工作角色的夸大的预期。在向应聘者谈工作条件、任务要求和奖酬等时，招聘者通常会言过其实地描绘预期。自然，这种传统的方法增加了组织对应聘者的吸引力，但是它也会降低员工保持率。

当应聘者开始工作，发现工作的真实感觉不能与当时言过其实的预期相匹配时，员工保持问题就出现了。对这种“现实打击”（reality shock）的典型反应是对工作不满，随后就是辞职（一旦有其他的工作可选择的话）。

在与顾客打交道时，服务组织也经常会出现与此类似的问题。组织通常对顾客"过分许诺"——夸大顾客所能得到的服务结果(现在给予顾客的预期比顾客最后真正感受到的要好)或过分美化顾客作为合作生产者的角色(吹嘘说这一角色有多么容易且不浪费时间,而实际情况则要糟糕得多)。这使得顾客对于服务质量给出了较差的评价,对其自身合作生产者的角色也很不满意,因而降低了组织的顾客保持率。

为了扭转这一事态,服务公司有时会积极地开展"少承诺,多给予"活动。但是如果草率地减少承诺,那么就没有人会使用你的服务!最合理的建议仍是给顾客真实的服务预览。换句话说,要诚实;尊重顾客对尊严和公正的需求。

**14**

### 明确顾客的合作生产者角色

许多顾客并不理解他们在服务生产和提供过程中的角色。服务企业必须首先确定它们想要顾客扮演什么角色,然后找到方法来指导顾客去扮演这一角色。为顾客提供实际服务预览能帮助他们决定是否要扮演合作生产者的角色,以及如何去扮演这个角色。

---

**能力** 可以用两种普通的方法来确保顾客拥有进行合作生产的必要能力。它们也是用来确保公司员工能力的方法。这两种方法就是遴选和培训。

任何人力资源战略的关键问题,都是关于遴选与培训哪一个是重点的决策问题。对于作为人力资源的顾客来说也是如此:组织能在一开始就将那些没有带来知识、技能和合作生产能力的顾客拒之门外吗?组织必须因为经济或者法律上的原因而接受全部顾客吗?例如在高等教育领域,斯坦福大学只接收那些已经拥有很强的与学习相关的能力(例如智力和学习习惯)的学生。这种预先的严格挑选过程减少了"顾客"破坏服务传递系统的平稳机能和完美性的可能。市场细分的另外一种叫法就是筛选。

这样,一些企业就可以通过定价或其他高进入门坎等机制,来保证它们只同那些个人特征与参与到企业的服务传递体系中所必需的特征能很好匹配的顾客打交道。然而,多数企业做不到这一点。相反,它们接受任何潜在的顾客,因为筛选顾客所凭借的一系列相关特征太宽泛而且含糊;更多的情况是,他们必须尽力争取足够的顾客,而不能将他们排除在外。在这种情况下,培训是提高顾客能力的关键。而当培训使得顾客有着良好的表现时,组织和顾客就实现了双赢。

那么能有哪些可利用的顾客培训材料呢?自我指导材料就是一种简单的形式。史丹利车库门开启装置和各种史丹利自助工具的制造厂商——史丹利工厂(Stanley Works),已经致力于开发易于遵循的指导手册。一种更复杂的形式是 Quad 训练营,它是由 Quad/Graphics 打印机公司发起的培训班,每年两次,每次历时两天半。顾客从全国各地赶到威斯康星州的皮沃基(Pewaukee),去会见公司的首席执行官,并与员工一起参观工厂设备。参观的目的是实现组织与顾客之间的信息交换，由此双方都得到了培训，以适应他们在服务设计和生产中所扮演的角色。这个问题的一种更简单的解决方法的案例是第三章描述过的花旗银行的小册子，这种小册子指导顾客在打电话咨询花旗银行之前，能够确定他们的账户存在哪些问题。

服务企业为顾客提供培训的需求正迅速增长，这是由两个看似相反的趋势造成的：服务传递系统不断增加的技术复杂性和自助式服务的数量的增加。众所周知，如果顾客没有得到过清楚的指导或者员工的帮助，没有参加适当的培训，自动提款机和自助式加油站都不可能被充分利用。我们现在进入的时代，顾客可以自己设定他们的愿望，或通过参与到复杂的电话系统生产中来满足他们自己的独特需求。不过，这样的机会不断增加也给顾客带来了困惑和麻烦。例如AT&T 公司和 MCI 公司的很多顾客都不知道他们已经参加了多少计划和具体是哪一项计划，他们应该取消哪一个，以及哪一个能为他们提供最好的交易。越来越多的选择和越来越多的变化让人难以承受，除非服务企业能够帮助顾客持续更新信息，使他们作出明智的选择，并且全身心地参与进来。如果顾客发现他们在 1993 年签约的那个项目已被新的能为他们提供更高价值的项目所取代，但是没有人告诉他们，他们可能会感到很无助。

要使这些服务成功，就需要一种聪慧混合体(clever mixture)，也就是亚利桑那大学教授戴维·坦西克(David Tansik)所称的“透明”服务系统(设计它，是为了使顾客容易与企业互动并得到他们想要的)和各种形式的顾客培训。[9]

所有这些设计和培训工作都必须妥善地安排实施,并且要特别关注维护和增强对顾客的尊重。再者,当顾客不能像其预期的那样行事时,他们会感到尴尬和失落。要保护顾客的尊严需求,就需要向他们提供大量的有用信息。信息能使人们感到事态都在自己的控制之中。

这些所学到的内容,如果能被应用,即使是在简单的服务过程中都将是有用的。例如家得宝(Home Depot)公司与顾客一起制订他们的家装计划,帮助他们用最少的钱取得最好的效果。与此类似,其他服务企业也能通过培训它们的顾客获得利润。照相馆能与顾客一起审阅他们的照片,帮助顾客提高照片的质量,包括为顾客提供专业知识,为顾客解释疑难以及指导顾客怎样解决问题或者怎样拍出有趣的照片。

然而,许多服务企业在顾客培训方面却存在着承诺与实际履行不相符的现象。指出这一问题的是韦恩·伯特(Wayne Burt)。韦恩·伯特是一家为银行和存贷机构提供服务的金融机构的客户关系主管。看到客户培训项目常常因预算问题而被裁掉,伯特说:

> 这真是一种讽刺。除培训客户外,我还要负责客户服务。在此,我一方面正在减少我们所提供的顾客培训种类,同时另一方面又要负责提高我们对客户服务的关注。如何努力使这两方面达到一致,这将使一些人在深夜久久无法入眠。[10]

服务企业

## 15

### 通过遴选和培训，提高顾客能力

对所谓“半个员工”的角色的工作分析将揭示扮演这个角色所需的能力。那些能力肯定是一方面来自你所遴选的顾客自身，另一方面是通过培训为他们提供的。培训经常是唯一的选择。设计这样的培训项目是对改善服务质量的一项投资。

---

**动力** 问题：什么能激励顾客？回答：自身利益，它能激励每一个人。这意味着，当顾客面临自助服务或者合作生产服务的任务时，他们肯定会看看这是否符合他们的利益——能得到某种形式的奖酬。服务企业的管理者需要对那些可能适合顾客的不同类型的奖酬进行评估，并研究怎样把得到那些奖酬和成功地完成任务联系起来，怎样向顾客明确表示奖酬是什么和他们必须为所得到的奖酬做些什么。

有两类基本奖酬，内在的和外在的。内在奖酬是那种自我肯定的“快意”，它从所做的工作中获得，尤其是当我们做得非常出色的时候。例如不久前对偏爱自助服务的顾客的一项研究发现，对于某些顾客来说，使用自动柜员机比让他们通过与银行职员面对面进行交易能使他们产生更多的内在满足感。[11]那些考虑引入自助服务体系或其他包含有较高合作生产要求的服务传递系统的企业，必须进行市场调研，以确定哪些（如果有的话！）顾客群认为担任这些角色本身就是一种奖酬。

如果内在奖酬不足以激励顾客，组织必须考虑能为顾客提供一些外在的奖酬。[12]当顾客可以在接受“全方位服务”和“非全方位服务”之间进行选择，并且单凭内在奖酬不足以激发顾客的参与达到被要求的水平和质量时，如何根据顾客的参与情况设置外在的奖酬问题就凸现出来。

在这种情况下，企业首先必须确定顾客重视哪种奖酬；然后，根据企业需要顾客采取的行动确定相应的奖酬。例如假设一个服务企业想要使用诸如价格优惠、更短的等待时间、免费旅行或者更高的顾客定制化等奖酬方式，它必须首先着手于确认哪些奖酬是顾客高度重视的，然后制定清楚、适当的获取奖酬的制度。这一浅显的例子说明，顾客可以通过使用非全方位服务来节省一些成本，例如自助加汽油，而不一定非要选择全方位服务。

**16**

## 激励顾客参与

你可以通过下列方式使你的奖酬手段能最大化地激励你的顾客：(1) 保证提供的奖酬是你的顾客最想要的。(2) 明确他们要得到那些奖酬所需要完成的业绩。顾客必须能清楚地看见在他们为合作生产所付出的努力和获得有价值的奖酬之间的联系。

**评估顾客绩效,发现变革的机会**

企业所需要的不仅是顾客的满意度,而且还有顾客绩效的相关数据。酒店有多少客人不能在指定的时间内结账?多少顾客没能认真阅读服务合同中有关他们责任的条款?在准备税收返还或购置不动产的计划时,多少人不能保存好正确的记录?这些问题多长时间发生一次?

但是,不要责备那些顾客。这些问题全部是服务企业的过失造成的,并非顾客的过失,因为服务生产系统的一些组成部分没有为顾客提供合适、明确的角色定位、能力或动力。顾客绩效达不到企业的期望,将导致服务提供过程中无缝连接程度的降低,从而造成服务质量的低劣,从而引发顾客不满,并且也挫伤员工的积极性。

通过培训或者定期有计划的维护(至少他们应该做好密切跟踪和积极响应工作),企业能在跟踪人员失误和设备失灵方面做得很出色。必须密切跟踪顾客在扮演某种角色时的表现。当企业越来越多地把有关顾客个人偏好的信息添加到它们的顾客数据库中时,它们也应该添加顾客绩效数据。幸好,先进的信息技术使之成为可行,并且在经济上也是可承受的。

当发现顾客绩效变差时,那么就要采取修正行动。这些行动包含改变系统和程序,改善顾客的角色定位、培训状况和目标设定,以及改变促进顾客参与的激励机制。但是,如果不能细心地跟踪顾客的绩效,这些皆不可能实现。

在完成本书之前的几周，我们中的一人出差回来，在飞机场的出口寻找进城的巴士。乘坐进城巴士的车票已经在购买机票的同时包含在其中。最后，当他找到了巴士、登车前往城里时，巴士司机向他要乘车票，但是包含巴士票的飞机票已经交上去了。此时，司机就责备乘客没有出示“正确的”车票——事实上，在购机票时就应该发给乘客乘车票。乘客就问：“那么应该在哪里换正确的乘车票呢？”“你没有看到指示牌吗？”这就是回答。

在这个例子里，谁是对的呢？显而易见，尽管乘客有较高的能力和动力，但是乘客并不清楚自己的角色。当被问到这样的情况是否经常发生时，司机说：“一直有人问，人们好像就是做不正确。”他归咎于人（乘客）而不是系统，然而这明显是系统失灵的结果。运输服务部门应该跟踪了解有多少这样的“顾客错误”的事件发生，并且有针对性地采取措施。我们到处都能看见这类问题，并不是我们在吹毛求疵。总的来说，服务企业在信息提供方面做了很多无用的工作，而这些信息却是顾客很好地参与他们自己的服务生产和传递所必需的。

面对顾客的低绩效，企业需要采取改正措施。如何去做呢？首先，它们必须诊断出低绩效的原因。低绩效可能归因于角色不明确、能力或者动力低下。如果顾客对其角色比较模糊，企业可能需要为顾客提供一个更完整、更准确的对他们期望的预览；如果顾客缺乏能力，企业可能需要重新考虑为这份“工作”选择新顾客，或者通过改进指导或者提供帮助对顾客进行更好的培训；如果顾客缺乏动力，企业可能要为出色的绩效增加激励机制，或者制定惩罚措施对付低绩效。

另一种应对的办法可能是重新审视工作分析。对于在服务的合作生产中顾客能否出色地执行一些关键的行为，企业是否过于乐观？或许应该考虑降低顾客的作用，简化他们所应做的事。

还有一种办法（这多少与能力问题相关）是“解雇”绩效差的顾客。休厄尔·凯迪拉克（Sewell Cadillac）公司的卡尔·休厄尔（Carl Sewell）认为，你可能需要解雇一些顾客，例如不能按要求去做的那些人，特别是还有那些对员工不尊重的人。与他有着相同态度的是波士顿培根宾馆集团（the Beacon Hotel Corporation of Boston），其顾客关系的座右铭是“顾客总是正确的，除非他犯了错误”。持同样看法的还有法国普罗旺斯的一家餐馆的主人，他宣称：“顾客就是国王，但是只是在我的城堡内。”

## 17

### 评估顾客绩效

跟踪了解顾客在扮演其角色时犯的错误，可以为企业提供一个机会，以采取纠正措施，提高顾客对其角色认识的清晰度并增强其能力和动力。如果没能采取纠正措施，减少“顾客错误”，那么就会导致顾客不满，也会挫伤员工士气。

### 着手利用顾客这一人力资源

让到顾客参与到服务生产中，对于一些服务企业的管理者来说是一个新生事物。在我们先前曾引用过的《哈佛商业评论》的文章中，克里斯·洛弗洛克和罗伯特·扬提供了许多非常有意义的提示，它们能告诉你什么时候你的顾客可以做得更多：

- 当顾客等待服务时，他们是否无事可做？此时是否能让他们做些什么事情，从而加快服务进程？
- 有必要让顾客与服务员面对面地接触吗？这样的接触能否改为通过邮件、电话或是电脑终端处理？
- 对你的公司所提供的服务的需求是否有明显的高峰期和低谷期？如果是，其原因是什么？是否你能做些什么来改变或是调整这种需求模式？
- 你的员工所做的那些机械、重复的工作可否让顾客自己做或让顾客自己操作那些机器？
- 顾客是否并不想要服务人员，而想由他们自己完成工作？（例如人们不愿与那些有收取小费习惯的服务人员打交道。）
- 顾客是否向你的员工询问一些在别处（例如在电话簿上）也能轻易得到的信息？如果是这样的话，这是为什么？
- 你的运营效率是否正被少数顾客降低？这是否是由

于他们没有正确地了解你的服务特点和如何使用它造成的？如果是这样的话，是不是你的信息发布工作出了问题？

- 对于服务人员完成工作所需的知识，顾客是否表露出极大的兴趣？他们是不是想亲自来做这些工作？
- 除了出于企业传统之外是否还有其他的理由来支持为顾客提供一定额外的个人服务？怎样做最符合你的竞争地位——是继续提供这些额外服务，还是剔除它们并与你的顾客分享由此而带来的节省？
- 你能有效地将全部或部分的服务职能（特别是信息提供、预定和支付）委托给那些顾客已经与之打过交道的第三方组织（例如旅行社、银行、超级市场）吗？

**18**

**注意观察那些能让顾客做得更多的线索**

有许多线索能够表明，我们是可以增强顾客对服务生产的参与度的，包括顾客站着等候服务，顾客对服务需求的高峰期和低谷期，以及顾客不使用人工服务等等。跟踪这些线索，能使你发现充分利用顾客参与度的机会。

### *作为领导替代者的顾客*

服务业的顾客扮演的另外一种重要角色，是主管和领导，是向员工发号施令者。因此，在他们扮演合作生产者或者普通顾客的角色时，顾客与员工不断地进行着人际互动，并且通常是(虽然不总是)[13]顾客处在较强势的地位。强势地位很容易获得相应的领导力——对于员工，顾客扮演着双重领导角色，为员工提供指导和积极的感受。

顾客为什么能起到领导的替代者的作用呢？有两个原因。首先，悲观地讲，员工的管理者大多没能为他们提供应有的指导，甚至更多的情形是，他们没能提供员工所需要的良好感受，因此员工便从顾客那里寻找指导和良好的感受。其次，服务企业的顾客感到他们有发布指令的权力，因为他们认为，“我为服务支付了费用，当然我要发号施令，按我想要的任何方式行事”。

员工、工作岗位以及组织的许多特点都可以代替领导所亲自从事的那些帮助性(工作指导)和支持性(良好的感受)的行为，它们都可以被看做是领导的替代者。例如一份详细的职务说明书能代替领导的帮助性行为，一个凝聚力很强的团队能代替领导的帮助性和支持性行为——也就是说，不用依靠管理者，员工能依靠他们的团队成员得到他们所需的指导和良好感受。

鲍恩关于顾客作为领导的替代者的研究，在顾客对为其提供服务的员工所产生的影响方面揭示了许多有趣的发现。首先，它发现员工的满意度很大程度上与从其所服务的顾客那里接受到的积极感受相关，就如同他们从其领导那里获得的感受一样。其次，该研究还发现员工不喜欢顾客告诉他们做什么。他们想要的是能为他们带来好的感受的顾客正面反馈，他们更加偏爱顾客管好自己即可！

这些积极反馈产生的结果与现有的有关工作内容丰富化的理论和研究相符。在前文中，这项工作已经向我们表明，作为一个反馈的来源，顾客可能有多么重要，并且反馈是使工作内容丰富化的关键部分。[14]在组织中，很多工作提供很少的反馈，甚至没有反馈。原南加州大学的系主任、现在在通用电气公司工作的史蒂夫·克尔(Steve Kerr)说，在这样的工作岗位上工作就如同打保龄球时瓶柱前面有一层遮挡物一样。球滚到遮挡物后面后，你无法判断你打倒多少个瓶柱。你只需发球，然后转身离去，而你绝不会知道你做得有多么好。这样的话，用不了多久你就会对保龄球失去兴趣。然而，顾客却可以对员工的表现给出一个反馈，并且通常是精晰而迅速的反馈。顾客反馈能让员工对于他们工作的重要意义有更深的理解，并且在工作时会更加有技巧。

鲍恩对于顾客指导会产生负面结果的研究与威廉·乌奇(William Ouchi)的顾客观点相吻合：顾客会将他们的意愿强加给商店服务员。[15]乌奇认为，因为顾客经常把他们的意愿强加给员工，管理层应该相信顾客能"管理"好员工。鲍恩发现——恰巧也是乌奇遗漏的，顾客将他们的意愿强加给员工实际上会引起员工不满。管理顾问和人力资源专家花费了大量时间研究主管人员领导的风格及其结果。也许更多的时间应该被花费在努力认识顾客的领导风格上，研究如何最好地设计服务传递系统和服务过程，以便领导的这个替代者可以被最有效地利用。

对于服务企业而言，它们要创造性地思考如何应对那些反对顾客作为领导的抵触情绪。减少与顾客的接触将使服务企业所不需要的工作建议减到最少，但是这也将减少很多来自顾客的由衷感激所产生的激励效应。解决这个问题的答案应该是通过让顾客学习以采取“正确”的领导方式，即保持强大的支持性作用，但是降低指导性作用。管理层要设法采取某些措施，尽最大可能减少诸如顾客指挥员工如何做事之类的现象。例如在鲍恩的研究中，有一个关于一家眼镜连锁店验光师的例子。管理层可以渲染验光师的形象：验光师是熟练的专家，他知道怎样做，怎样才是最佳，不需要顾客告诉他怎样做；可以从验光师穿着专业人士的工作服开始，到展示验光师的学历以及提供一些能够证明他们能力的证书。

为了揭示顾客可以作为领导替代者这一问题的重要性，本·施奈德在他的服务管理课上做了一个关于“顾客是良好感觉的一个源泉”的实验。这个实验要求学生挑选一个其经常光顾的服务企业，与服务提供商一起开始实施一个行为改变（behavior modification）项目。在某一天，学生（顾客）表现得像往常一样，并且记录下服务提供商的反应。在随后的两周里，当学生不时地来到这家服务企业的时候，他们都面带微笑走向服务员工，并和气地问好，有时还聊聊天气、企业的服务设施或者职员的衣着打扮——只从积极、正面的角度谈建议，而且都用称赞的话语。在每次访问之后，他们都对当时的情形作记录：在他们进门时受到员工怎样的欢迎；在那里时他们得到了员工怎样的接待；员工如何和他们道别。

随着时间的推移，员工对待顾客的态度开始发生变化，而这正是出于对顾客的赞赏与认可行为的积极回应。在这些顾客的领导下，员工也开始用令人感到愉快的回报性行为回应顾客。例如谈谈顾客的发型或者穿着，聊聊顾客愉快或者疲倦的面容，以及其他关于顾客自身的事。

## 19

### 以顾客作为领导的替代者

顾客是员工获得良好感觉的一个来源，同时顾客也是为员工提供指导的一个来源。研究表明，员工的确可以从顾客那里得到良好感觉，但是顾客提供的指导也会使员工产生不满。顾客可以被培训成为员工提供良好感觉的一个来源，并且逐渐习惯于为员工提供有限制的工作指导。

***谁控制服务过程？***

用一名超市收银员的话说："顾客是为所买的商品付款。但是，他并没有给我发薪水。凭什么他认为他可以对我发号施令？"如果我们能把顾客作为领导的替代者，我们就会意识到当顾客来消费服务时，他带来的不仅仅是期望和需求。在他们的心里,他们正为企业付出他们的时间和金钱,因而他们的声音理当受到重视,他们中的有些人还认为他们理当拥有参与的权利。与此同时,服务企业的管理层以企业长期效率最大化为原则努力协调服务过程。但是,虽然在对员工施加“合法正统的影响力”(legitimate influence,即权力)方面,管理层的作用可能更大;然而与经理和主管相比,服务工作使员工在身心上更接近顾客和同事。

顾客比管理层对员工有更直接的影响力,其原因基于:

- “身体上的接近”。在大多数便利店内,收银员和顾客之间是25英寸的距离,两名收银员之间是80英寸的距离,而管理层却远在天边。
- “顾客和收银员在一起共度的时间”。收银员有78%的时间面对顾客,而只有13%的时间是面对管理层。
- “顾客反馈的数量和直接性(immediacy)”。顾客会谈论其对商店的商品的想法以及对收银员和商店的感觉。
- “收银员把顾客归为决定性的角色”。在收银员看来,是顾客维持着商店和他们自己的生存。[16]

在服务过程中,权力如何在管理层、员工和顾客中分配这一问题还有很多有待研究的地方。例如对于给员工授权,我们是应该将其视为能够帮助他们让顾客更满意的一种值得推崇的行动，还是应该将其视为旨在帮助他们自己抵抗顾客已有权力的一种防御性策略呢？

*作为组织顾问的顾客*

利用顾客能力的第三种途径是让顾客参与企业的规划和运作。例如在人力资源管理领域，要让顾客参与制定招聘和培训那些为他们提供服务的员工的决策。与仅仅是从顾客那里了解到他们所想要的服务类型和他们希望如何设计那些服务相比，这种类型的参与会让顾客与组织更紧密地联结在一起。戴夫·乌尔里克说：顾客通过这种方式参与进来，加深了那些组织与其顾客之间的忠诚度和战略一致性。双方会感到他们在许多方面都是相互关联的，并且相信他们的长远利益是一致的。

关于顾客如何以这种方式参与到服务企业中来，以下案例提供了一些实战技巧：

- 西南航空公司让企业高层主管参加选择顾客服务代理人的会议。
- 美国灰狗(Greyhound)长途汽车公司中为航空公司提供服务的一个部门通过询问顾客公司的员工需要具备什么能力，进行了一次重要的培训需求分析。基于这些反馈，公司针对已经被确定的需求开展了一项航班服务计划。
- 在万豪公司，顾客的评价结果会定期传递给员工。通过使顾客参与到定期、正式的评估程序中，万豪公司让顾客更多地参与到一些重点的顾客服务问题中。

- 让顾客参与奖酬系统实施的一个好方法是让顾客提名月度优秀员工。

所有这些例子都与让顾客参与人力资源管理的实践有关，同样的策略也可在其他职能上应用。例如在市场营销中，顾客实际上可以参与设计那些调查表，而不只是填写市场调查表。在运营中，顾客可以参与到信息处理系统的设计中来——正如联邦快递最近所做的那样，在进行系统设计时，顾客可以从头到尾跟踪他们自己的包裹的传递过程。顾客还可以参与设计企业提供给他们用于下订单的计算机软件。许多企业，例如沃尔玛公司和凯马特(Kmart)公司，就是利用计算机将顾客和供应商联系在一起。

这里的问题是：通常来讲，谁来设计用于服务顾客的系统？顾客难道不应该在这样的设计中发挥重要的作用吗？

总之，所有的这些例子表明，顾客能对制定企业的政策和流程作出有价值的贡献。由于顾客是自由地选择参与进来的，并且这种参与是公开的，因此它能产生这样的结果：顾客至少承担起部分责任，而且顾客对组织的忠诚度和与组织的战略一致性都加深了。

## 20

### 引导顾客成为服务提供系统的合作设计者

顾客既可以担当政策和流程的设计者，也可以是他们自己服务的生产者。顾客还可以参与到与人力资源、市场营销和运营相关的决策中来。通过这种方式引导顾客的参与，可以加深服务企业和顾客之间的关系，而且可以使双方都更加有效率。

***我们团结在一起***

许多年以前，著名的社会学家塔尔科特·帕森斯（Talcott Parsons）曾写道：服务组织必须不断努力实现“生命机体般的团结（organic solidarity）”。他认为，在服务组织中，与达成外部的团结（例如在组织和它的顾客之间达成团结）相比，管理活动首先要达成内在的团结（例如在管理层和员工之间）。[17]

我们相信，帕森斯的观察是以这样的描述为基础的，即组织的界线是组织和它的顾客之间的一个厚厚的、难以渗透的边界。在这一章中，我们将这个边界视为是非常模糊并且是容易穿越的。顾客还可以成为人力资源、领导的替代者和组织流程的合作设计者。的确，我们将顾客划入了组织边界内。我们喜欢汤姆·彼得（Tom Peter）的建议，当今的组织图应该看起来像一个圆圈。欢迎所有的人加入进来。[18]

WINNING THE SERVICE GAME

# 交界层：管理与顾客的人员接触和非人员接触

制胜法则

# 服务企业

# 第五章　通过招聘和培训，管理人员接触

那些随时准备着为顾客尽职并且按照顾客的要求去服务的员工可以增进企业与顾客的关系，从而增加企业利润。员工们在向顾客提供服务的时候必须要对顾客的需求与期望进行自主分析，在提供服务的同时，保证服务的质量。在此，员工不仅仅是服务的提供者，还是服务的营销者。[1]

在本章中，我们将提供一些规则，用以管理与顾客直接接触的员工。这些员工在企业组织的边界线上工作，与顾客进行直接的交流。我们将认真探讨员工们必须要做什么，应该具备怎样的素质，还将探讨他们所需要的组织环境，以使他们能达到预期的要求，懂得尊重顾客的需求，从而有效地利用顾客这一资产。

然而，在本章中，我们更为关注的不是为员工创造的组

制胜法则

织环境，而是员工所应具备的素质（这些素质可通过招聘和培训得到）。组织环境的创造是协调层的职责，这一内容我们将会在第八章和第九章中探讨。尽管如此，要记住协调层和交界层的分界并不是那么地绝对化，它们之间是可以互相渗透的。只有将顾客层、交界层与协调层结合起来，才可以为顾客提供无缝服务，为企业创造利润。

### 直接接触顾客的员工的生理与心理世界

为了清楚地了解直接接触顾客的员工在工作中所遇到的问题，我们可以比较一个生产车间里的工人和一个与顾客有直接接触的服务员工的工作。举个例子，在制造业里，工作流程是已知的装配部件以一个已知的节奏在工人面前经过。工人们知道如何处理他们所得到的每一个零件。而服务性工作必须以多样的节奏来进行，有时快有时慢，根据顾客对员工行为的不同需求而有所改变。员工们事先并不知道每一位顾客的需求是什么。最后再考虑一下这样一个事实：获取服务的顾客就在现场监督给他们提供的服务产品，有时候甚至还会参与到服务的生产中来。因此，对于直接接触顾客的员工来说，服务产品的生产、运送、消费是同时完成的，而不同于其他产品，在某个时间的某个地方生产出来，在另外的一个时间运送到其他地方去，再在第三个时间与地方（或者甚至是第四个、第五个时间、地方）进行消费。

与人而不是与物打交道，并且是愉快、身临其境的，会在员工和顾客之间营造出一种身体上和心理上的亲近感。整天在一起打交道的人会自然而然地形成一种彼此的认同感。这种情况的产生是因为保持亲切和礼貌的态度常常是工作要求中比较重要的一个部分。恰恰是这种亲切和礼貌的表现使员工对顾客产生了一种责任感，因为行为会培养起对行为本身以及行为所要达到的目标的一种责任感。正如我们要求自己对孩子的行为表现负起责任；而当我们已经将大量的时间与精力投入到网球运动中时，我们也要对网球这项运动负起责任，将它做好。

然而，要求员工保持亲切与礼貌的态度也给他们带来了极度的紧张与压力。这是因为员工们感到他们不再是他们自己了。他们即使在实际上很难过的时候，或是在跟一个很难缠、令人讨厌、他们认为很不值得为之服务的顾客打交道的时候，也不得不一直装出温和、礼貌的态度。想想你上一次在公众场合与人打交道，八个小时表面上必须一直保持亲切和礼貌的感觉。再想想如果每天你都得这样做，又会是一种怎样的感觉！

心理学家已经开始将这种与顾客直接接触的服务工作称为“感情表演工作”(emotion work)[2]，因为员工们有时候必须表现出虚伪的感情以完成管理层要求的职责——永远地保持愉悦。(例如一个空姐在横跨大西洋的航班上必须面带微笑，即使这时她的孩子正病在家中)。一本名为《被管制的心：人类感情的商业化》(*The Managed Heart*: *The Commercialization of Human Feeling*)的书对这种感情工作的重要性及辛酸进行了淋漓尽致的描述。这种感情工作会给员工带来情感上的伤害，特别是当他们认为他们所被要求表现的感情并不被管理层所真正认同并支持的时候。因此，直接接触顾客的服务工作的第二个压力便是员工们在多大程度上认为自己被要求的行为方式不是管理层本身真正信奉的。

我们的调查发现，在一些银行的分支机构中，收银员们更希望在为顾客服务时具有灵活性，但他们认为管理部门要求他们以无弹性、管理层独裁的方式（官僚主义作风）来与顾客进行接触。[3]这些收银员感到了很大的压力，顾客对这些分支机构的服务水平的评价也很低。当然，在员工所需要的灵活性与他们感觉管理部门所给予他们的灵活度更为一致的那些银行分支机构里，我们的调查也得到了以下的发现：

- 员工在直接接触顾客的服务工作中感到了更少的压力，获得了更高的工作满意度，他们很少想要辞职；
- 顾客反映他们获得了优质的服务。

换句话说，在直接接触顾客的服务工作中，较小的压力可以为员工和顾客都带来非常大的好处。因此，为了将角色的分歧最小化，管理部门必须与一线员工进行开诚布公的交流，以使双方在对顾客的态度定位上达成共识。

21

### 减少交界层员工在同时为管理部门和顾客服务时面临的巨大压力

在顾客与企业之间(即交界层)工作，会给交界层的员工带来很大的压力，因为他们必须同时满足顾客和企业的要求。当员工们感到管理更有利于提高服务质量时，他们会感受到压力的减小，而同时顾客也会反映说他们得到了更优质的服务。

## *为直接接触顾客的服务工作配备员工*

其他的一些途径也可以减少直接接触顾客的员工所承受的压力，这要围绕以下内容来实施：确保招聘到合适的员工并对他们进行培训，使他们可以良好地适应社会的需要，作好准备来满足顾客的期望，以及满足他们将要直接接触的那部分目标市场的需要。在接下来的小节里，我们就来探讨这些问题。

### *什么样的人适合直接接触顾客的服务工作*

员工必须具有进取精神，并能达到以下要求：

- 提供的服务可以满足第二章中描述的顾客关于服务质量的十种期望(见表 2－1)。

- 在顾客对其提供的服务不满意时能进行弥补，行为表现要好于顾客预期，并能满足顾客的一些特殊要求。这也已在第二章中讨论过（请参见“顾客对于弥补性服务有什么期望？”一节）。
- 行为方式要能使顾客有安全感，感到自尊心得到了提升，并且感到自己得到了公正的对待。
- 当顾客参与到服务的生产中时，不仅要作为一个指导者给予他们建议，还要与他们进行合作。

合适的员工就是能担负起以上职责的人。这不是在开玩笑。唯一的可笑之处是企业给这样的员工付的薪水实在太少。

服务企业总在询问它们应该雇用何种类型的员工。对我们来说，答案是显而易见的：雇用那些愿意并有能力根据顾客的需求和期望来提供服务的人。唯一要说明的一点就是企业必须要对它所要面临的市场以及市场中顾客对服务质量不同方面的期望作出一个清晰的界定。不同的市场对服务有着不同的期望，所需要的员工也会因此而不同。人力资源部门必须为此进行战略性的管理，以适应所服务的目标市场的要求。例如为了使返航飞机飞得更快，航程更充满乐趣，西南航空公司需要雇用动作敏捷、头脑机智的员工。你所需要的员工类型，正是那些能在你的市场里做到满足顾客期望和需求的人——不是西南航空公司的顾客，不是诺思通公司的顾客，也不是地中海俱乐部的顾客，而是你的顾客。

你可以从其他企业得到你所关注的员工类型问题的借

鉴（例如“在我们公司里，人员要比技术重要得多”），但对于你究竟需要什么样的员工这一问题则不能获得任何借鉴。企业并不只是要雇用为顾客服务的员工，而是要雇用为本企业的顾客服务的员工。换一种方式说，企业并不需要雇用最好的员工，而是要雇用最适合本企业目标市场的员工，以使企业在那个市场里的服务的性价比更有竞争力。

服务企业雇用的员工必须乐于进行人际交往，必须拥有人际交往的能力，必须已经掌握或可以学习能胜任服务工作的必要技能，必须可以有效地缓解直接接触顾客的工作带来的心理上的压力，并且在工作的时候，要能将积极性与能力完美地结合在一起，使行为上的表现无可挑剔。如果雇用不到足够的满足这些要求的员工（这类员工往往很紧缺），就要对员工进行培训以满足市场的要求。

总而言之，服务企业应当利用下面这个准则来管理直接接触顾客的员工：要想使员工们能有效地完成工作职责，就必须使他们同时具备动力和能力。

在本章余下的篇幅里，我们将讨论雇用与培训中的一系列技术问题，以使上面的准则发挥效力。

## 22

### 为各个工作岗位雇用员工

没有必要雇用最好的人，而是必须要雇用能满足本企业目标市场的期望和需求的最合适的人。这就要求确定好目标市场，并且明确指出服务于这一市场的员工所必须具备的动力和能力。

*去哪寻找所需的员工*

大多数组织都忘记了这样一个事实：是应聘人才库决定了谁将会被雇用，组织只能从现有的应聘人员那里选择员工。事实上，我们对于优秀的人才库产生于哪里已经有了相当的了解：

- 拥有较好形象的企业可以吸引到大量不同类型的应聘者，这为企业的选择提供了一份更好的候选人名单。但是决定应聘人才库的不仅仅是作为工作地点的企业在社会中的形象，它还包括企业生产的产品和提供的服务的质量，以及人们心目中企业的地位（为这家企业工作将会使人产生多大的自豪感——谁更有夸耀的资本）。经常出现在《财富》杂志“最受钦佩企业”名单上的企业，通常会拥有非常庞大的人才库，如沃尔玛。不同领域人群通常都会有一份他们自己愿意为之效力的最佳企业名单，但不会公开发布，而是通过人们口口相传。
- 通过现有员工的推荐，企业可以雇用到非常优秀的员工；而通过贴在门廊上的报纸广告雇用来的员工则是最差的（可信度最低，且最有可能跳槽）。[4]

创建一个使员工感到振奋和满意的组织环境，将会带来一个非常理想的效果，那就是员工会推荐他们的朋友来企业工作。他们的这些朋友同样富于进取心且很有能力。企业在社会中拥有的良好形象也同样可以带来良好的效应，即会产生一个优质的应聘人才库，以便企业从中挑选未来的员工。而良好的企业形象与富有进取精神且满意度高的员工两者相结合，就可以产生出一个可以挑选到最优秀的工作候选人的人才库。我们将会在“交界层”部分接下来的章节中更多地探讨这两者结合所带来的益处。

## 23

### 扩充应聘人才库以提高员工素质

应聘者的素质决定了企业雇用的员工的素质；员工的素质最好也只能与企业的人才库的质量持平。组织在社会中的形象决定了人才库的质量。

### 如何作出雇用决定

作出雇用决定应当基于观察到的行为而不是听到的话语。面试是双方都想要采取的方式，但是雇用决定的作出应当建立在你了解对方能做什么的基础上，而不是对方告诉你他们能做什么，或者仅仅是你想当然地认为他们能做什么。

选择员工首要的一条原则是:通过了解其过去的行为可以对其将来的表现进行最准确的预测。所有的管理者都有一种很奇怪的似是而非的观点,即他们都相信,通过面试他们可以挑选出优秀的员工。他们显然是相信,他们个人的成功将使自己在进取精神和工作能力方面拥有绝佳的判断力。当然,管理员工不同于雇用员工,但绝大多数管理者似乎都忽视了这一差别。他们居然坚信他们可以挑选出合适的员工。所有的证据都表明,通过面试来对一个潜在雇员的技术及能力作出评价是多么不可靠。

举个例子,施奈德可以为你讲述一场精彩的网球或高尔夫球比赛,他对这些比赛相当了解,与他聊天,你一定会说他是一个优秀的网球运动员或高尔夫球手。但是你错了,他虽然能谈论一场精彩的比赛,但他不会打(而鲍恩可以真正做到)! 因此,在你将赌注押在施奈德身上之前,你应该要亲眼目睹他打球。同样,在将赌注押到潜在雇员们的身上之前,也要先目睹他们的行动。如何将这种招聘哲学应用到实践中去呢? 如何才能确保你能挑选到有能力的合适的员工呢? 下面就来分析一些员工选择上的技术问题。

**工作模拟** 人力资源部门或是产业心理学领域的顾问可以为应聘者设计出一个工作模拟场景。这类似于考核中心为经理人员所设计的那些模拟试验,只不过在这里是将其应用于直接接触顾客的员工。工作模拟设计出标准化的工作环境,要求应聘者在行为表现上符合目标市场的期望和需求。难缠的顾客、计算机出现的错误、公平或不公平对待顾客的场景以及让顾客感到自尊心获得满足的场景等等，都可以设计到标准化的工作模拟中，由此可以真切地看到潜在员工在雇用之前的工作表现。我们举一个具体的例子，下面是一个为电话销售和服务工作设计的情景模拟：

1. 应聘者首先要阅读和学习一本描述工作规则和工作方针的指导手册。这本手册措辞的复杂程度与实际上运用于工作中的材料相同。
2. 接着，要求应聘者在对典型工作环境的模拟中进行角色的扮演。其中一个模拟情景可以是接听服务电话，要求应聘者解决一个关于迟缴话费的纠纷。其中的一个人扮演顾客，争辩说不是他的责任。应聘者必须要处理这个问题，并且做好记录，向他的主管报告整件事情的经过。
3. 评审人员将用一张标准化的清单给应聘者在工作模拟中的行为表现打分。这张清单会表明，在这样的情景下应聘者是否表现得卓有成效。每一种行为表现都与他是否具有胜任此种工作的能力联系起来。比如应聘者没有批评迟缴话费的行为，而是表示可以理解来电顾客的处境，就表明了他具有“社会敏感性”。由多个评审人员给应聘者评分，应聘者的最后分数就是他所获得的各个评审人员的分数的总和。

在前面的讨论及例子中要注意两个要点：

1. 工作模拟标准化的重要性。将模拟标准化很重要，这使得对应聘特定工作的潜在员工进行比较有了一个共同的标准。通过标准化的模拟，我们知道，不同的评审人员（在模拟中对应聘者的行为表现进行考核的人）可以在应聘者的素质上达成共识。如果模拟没有标准化，那么对应聘者资格认定的分歧将真正成为问题。当然，不仅仅是要对场景进行标准化的模拟，还要对评价应聘者进取精神和工作能力的程序（如评分表格）进行标准化。
2. 将工作模拟与特定的工作相联系的重要性。并不是任何一个模拟实验都能作为决定聘用的标准。如果一项工作不涉及与恼怒的顾客打交道，不涉及维护顾客自尊心的问题，那么在模拟中就没有必要将这些情况设计进来。应聘者面对的问题应该能反映出工作自身的内容，[5]即要确保工作模拟与实际工作具有“心理一致性”。这样的模拟要能表现出应聘者在实际的工作中会产生的心理反应。我们所说的工作内容是指在企业参与竞争的市场中直接接触顾客的服务人员的工作内容。这包括了工作的技术特点和人际关系特点。例如对一个接待员来说，她不仅要能够进行文字的处理、电话的转接，还要在遇到气愤的顾客时，能够彬彬有礼地对待他们，即使在接待过程中受到干扰也不忘自己的职责。

在招聘中采取工作模拟方式带来的另外一个难得的好处是：参与其中的应聘者会感到这样的招聘程序很公平。这是因为模拟的工作内容与实际工作一致，经过了这一环节考核的应聘者就比较认同这一程序。正如我们在第三章讨论过的，人们认为他们经受的考核程序公平与否将会影响到他们对考核结果的满意度。[6]

为什么要如此强调考查人们在类似于他们真实工作环境的环境下的行为表现呢？可以试想一下，你会雇用一个没有经过飞行能力考核的飞行员吗？怎么能指望你的乘客去相信一个不具备能力的飞行员呢？

## 24

## 基于应聘者在招聘程序中的表现来确定最终人选

有效选聘员工的秘诀就在于观察他们的行为。与应聘者面谈只能看出他们是否健谈，却可能无法显示他们在工作的压力下会如何行事。

运用行为模拟方式来测试员工在感情工作中是否具有长期的进取精神（相对于能力来说），不是一件容易的事。但是近来，在素质测试的设计上我们已经取得了一些新的进展，这使得我们可以判别这种进取精神。另外，针对特定工作设计且精心组织的专业化面试也可以用来对进取精神进行评估。

**以服务为导向的个人素质测试** 几乎所有人都认为,员工必须具有某种特定的素质,才可以胜任服务工作。为此,人们推行着许多"低劣的(shlocky)"、有缺陷的素质检验标准。现在,让我们彻底地放弃这些检验方式,来讨论另外一些更为严谨且有着很好应用前景的测试方式。

位于塔尔萨(Tulsa)的霍根评估(Hogan Assessment)公司的罗伯特·霍根(Robert Hogan)与他的同事已经在素质测试方面进行了大量有趣的研究,可以将其应用于各种工作的人力资源的选拔,包括服务性工作。[7]霍根的工作之所以引人关注,是因为直到最近,素质测试作为聘用新员工的一个工具,才仅仅获得了理所应当的,却是低得可怜的重视程度。这种局面很大程度上与下列因素有关:

- 无疑,很多人都是素质测试领域内的专家,每一个人及其同事都在开发诸如此类的测试,并且都一古脑儿地将它们应用于作出聘用决策。就连笔迹分析也被当成素质分析的一个工具,并且作为聘用的依据,尽管没有任何的证据表明它的有效性。(在法国,已经禁止运用笔迹分析作为人事选拔决策的依据,就是因为它缺乏有效的支持证据。)
- 某些专业的心理学人士甚至也在将一些不适用的素质测试应用于招聘决策中。例如明尼苏达综合素质能力目录(Minnesota Multiphasic Personnel Invento-

ry,MMPI)就被应用于员工聘用决策中，尽管事实上这本是被设计用于鉴定一个人是否应住院，或者是否需要一个精神健康护理专业医师(持证上岗的心理医生、精神科医生或者是社会工作者)的治疗，而不是用来作出聘用决策。对一些工作而言，MMPI 的某些问题已涉及了对隐私权的侵犯；而对于其他的一些工作，问题的内容又与实际的工作无关。因此，这种测试并不适用于这些工作。

霍根与他的同事(还有在下面将会提到的其他人)的研究已表明，用于作出聘用决策的素质能力测试如果与特定的工作联系在一起，那么作出的决定通常是准确的。这是因为，此类测试的分数可以表明被测试者拥有较出色的完成工作的能力。

霍根开发了一种以服务为导向的素质测试标准，他将其定义为如下内容：

- 礼貌、周到、得体地服务于顾客的意愿；
- 对顾客需求的感知度；
- 亲切而得体地与人交往的能力。

然后他设计出了一项测试，用于评估以上这些方面的素质能力，并将它应用于对五种类型服务业员工(如护士和银行出纳员)的测试中。他发现，他们在这个测试上获得的

制胜法则

分数与他们在工作上获得的评价之间存在着很重要的联系。

除了霍根的服务导向研究之外，另外至少还有两项测试也被证明可以用来预测服务人员的绩效。[8]其中的一个是由人员决策公司（Personnel Decisions, Inc.，位于明尼阿波利斯）开发的，用以评价员工的能力、给人的亲切感以及礼貌、得体和性格外向程度。第二个测试则是由CORE公司（位于旧金山）开发的，用于评价员工的积极性、礼貌态度、助人品质以及个人处理顾客关系的能力。同霍根的测试方法一样，这些方法在服务工作中的预测能力也要经过公开的测试。尽管有许多这样的产品在销售，关键在于企业仍必须确认它们所购买的这些测试产品已被证明具有它们宣称的那种有效的预测能力。这些测试方法所宣称的效力越是经过独立的证实，并且证实其效力的研究越多，它们就越值得信赖。

除了服务导向的研究以外，素质能力研究还从人的性情角度去了解员工对工作的满意度，这对于服务工作同样关系重大。有许多的证据表明：人们的性情各异，有些人比较乐观、开朗；而另一些人，相对而言，则比较悲观、忧郁。这些性情在人的生命的早期就已表现为人的性格的一部分，而人们会将这种性格带进工作中。[9]因此，使你的员工对工作满意是你完成使别人感到满意的职责的第一步。

从此类研究中，我们得出以下要点：

- 最好聘用比较乐观、开朗的员工。因为顾客反映，当为他们进行服务的员工对工作比较满意时，他们所获得的服务质量就会更高。[10]
- 研究表明，员工的性情并不能完全决定员工的满意度。员工对工作的满意度还与他们工作时的体验有关。我们将在后文中对此进行更多的分析。

越来越多的证据表明，素质对选聘直接接触顾客的员工的决策起了很大的作用。当然，素质并不像你想象得那样简单，对它的评价需运用极为专业和复杂的精神心理方面的分析程序并对分析结果进行解释。因此，最好让具备此种能力的专家来进行素质测试。留住有价值的顾客对企业很重要，而直接接触顾客的员工又在很大程度上决定了企业的顾客服务质量。对专业的素质考核方法的运用所进行的成本—利润分析结果表明，在一年甚至更短的时间里，企业就可以收回成本，并在来年获得净利润。

## 25

### 雇用具有合适素质的员工（必须严格遵守）

服务性情是可以测评的，通过它还能预测服务的效率。更乐观且拥有更积极向上的人生观的员工也会更积极、快乐地工作，并因此使更多的顾客感到满意。

**针对服务动力的面试** 近来，在面试技巧设计上所获得的一些进展已经极大地改善了面试的效果。[11]这包括以下内容：

- 采用结构化面试：这类面试，正如工作模拟一样，也是围绕着对特定市场中，特定的直接接触顾客的服务工作所要求的能力及动力的详细分析而设计的。运用语言对潜在员工所处的场景进行描述，然后要求他们回答在这样的情景下他们将会怎么做，以及为什么要那么做。之后面试官将会用一张标准化的评分模板来对应试者的陈述、表现进行记录，看他们在哪些方面达到了工作的要求，又在哪些方面还存在着不足。表5-1是施奈德为一家金融服务企业设计的结构化的面试提纲，它列出了一些能力要求，要求面试官在这些方面对应试者进行考核评判。
- 指派多个面试官：有迹象表明，由两位主考官主持的面试将会比仅有一个主考官主持的面试作出更好的雇用决定。很显然，当意识到另外一个人也会作出评判的时候，人们的表现就会更加小心谨慎。注意，在这里，小心谨慎指的是主考官在对应聘者作出评判的时候，将会更少地带有偏见。这些偏见包括从性别、种族歧视到对年龄、残疾的歧视，并且也包括了所谓的"与我相似"效应。这种效应指的是这样一个事实，即人们通常会倾向于选择与自己相似的人；

如果我们本身很优秀，那么那些与我们相似的人也不可能差到哪里去。这些小的偏见加在一起，通常都会导致作出严重的错误决定，因此任何减少或消除偏见的做法都是有利的。而一个结构化的面试就可以减少这些小的偏见。

- 对面试官进行培训：通过培训使人们成为优秀的面试官实际上是可行的。培训将会使人们敏锐地意识到自己可能具有的不当的偏见，并使他们体验到采用这种结构化面试的益处。

如果说通过培训面试官，采取多人面试，及采用结构化的面试形式确实可以作出更好的雇用决定，那么为什么还有许多企业无法采用这种方式呢？最善意的回答就是它们对这一切一无所知。但这些技巧都不是严格保密的，因此唯一的解释就是企业实际上对基于服务质量的竞争并不感兴趣。虽然它们可能口头上表示很感兴趣，但是在行动上，它们就从来没有表现出将雇用优秀员工看做是执行优质服务战略的一项很重要的策略。它们错了。

任何一个企业，不管是服务企业还是制造企业，要想在质量竞争中制胜，都必须要将重点放在它们所雇用的每一个员工身上。摩托罗拉杰出的质量冠军鲍勃·加尔文（Bob Galvin）指出，只有当你的团队里的每一个位置上的每一个员工都比竞争对手团队里相应位置[illegible]员工优秀时，你才可能在质量竞争中获胜。也就是说，你企业里的每一位员工都要

表 5－1　在结构化面试时，面试官用于评估应聘者的动力与能力的要素：

*顾客服务*

- 对顾客的需求能否作出迅速反应，即使顾客不在场。
- 在高压环境下能否使顾客（内部顾客和外部顾客）感到放松。
- 对顾客是否有耐心（内部顾客和外部顾客），能否控制好自己的情绪。
- 是否具有团队精神，为顾客解决问题。

*口头交流能力*

- 能否倾听并理解他人的话语。
- 能否与他人交流有关工作的问题并使他人能很好地理解。
- 能否与他人交流技术方面的信息并使他人能很好地理解。

*承压力和适应力*

- 能否在压力下工作（同一时间内处理众多顾客的要求）。
- 受挫时是否可以迅速恢复情绪。
- 能否很好地适应工作环境的改变并能有效地应对危机。

*人际敏感性*

- 能否对他人关心的问题作出迅速反应，使烦躁的人平静下来。
- 能否尊重同事的职责，视之与为顾客服务同等重要。
- 能否得体、自信地阐述自己的观点。

注意：面试官必须对以上每个方面的每个问题进行评分。这个评分实际上就是对被面试者在多大程度上可以[illegible]述方式进行表现所作的一个预见。以上仅仅是这类面试要考核的八方面能力中的四个。

比竞争对手企业中相应的员工优秀——如果你是美国银行(Bank of America)的出纳，那么你就要比第一州际(First Interstate)银行的出纳优秀；你的市场营销副总也要比对手的优秀。

即使在某些情况下，企业的成功缘于员工素质以外的因素，但更进一步的研究却表明了，企业雇用来的员工对企业的成功起着重要作用。以日本的汽车制造业为例，它们的运营方法在世界范围内被广泛地模仿。这一方法始于一场详尽的搜索——通过无数次的面试以及工作模拟测试等等，搜索拥有工作所需能力和动力的人才。通用汽车公司的土星(Saturn)轿车最近取得的成功可以归结为许多因素(良好的设计、机器人技术的改良)，但其中一个很重要的因素就是公司在选择员工方面的审慎。宝马汽车公司正计划在南卡罗来纳建一个分厂制造325系列汽车，作出如此选择是因为该州的政府非常重视对市民进行教育培训以使他们获取将来所需的技能。有趣的是，宝马公司得出了这样的结论："硬性技术"(一种认为技术是提高生产效率的关键的假说)不足以使企业获得竞争力；只有由合格的员工提供的，并且以技术作为补充的"灵活性"才是企业提高效率的真正关键。企业拥有怎样的员工决定了企业在竞争中的地位。

在服务领域，也是同样的道理。例如迪士尼对它所雇用的员工极为重视，诺思通也一样。虽然它们都雇用了以服务为导向的有能力的员工，但两者所雇用员工的类型相去甚远。两者都为各自想占领的市场雇用了合适的人才，才得以成为各自业内的领跑者。

我们认为“人创造了环境”[12]。一个企业的形象及行为方式是由它的员工的主要特质决定的。股票经纪公司与社会工作机构之所以有着不一样的形象，是因为这两个环境中的人的类型不一样。当然，他们所从事的工作以及所运用的设备器械都不一样，工作内容和奖励机制也不尽相同。但这仅仅表现了在不同环境下工作的不同类型的人们之间的一些基本差异。要记住，是人设计了企业的结构及运行机制。

我们现在已有直接的证据表明，当一个企业注重雇用高素质的员工时，企业的员工将会感到企业有着一种“服务激情”[13]。我们对三个金融服务企业进行了调查，这三个企业的员工在接受我们的采访时都表现出了对服务的热忱。也就是说，在谈到工作环境时，他们多次提到服务并且看样子非常满足。我们非常想弄清楚这三个企业都在致力于哪些事情，并且对员工经常讨论的企业的一些活动也很感兴趣。然后，我们作了一项相关性分析，试图找出哪一种企业活动与服务激情联系最密切。结果表明，招聘程序排在第一位（其次是绩效反馈和内部薪酬的公平）。对服务表现出最强烈激情的员工还不厌其烦并且非常得意地谈到了他们企业的招聘程序——雇用谁以及如何作出聘用决策。一个企业需要明确“我们想要创造出怎样的工作环境——给人怎样的形象和感觉”，然后在此基础上寻找合适的员工。

要能找到合适的员工，企业应该“为企业雇用员工，而不仅仅是为某项工作雇用员工”[14]。雇用一个员工，不应只看他是否具有狭义上的某项工作所必须具备的一系列技能，更重要的还在于他是否能很好地适应企业的文化以及运营理念。企业不能再死守陈旧的观念，例如只雇用工人的“一双手”，也就是说，重点应该放在雇用“整个人”上面，包括人的头脑、心灵以及精神。在雇用之前，企业不仅要进行工作分析以确定应聘者所必须具备的各种技能，还要作一个详细、系统的“组织分析”，以判断应聘者的核心价值是否和企业的相匹配。要为企业雇到一个合适的员工，必须通过以上我们所描述的那些详尽的遴选方法。这也向我们表明了，企业对服务质量是极其重视的。

**招聘经理及主管人员**　在讨论招聘程序的最后，我们想强调一点，我们上面所探讨的那些内容同样适用于经理及主管人员的招聘。负责管理层选拔及晋升工作的评估中心，对于选拔和晋升办法进行了大量的开发及有效性验证，我们上面讨论过的工作模拟的概念就源自这些工作。这类工作对服务部门来讲尤为重要。

在杜克电力（Duke Power）公司、西南航空公司以及罗伯特·蒙达维酒业（Robert Mondavi Winery）公司，经理人员的客户服务意识或者是以客户满意度为导向的意识是招聘过程中的一个很重要的方面。蒙达维市场部的高级副总裁马丁·约翰逊（Martin Johnson）如此说道：“我们确实应该听听他们对此问题的看法。我们没法确定在他们的想法里，是将服务意识放在第一位，还是第二或第三位？”

一些企业正在研究一项“投射式”的素质测试方法，以期能判定经理人员是否将服务质量置于首位。最经典的投射式测试要数罗夏（Rorschach）公司的墨渍测验（ink-blot test）。在这个测验里，提供给每个测试对象一个模糊不清的刺激点（墨渍），并且让他们回答看到了什么；对这个模糊的刺激点的想法投射出每个人的性格。近来在测试方面又有创新，包括对开放式的或者是未完成的句子作出的反应（一种性向测试，通过让测试者完成只有主干词或不完整的句子，了解测试者的性向。——译者注），以及对图片或景色给予解释。盖洛普（Gallup）有限公司已经用这种未完成句子测试方法进行了试验，他们将这种方法称之为“生活主题”。每个经理人都被要求在这个主题基础上描述自己的生活特征，然后围绕着服务质量导向对这些主题进行分析。这种方法很明显需要受过培训的测试者并且只能运用一些标准化的句子——还需要在每一种环境下检测它们的适用性。[15]

这里的要点在于，适用于基层员工的方法同样适用于他们的经理或主管。毕竟，员工的大部分行为及做法都会受到他们的主管的行为和导向的影响。

### 应雇用多少员工？

在员工的雇用上，所雇员工的数量和质量总是密切地联系在一起。企业雇用了较多高素质的员工，也许就会需要较少的人员——但必须在一定限度之内。这种限度就是企业所需的最低员工数量。一些企业正在尝试运用技术来代替之前用人工操作的工作。如果企业已经作出了明确的决定要使与顾客的接触非人工化，那么这是一个很有效的战略。自动柜员机的出现方便了许多交易，但它忽略了与顾客的直接接触，这是一些金融机构如私人银行应该与他们的顾客保持的。这样，在技术效率和人员接触客户之间就产生了高科技与密切接触的替代问题。在转向技术主导服务提供的道路上，要仔细权衡这两者的关系。

要对雇用员工的数量及模式进行设计是很困难的，除非可以获得精确的数据作为设计基础。服务企业的顾客流很难像产品装配线一样稳定，因为其不确定性很强。但是，顾客流的高度不确定性并不意味着服务的需求是不可预测的；相反，这通常是可以预测的。要想恰当地为一个服务机构雇用员工，存在两个挑战：(1)确定需求的模式；(2)雇用适合这一模式的员工。

为数众多的服务企业在战略上采取雇用兼职员工的做法来满足高峰时期的需求。这样做的好处在于兼职员工仅在需要的时候雇用，并且出于法律角度的考虑，雇用两个兼职员工要比雇用一个全职员工成本更低。这样做的问题则在于员工潜在的忠诚度，因为这些员工实际上是想拥有一份全职工作，只是在等待另外一个全职机会的同时暂时性地兼职。仅从定义上分析，我们也可以确信在兼职员工占有很大比例的情况下，要想建立起一个持久、强大的企业文化是非常困难的。正是由于意识到了这一点，迪士尼在为它的主题公园雇用季度性员工时，让应聘者承诺至少工作两个季度。

通过这种方式，它的员工组成就比较稳定。我们同样也可以预测，随着经济形势的好转，许多服务企业也将会因全职机会的出现而失去大批的兼职员工。

那么用什么来替代这些兼职员工呢？这里，我们必须再一次提到，要为企业雇用员工，而不仅仅是为某项工作。可以为企业雇用全职的员工，使他们通过努力也可以胜任企业其他方面的业务。以银行为例，按照这种模式，银行可以雇用一个出纳员，他既可以做好支票验证的工作，也能够在前台协助客户开立账户。一个支行在它的业务需求高峰期（如中午和星期五下午）也可以全都雇用全职员工，这些员工在业务需求较少的时候可以从事其他方面的工作。

如果没有足够的优秀员工，会出现怎样的情况？如果企业完全依赖于为顾客服务的速度，那么它就必须得拥有充足的员工。最令顾客们失望的就是他们感觉等待服务的时间太长。[16]我们的研究也证实了这个结论。

我们的研究表明，在等候服务时间过长时，顾客通常会产生许多感觉，而没有足够的员工来处理业务只是其中之一。除此以外，客户还反映了以下情况：

- 员工要完成工作总得四处走动以获得其他人的帮助；
- 当办理业务的顾客过多的时候，没有人负责出面协调；
- 等候办理业务的队伍过长；
- 企业好像正在裁员。

雇用员工数量的不足，在顾客看来只是企业一系列严重问题的一部分。企业的这一系列严重问题意味着企业缺少规划，对顾客所遇到的问题以及为他们提供服务时的速度和效率关注度不足，这甚至会导致顾客错误地认为企业正在裁减现有的员工。[17]我们认为，没有足够的员工并不仅仅影响到顾客对员工配备数量的看法，他们还会发现企业存在的其他一些不合理的问题。员工雇用的不足将会带来消极的效应，会使顾客戴上有色眼镜去看待许多其他的问题。

有些顾客认为企业员工不足会导致他们的支票出现错误或是存放在银行的钱不安全，他们的这种想法正确吗？实际上，这是毋庸置疑的。顾客确实会因为企业员工数量的不足而有这种想法，而且他们的行为都是基于这些想法做出的。

顾客的这种"思维并发症"在管理学上的含义就是，所有的细节都必须是正确的，因为它们构成了顾客对服务质量的总体印象。顾客不会认为放置在存款支票柜台的没有墨水的笔是一个无意的疏忽，他们会认为这表明银行并没有真正地重视客户，尽管出纳员会以很甜美的声音对你说"拥有快乐的一天"。

### *人员配置与服务质量之间的关系*

人员配置的质量和数量问题对服务企业而言是很重要的。企业的战略制定中越是考虑顾客和员工的接触，这个问题的解决就越发显得重要。我们的一项研究工作已经很清

制胜法则

楚地指出，无论从短期还是长期来看，都应该付高薪雇用高素质的员工。短期中，雇用以服务为导向的员工将促使整个企业更明确地以服务为导向；[18]而长期里，员工素质正是使企业在服务竞争中获胜的筹码。而如果顾客期望服务的速度更快捷，那么所雇员工的数量对于参与竞争的企业则是绝对必要的。

在实际中，我们发现一种奇怪、自相矛盾的做法，那就是服务企业通过裁员来“省钱”或者说是“创造利润”。据我们了解，有些企业实际上是采取下列这样的做法来“节约成本”的：

- 解雇接待员，让放贷业务员（在一个抵押贷款银行）为接听打入的一个电话而中断交易，为了接待来访者而中途离开会议；
- 不是招聘新员工填补工作空缺，而是让现有的每一个员工服务更多的顾客。

通过这种“算计”的方式来“节约成本”，使所有的员工都感到了“我们是服务企业”这句口号的空洞无力。从他们亲眼所见的管理层的做法上并不能推断出管理层所秉持的价值理念。而企业文化的形成则深受员工对管理层的价值理念的判断的影响。这种对于顾客服务重要性的价值冲突将会给员工带来我们在本章前面提到过的工作角色压力以及情感上的抑郁。

在前面提到过的关于“服务激情”的调查中，对于员工配置的数量问题，我们听到了来自员工的许多声音。在被问到管理层实际上是如何管理员工配备模式时，没有一个员工给予他们很高的评价。我们的调查所接触的每一组员工都对员工配备的数量表示了不满。他们觉得在提供高质量的服务过程中，员工数量不足一直是一个问题。

让我们对这些采访结果作更进一步的分析，并看看这些问题的提出方式有什么不同之处。表5-2所示的是员工提出的人员配置方面的问题。按照这些员工所处的企业的服务态度的不同，可以将它们分为三种类型：服务情绪高涨、服务情绪一般以及服务情绪低落。

这些问题表明了，即使那些表面上看来服务情绪很高的企业也存在着员工配置数量方面的问题；服务情绪高涨的企业可以给客户提供良好的服务，当然不可能是完美的服务。而服务情绪低落的企业甚至没有能力给客户提供最低限度的可接受的服务。

## 26

### 管理员工的素质和数量

员工的素质和数量水平对一个企业的服务质量都起着重要的作用。它们向员工传递了一个重要的信息，即管理层对服务质量的重视。通过雇用低素质或低数量的员工来削减成本，对服务企业而言是一种代价很高的做法。

表5－2　三种不同服务情绪的企业的员工配置问题

| |
|---|
| 服务情绪高涨的企业 |
| ● 没有足够的员工让我们可以把自己的职责托付给他们。 |
| ● 高管层效率极高。 |
| ● 没有足够的人员来进行交叉培训。 |
| 服务情绪一般的企业 |
| ● 员工休假的时候没有人去接替他们的工作。 |
| ● 员工数量已经少到不可以再精简的地步，但工作仍得继续。 |
| ● 超繁重的工作任务通常是最大的问题。 |
| 服务情绪低落的企业 |
| ● 当员工离开时，没有人接替他们的工作。 |
| ● 每天都会有员工配置问题产生。 |
| ● 接待员担负着众多的职责，以致有时候都无法接听电话。 |

*招聘不到足够的优秀员工，怎么办？*

事实上，确实很难招聘到足够的优秀员工——因为对于现有的服务工作而言，符合要求的高素质的员工是很少的，就更不用说那些将要被创造出来的服务工作了。人口统计学的研究也证实了这种不利情况。婴儿潮时期出生的人正在逐渐老去，而他们的下一代至少在十年之内还不能接替他们的工作——到那个时候，对服务的需求甚至会大大超过有能力的员工的供给。这种情况是很可能会出现的，因为随着婴儿潮出生的人的年龄的增大，将会出现对新的服务的需求，并可以预见到他们对服务质量的要求也会提高。他们将会需要有人招待的餐馆，而不是快餐店；他们将会需要剧院和音乐会，而不是喧闹的音乐酒吧；他们将会需要住进另外的一套位于农村的房子里，因而对于偏远农村地区的服务的需求会增加；并且对于医院和养老院的服务的需求也会不断增加。

明确了这些趋势之后，服务企业必须雇用到最好的员工并对他们进行培训。尽管最好的员工在被雇用的时候就已具备企业所需要的能力及进取精神，但未来最好的员工将会是那些至少已拥有了能力和进取心并能够经过培训而成为适合企业要求的员工。

### *培训直接接触顾客的员工*

美国运通、比恩、英国航空（British Airways）、迪士尼、联邦快递（Federal Express）、固特异轮胎（Goodyear Tire and Rubber）、凯马特、万豪国际、诺思通、宝洁以及斯伦贝谢（Schlumberger），这些企业都有些什么共同点呢？一个明显的共同点就是它们都（用语言、金钱或行动）对那些与顾客打交道的员工进行培训。在比恩公司，员工要先进行 40 个小时的培训才可以接待他们的第一个顾客；英国航空公司则要对每一个新上任的经理进行五天的顾客服务培训，全部的37 000名员工都要参加一个为期两天的称为“顾客至上”的培训；而在宝洁，员工在被允许处理顾客问题之前要先进行四到六个星期的培训。还有很多这样的例子。这些企业都努力把它们最好的一面展现给顾客——而培训则是实现这一目标的关键。

我们的选择就是将有效的招聘、遴选和培训结合起来。这样将可以吸引到大量的人才，形成一个由各类能人组成的应聘人才库，然后运用最有效的方法从库里选出最合适的员工，对他们中的佼佼者进行培训。将这一切结合起来将使企业在任何的市场里都变得难以战胜。原因在于，这种结合使得企业更可能为顾客提供近乎完美的服务，从而在激烈的竞争中做到与众不同。

无论如何，培训的焦点应集中于服务的无缝性上。不管是对个人还是对团队进行培训，最基本的问题都是要确保当顾客遇到员工时都会产生这样一种感觉，即他们获得了完美的服务。

在实际中存在两种培训方式：非正式的和正式的。

1. 非正式的培训：这种培训更多地着眼于进取精神方面，旨在了解企业和企业的业务，而较少地去了解工作。正如它的名字暗含的意思，大部分的这种培训都是非正式的，主要是在同事之间进行的。这种培训很重要，因为它可以帮助新来的员工建立起企业这个概念：企业是做什么的？它的目标是什么？日常的工作如何进行？在他们的职责之内，什么样的行为是恰当、符合规定的？什么样的行为是被禁止的？也可以将非正式培训称为“学习企业文化”。（然而，一些精明的企业，如迪士尼，将企业文化的学习当成正式培训的一部分。我们将会在本章的后面更多地谈到迪士尼的培训过程。）[19]

2. 正式培训：这种培训着眼于重要的工作技能和工作态度的培训，可以在教室里或是在工作的过程中进行。一定要进行正式培训——因为它向员工们传递了这样一个信息，管理层认为他们和他们的工作对企业的长期绩效和成功非常重要。我们的研究表明，员工认为他们得到了多少工作培训与下面两个方面紧密地联系在一起：员工在多大程度上确信他们是在为一个真正关注服务质量的企业工作以及顾客对他们所接受到的服务质量的感觉。[20]培训可以提高员工的服务积极性（因为他们知道企业很看重服务）以及服务能力（因为他们学到了有关服务的技巧）。

### 非正式培训

非正式培训或者说是学习企业文化，对于初到企业的新员工来说，是一个很自然的持续进行的过程。有时候，企业将这一段适应企业的初始时期称为定向时期（orientation period）。这一过程必须是有管理的而不是任其自由发展的。我们认为对新员工早期适应阶段的管理是很重要的——特别是顾客服务质量信息方面的管理。

管理服务质量培训的最好办法是将新员工与另外一个或多个员工进行搭档，这些搭档其实就是企业信息的重要提供者，他们会告诉新员工企业代表了什么，工作如何进行等等诸如此类的事情。诺思通公司采取的就是这种办法。为新来的员工配置的搭档应该是企业里面最好的员工，不管是顾客服务表现还是顾客服务理念都是最好的。这一过程的运作非常类似于性教育：孩子们可以通过多种途径获得有关的性知识，但是如果对他们的学习过程进行管理，那么将会增加他们获得最重要知识的机会。新员工将会获得许多信息，这些信息是否就是企业要求他们掌握的呢？

实际上，我们最喜欢用一块海绵来比喻新员工——海绵会吸收所有放置于它周围的东西。而企业的问题就是：我们想让这些海绵吸收一些什么东西呢？

这个问题之所以很重要，是因为他们在企业中的早期经历将会决定他们对企业的印象，因为早期的认知是很难被改变的。一旦人们在他们的脑海中对某一个人、某一个企业、某段音乐或是某种艺术形成了某种看法，要改变这种看法，就需要向他们灌输大量的与此看法相悖的信息。因此，即使新员工在变成一个老员工的过程中需要经历各种不同的阶段，企业的早期经历仍是极端重要的，所以应该对此阶段进行管理。用更简单的话来说就是，企业“仅有一次机会来给新员工留下好的第一印象”，因此“在第一时间里，对定向进行很好的管理”是极为重要的——不论对员工还是顾客都是如此。

## 27

### 要明白非正式培训——学习企业文化

服务企业必须依靠新员工的合作搭档使新员工感到企业对服务质量的重视。由此可以推断，为现在的员工创造的服务质量环境将会决定传达给新员工的印象。定向计划、伙伴搭档制度等等都会传递企业的服务文化。

*正式培训*

迪士尼、丽嘉（Ritz-Carlton）、PHH Home Equity 以及 Ver Halen 等企业在客户服务方面都享有很高的声誉。它们是怎样做到这一点的呢？其中一个重要因素就是培训。

在迪士尼，每一个人都要接受培训以很好地扮演他在游戏中的角色。丽嘉公司的座右铭则是“淑女和绅士们为淑女和绅士们服务”，员工们需接受培训以使自己在思想和行动上表现得像有教养的淑女和绅士。PHH Home Equity 全部的1 200名员工也都必须参与一个顾客服务培训项目——是所有的员工，而不仅仅是那些与顾客进行面对面交流的员工。而在 Ver Halen，所有的员工都被指导如何与愤怒的顾客打交道，对怎样使顾客感到满意进行更深入的探讨，等等。[21]

进行仔细的工作分析，可以帮助确定工作候选人在被雇用所需具备的能力和进取精神，以及通过雇用之后对他们进行的培训他们所应拥有的能力和进取精神。

我们不可能精确地指出直接接触顾客的员工需要的是哪种类型的培训。这是为什么呢？原因就在于，存在着许多不同类型的服务企业（例如股票经纪公司、医院以及管道系统公司），并且这些不同的企业执行着不同的服务战略（如高响应度与低响应度）。因此，每一个企业必须决定进行何种类型的培训，正如它必须判定何种能力和进取精神是作出雇用决定的基础。不管咨询顾问的意见怎样，实际上并不存在一种万能的培训计划。培训计划必须要符合企业的服务战略以及企业和顾客的特点。

仅有一种方法用于判定在哪些方面需要进行培训，这就是全面的工作分析。将进行工作分析的方法（在贸易中称为"需求分析"）以及实施培训的方法（如何进行培训）作为设计培训计划内容的基础是很复杂的，也是很有用的。同样重要的是，我们知道如果现实的工作环境不能对所培训的内容进行巩固，那么即使是世界上最好的培训计划也将很难对员工的行为产生影响。[22]

通过培训人们获得了工作，然而一旦进入到实际的工作中，新员工通常会被告知"忘掉在培训中所学的内容，我们将会向你演示实际的工作是如何完成的"。研究表明，这种工作环境使培训成为一种无效的投资，因为培训的内容没有得到应用。

我们的研究表明，培训不仅仅是提供工作所需的技能。培训计划的实施给员工传达了一个强烈的信息，即企业在实际中是多么地看重服务质量的价值。知道了这些原因，我们也就不会再惊讶为什么那些提供最好服务的企业（如迪士尼和 ServiceMaster）同时也是进行培训最多的企业。

我们已经对培训进行了许多的研究。在对一家抵押贷款银行的几个分支机构进行调查时，我们要求员工告诉我们他们的培训是如何进行的。了解了各个不同的分支机构如何对待服务质量之后，我们就可以根据他们服务情绪的不同将他们的回答分类。三种不同程度的服务情绪分别是高涨的、一般的、低落的。表5－3显示了这三类机构的员工是如何描述他们企业的培训情况的。

表 5－3　对服务情绪高涨、一般或低落的分支机构的培训

*服务情绪高涨的机构*

- 进行员工的交叉培训以改善服务质量。
- 为办公室内的员工及房产经纪人举办专门的研讨会。

*服务情绪一般的机构*

- 我们无法了解其他的工作，如果我们去接受培训，没有人可以顶替我们的工作。
- 有些人可以获得很好的培训，有些人却得不到任何培训。
- 需要更多销售方面的培训。

续表

| |
|---|
| *服务情绪低落的机构*<br>● 必须费尽周折才可以获得许可出席培训研讨会。<br>● 没有人接受电脑使用方面的培训，未经过必要的培训就进行自动化的操作。<br>● 我正接受一个地产培训，尽管我所在的公司是一家抵押银行，它也不会为我支付这笔培训费用。 |

当然，还可以用另外一种方式来描述：服务情绪高涨的机构，培训工作做得极为出色；服务情绪一般的机构，有培训的机会，但没有能够利用好，并且不是每个人都可以拥有这样的机会；而在服务情绪低落的机构里，即使很明显是必需的培训也没办法提供（如购买了电脑之后）。

之所以进行正式的培训，是出于两个目的。一方面，它是员工做好工作的准备；另一方面，它传达了一个信息，即员工个人以及他们的工作对于企业目标的重要性——这意味着培训具有很大的激励作用。

**28**

## 在工作中强化正式培训的两个有利效应

正式培训获得支持的程度以及它在工作中得到强化的程度决定了它实际达到的效果。培训不仅对员工的能力也对员工的动力施加了影响，从而提高了员工的工作绩效。

### 所有服务培训需要考虑的一些内容

在前面的小节中，我们曾提到，每个企业都必须为它们的工作岗位制定一个相应的培训要求（例如培训项目的内容以及进行培训的方法），以使得培训与企业的目标市场联系起来。从让员工获得特定的能力的角度来说，这绝对是正确的。但顾客所拥有且希望得到满足的三种需求表明，为了保护人们的安全、维护和提高人们的自尊心、保证人们获得一种公正感而进行的培训对所有工作都是适用的。

在人身安全方面，旅馆、饭店、游船、电影院、篮球公园或者是其他的有潜在人身伤害情况存在的地方，都必须对员工进行培训以随时作好准备应对紧急情况。航空公司在这方面对它们的客舱服务人员进行的培训就非常出色。其他的企业也很明智地将航空公司的一些方法作稍许的改变应用到自己企业中。但是，对我们而言，安全并不仅仅是指人身安全，还包括了经济方面的问题。在这一方面，企业必须给员工提供职业道德方面的培训。在近期频繁爆出的保险公司、储蓄贷款企业以及各种股票经纪公司的丑闻中，职业道德问题已成为人们关注的焦点。因此，在商学院里应该更频繁地进行道德培训，在企业里也应如此。

至于自尊和公正，员工应该接受培训以便在对待顾客的时候，能使顾客感到自尊心的增强并且感到自己获得了公正合理的对待。以受理顾客的投诉为例，通过培训，员工能够意识到可以将投诉当成是一个维护顾客自尊心以及创造双赢解决办法的机会。通过实践下面的原则可以达到以上目的：

- 避免对顾客吹毛求疵；
- 要倾听——而不是争论或辩解；
- 承认顾客的观点；
- 容忍顾客的价值观；
- 从顾客的角度设身处地地看待问题。

请注意我们是说员工是可以实践这些原则的。这些原则也只能通过实践来掌握，所以培训项目的设置要给受训者创造应用这些原则的机会，并将受训者在当时情况下的表现反馈给他们（以一种可以维护并增强他们自尊心的方式），这种练习要反复进行。

公正的感觉就显得更微妙。因为正如我们在第三章中提到过的，人们的感受会受他们成为公司顾客的时间长短等因素的影响而有所不同。因此，要做到公正合理地对待客户，就要求不仅要对顾客提出的问题表示认同，还要明确问题的来源——为什么他们觉得自己受到了不公正的待遇。这里，提供服务的关键就在于找出顾客产生这种感觉的原因，并采取行动让顾客在心理上恢复平衡。

这里，我们要强调的是，第二章和第三章都为我们提供了关于培训的一些有趣的点子的来源。我们担心的是，大多数举办过培训的企业由于过于强调第二章提出的顾客期望问题而忽视了第三章提出的顾客需求问题！

### 整合正式培训和非正式培训——两个例子

一些企业在整合员工的早期体验方面已经取得了很大的成功——在整合的过程中，员工对企业和工作都有所了解。最好的企业从不间断其将员工与企业融合为一体的努力，早期体验的整合只是一个前奏。这就是说，将了解企业和了解工作当成一个过程，要求对这个过程进行持续不间断的强调以及因地制宜的更新。因为只有通过培训来进行这种不间断的更新，企业才能维持并增强它的平稳性从而保持竞争力。企业通常认为，员工一旦接受了一次培训，便不需要再次接受培训了。事情并不是这样。

更新知识以避免被社会抛弃和保持必需的技能水平，对于服务企业的基层员工而言相当重要。新设备、新程序、新同事、新规定——所有这些都要求通过培训来给予持续不断的关注。最好的企业如迪士尼和 ServiceMaster 都是这么做的。

**迪士尼**　迪士尼乐园是一家将上岗培训过程作为对员工长期文化培训的第一步的公司。这一过程从未来员工与企业的第一次接触开始。在第一次的会面中，企业给应聘者提供了实际工作预览的机会，它展示了迪士尼员工所要做的工作。这个预览是整个过程中很重要的一步，因为既可以让员工进行自我选择，又可以作为启动信息共享计划的一种方式——而信息共享正是迪士尼乐园管理风格的一部分。[23]

当应聘者获得正式聘用后，他们要进入“迪士尼培训大学”接受培训。这个培训包括对企业历史和经营理念的讨论，这正是迪士尼乐园能与整个迪士尼集团融合在一起的关键所在；还包括了对乐园里服务人员所要达到的要求以及乐园里所有工作（从准备食物到为使乐园保持清洁所进行的清理）的介绍。这个培训同样给新员工们提供了非正式交流的机会——而这仅是上岗培训过程中多个类似机会的其中一个。

上岗培训过程的第二步则是接受各个部门的培训。这与新员工将要扮演的角色（餐饮服务员、音乐演奏者、迪士尼卡通人物扮演者）以及每个部门的经营理念和它的政策及程序有关。要建立起一个培训时间表，并让员工实地了解这个部门。

到这一步，培训都只限于对企业及其经营理念的了解。而在进入了具体的部门之后，对实际工作的培训就开始了。使用一流的培训设备，运用最先进的视听媒体（如互动式视频）；聘用经验丰富的培训师，并且在培训完成之后，还要有30天的后续巩固阶段。之所以要有这样一个阶段是要确保没有任何问题产生，确保培训的作用得到实际工作的支持和强化。

为了让员工更好地参与到工作中来，迪士尼乐园创建了许多的沟通渠道和有利的机会来获取信息，例如迪士尼乐园的内刊[迪士尼乐园专线（Disneyland Line）]、专刊、体育活动、野餐以及员工可以随身携带的有助于回答顾客问题的事件卡。此外，还有许多项目都为员工提供了更积极地参与团体活动与社交活动的机会——所有的这些都是由迪士尼的员工组织的。

**ServiceMaster** 总部设在伊利诺伊州的唐纳斯格罗夫(Downers Grove)的这家服务公司可以为企业、教育机构、医院等单位提供清洁、餐饮、电力运营以及物业维护等方面的服务。ServiceMaster 公司在培训"全能型"员工方面获得了很高的评价，其培训目标是要加强员工各方面的能力，而不仅仅是提高他们的技能水平。

技术方面的培训是很复杂的。例如地板抛光说明书就有三英尺那么厚。员工们要接受密集的培训并且每隔六个月就得接受再培训。经理负责大多数的培训，但前提是他们本身已经接受过培训。员工们进行交叉培训也可以使他们的能力更多样化，并且不至于感到单调无聊。

以下是培训"全能型"员工的一些方法：在个人理财、压力管理等方面进行"生活技巧培训"；在企业总部给一线经理人员授课，使他们在四年里能够掌握的内容相当于 MBA 课程的 75%；对员工进行基本的文化教育。[24]

关于迪士尼和 ServiceMaster 我们所要说的最后一点就是，这两个企业都在招聘和培训方面花费了很大的精力。通常，企业都会很重视招聘问题，而在员工的培训上却只给予很少的关注，以致多数这类企业的员工都感到很沮丧并最终辞职。这些企业所犯的错误就在于，只会将员工吸引过来，而忽视了将他们留住。他们在面对顾客的时候通常也会犯这样的错误——在市场上努力将顾客吸引过来，却没有努力将顾客留住。

***培训的新焦点***

培训的重要性在于，它是一个优秀的企业持续不断地改进其理念的一个重要部分，而不是在某时某刻作了决定之后就将它束之高阁，置之不理。因为市场需求在不断地变化，企业的组织结构也在变动，执行的技巧也在不断更新，这时培训就成为了一个很有用的工具——一个使得员工可以很好地应付这种变化的工具。

**团队和授权** 包括制造业和服务业在内的众多企业都在采取诸如授权和组建工作团队这样的策略，以获得高的工作绩效。授权包括提高员工的自主权，让他们承担更多的责任；还包括在企业中不断地将决定权下放给更基层的员工。我们将会在第九章中更多地探讨这方面的内容。

在工作中经常与授权相结合的战术就是组建工作团队。在一个团队中，员工共享权利，共担责任，执行的通常是一系列相互关联的任务，通过这种方式可以加快工作速度，提高效率。

在这里，我们不打算对授权和团队进行更多细节上的探讨，但要明确下面这个观点：没有经过授权和团队工作培训的员工在新的工作中会比较缺乏效率。不帮助员工克服恐惧感和不确定性，不对他们进行授权，也不让他们拥有团队工作的经历，就期望他们能很好地胜任新的工作，这是不可能的。管理层用一种很可笑的方法来为员工解决这些问题：

昨天接到了命令，今天就下达给员工。这不是，也不可能是如此简单的事情。

发表在大众刊物上的那些关于授权和团队的文章，往往将这些概念描述得很简单、很美妙，但实际上它们并不是这样的。员工必须为新的工作作好准备，而培训正是为了让他们作好准备。要想找到这方面的培训材料几乎是不可能的，这表明了那些提供这类培训的企业并不愿意谈论它。

美国运通拉美（American Express Latin America）公司愿意对此进行谈论。它在1990年建立了18个质量团队，其中的6个失败了，而其他的12个则获得了成功。所有的团队在开始的时候都遇到了问题。其中的一个问题就是团队中存在着一些狂热的员工，他们对在一个团队中工作抱有不切实际的期望，或者是缺乏团队工作所要求的那些能力——合作精神、能够倾听他人的意见和想法，等等。质量管理主管里卡多·博拉诺斯（Ricardo Bolanos）指出，必须用与作出雇用单个员工决定的方法相同的方式去招聘一个工作团队。否则，将会招聘到大量狂热的员工，而这些员工不具备能力处理他们要面对的问题。

美国运通拉美公司从中得出了团队有效运作的一些规则：

- 每一个团队都有一个“所有者”——负责团队出现的问题。
- 每个团队都有一个领导者——监督团队的工作进展

和工作过程。担任领导者的人必须具有强大的商业知识背景和人际关系能力。

- 每个团队都有一个绩效推动者——了解团队的运作，为工作取得进展扫清障碍；并且对员工进行培训，使他们的合作更有效率。[25]

**工作环境的多样化问题** 多样化是企业进行培训时关注的另一个焦点问题，它通常集中于内部的职责问题上。然而在本书中，我们关心的是外部对这一问题的关注，即多样化的培训是如何与顾客服务联系起来的。科林·库珀(Colin Cooper)和凯瑟琳·奈尔-乔利(Kathryn Nile-Jolly)写了一本很有趣的书，内容是关于员工多样化和顾客满意度之间的联系。[26]

科林·库珀和凯瑟琳·奈尔-乔利得出了这样一个观点，提供服务的员工与接受服务的顾客之间的相似性越大，那么服务的接受者对提供的服务感到满意的可能性就越大。他们指出，许多企业，包括 Kinney Shoes、希尔顿国际(Hilton International)酒店、The Marcom Group(一个中西部的银行)以及加利福尼亚人寿保险协会(California Life Underwriters Association)，都已经开始针对客户的种族、语言和年龄等多样化问题对员工进行培训。

Kinney 公司对经理人员进行培训，使他们在作出雇用决定的时候对种族和性别问题更敏感，提高员工和顾客的匹配度。而在希尔顿国际酒店，面临的问题是语言的相似性，企业采取了四种组合战略来解决语言的多样化问题：

1. 为客人和员工之间的交流进行口译；
2. 对客人和相关的工作材料进行笔译；
3. 确保客人能接到与他们说同一种语言的员工的服务；
4. 对旅店的员工进行培训，使他们能够运用各国语言进行基本的会话。

Marcom 公司制定了一个三阶段的培训计划来提高员工为老年人服务的能力。正如在第三章中指出的，与老年人打交道会产生许多涉及尊敬的问题。Marcom 的培训按照以下内容进行：

1. 员工接受培训以了解如何与老年人打交道（培训内容包括老年人心情沮丧可能产生的影响、老年人的生活方式以及消除与老年人之间的沟通障碍）。
2. 培训结束时，要对员工的学习成果进行测试。
3. 奖赏那些将所学知识应用于工作中的员工。匿名的老年顾客也对员工进行评价，他们为员工处理老年人问题的能力打分。

### 总结

质量控制在服务企业里是属于人力资源管理部门的职责。招聘和培训是任何企业的人力资源部门都要进行的最基本的工作。服务企业中,员工与顾客需要进行直接接触,这一特性使得招聘和培训员工变得尤为重要。服务企业要对服务质量进行控制,是非常困难的。这主要是由生产和消费的同时性以及顾客的参与造成的。在制造行业中,产品在一个地方一个时间内被生产出来,然后运送到另外一个地方在另外一个时间进行消费,因此在被运走和被顾客消费之前仍可以对产品的质量进行检验。而在服务领域中,情况通常不是这样的——在服务生产的同时顾客就已经在感受它的质量了。

人力资源管理的目标——提高服务质量就是要让员工具备为顾客提供优质的服务所必需的动力和能力。不能将员工的素质当成儿戏。员工的素质可以通过两种途径提高——员工配备和员工培训。对于员工配备来说,面临的主要问题就是招聘,包括招聘的程序以及雇用员工的数量;对于培训而言,主要的问题则是非正式培训和正式培训的内容。

但是我们的中心观点又包含两方面的内容:首先,企业必须对员工招聘和员工培训的细节加以重视,因为拥有最好的员工的团队通常都会获胜(特别是当它获得了很好的管理时);而且只有将遴选和培训结合起来才可以产生最有效能的员工。其次,基于同等的长期重要性的考虑,企业也必须关注这些细节。因为对这些细节的关注将使员工在管理理念及价值观方面对企业有一个了解。也就是说,那些鼓吹服务质量,却忽视招聘,未对员工进行上岗指导,未能给员工提供良好培训的企业将会如风中落叶，前途堪忧；而它的宣传口号将无法落到实处，最终企业的形象将尽毁。这个比喻有些混乱，但已将意思表达得很清楚！

在第六章中，我们将讨论一种重要的人力资源管理手段——企业的奖酬机制。随后，我们将会更多地探讨人力资源管理行为向员工和顾客传达的信息。

# 服务企业

# 第六章　通过奖酬机制，管理人员接触

如果奖酬机制能够完美地运行，那么人们都将会去追求共同的目标。这既不是因为人们惺惺作态，也不是因为通过培训而使思想境界变得高尚了，而是出于一个最可信的原因——人们认为这样做符合自己的利益。

然而我们认为，由于现实中绝大多数的奖酬机制远未实现完美的运行，因而会导致与企业目标背道而驰以及与奖赏者的初衷相违背的行为。这种奖酬机制有时候甚至会惩罚奖赏者本希望看到的行为。这种机制进行的奖酬分配不但不能对那些有助于实现组织目标的行为起到促进作用，而且还会抑制企业的绩效。[1]

一旦雇用到了合适的员工并对他们进行了很好的培训，怎样才能确保他们能为顾客提供优质的服务呢？奖酬机制的运用是一个很重要的方面。奖酬是管理员工动力的关键。动力正是员工绩效等式的组成部分(绩效=动力×能力)。奖酬机制可以被定义为管理层用来使员工共享组织目标的一个工具。

应该让员工很清楚地知道,优质服务的提供是获取奖酬的关键。组织希望看到那些它们给予奖励的行为。听起来很简单,对吗?然而遗憾的是,组织设计出的奖酬体系通常鼓励了许多其他的行为,而唯独不包括与传递服务质量有关的那些行为。

### *奖酬机制失灵的典型原因*

我们的研究发现,企业不能有效地运用奖酬机制主要是由下面四个原因造成的:

1. 没有运用所有可利用的奖酬方式;
2. 没有利用目标实现的内在奖酬;
3. 未能利用奖酬机制促进服务质量的提高;
4. 不了解如何有效地管理奖酬机制。

在下面的小节中,我们将分别对以上的四个方面进行分析:

**没有运用所有可利用的奖酬方式** 企业通常没有意识到除了薪金以外,它们还有多少种不同的可以利用的奖酬方式;并且不知道这些不同的奖酬都能使员工感到满足。相反,企业只将工资当成奖励(同时也是惩罚)方式,而实际上工资只是在满足员工的安全需求方面最为有用，在满足他们的尊严和公正需求方面并没有多大效果。实际上，薪金并不是一种"有效奖酬方式"。

**没有利用目标实现的内在奖酬** 企业通常都忽略这样一个事实，那就是目标的实现本身（例如看到顾客离开时脸上带着灿烂的微笑）对于员工而言就是一种很高的奖赏。这不是说不应该对他们的成功给予赞美和金钱奖励，而是说企业不应该将所有的时间都用在思考什么样的奖励可以和目标的实现紧密联系在一起。他们应该将更多的时间用在设计工作和服务系统上，以使员工可以实现他们的服务目标甚至更快、更好地实现目标。为什么？因为实现了目标的那种感觉本身就是一种巨大的奖酬。

**未能利用奖酬机制促进服务质量的提高** 企业采用的奖酬机制实际上常常是限制而不是利于服务质量的提高。服务企业倾向于将奖酬与可衡量的目标联系在一起，好像服务企业的运营都是处于一个目标可以很容易被衡量的具体有形的领域。我们对服务企业的调查显示，相对于寻找一种有效的途径来奖励那些无形的行为，企业更倾向于奖励那些容易衡量的行为。但这种行为，通常被证明是与服务质量的提高背道而驰的，充其量，也只是对服务质量的提高作了微薄的贡献。

以我们对一个企业的调查为例。这个企业鼓励员工在电话里以热情而友善的态度对待顾客，但却是以"通话时间"作为员工的奖惩标准。如果他们与每个顾客的平均通话时间超过了三分钟，就会受到管理层的责罚。他们的通话时间受到计算机的严格监督，但是在电话里所表现出的温暖和友善却经常没有被监督——因此它既没有获得奖励也没有受到惩罚。而另一方面，值得注意的一个有趣的现象是，企业经常出现的"莫名其妙的电话断线"——员工在打电话时经常会无缘无故地断线。很显然，这一故障就是员工用来应对电话时间过长的方法；当他们的通话时间上升时，他们就会制造一些莫名其妙的电话断线事件来降低平均通话时间。

另一家银行机构鼓励出纳员保持微笑和愉悦，并且关注顾客的需求。但他们获取的奖酬基于什么基础之上呢？基于一天的现金收支是否无差错和是否按时来上班——而不是基于他们对待顾客的热情而友善的态度。企业监督他们的出勤以及对现金的管理，但却不监督他们对顾客的友善态度。实际上，他们会因为连续三天现金收支出现差错或连续三天没有按时上班而被解雇。

这些企业都犯了这种愚蠢的错误——"期待 B 行为却对 A 行为给予奖酬"。在两个例子中，管理层都希望员工可以友善而热情地对待顾客(B)，但实际上却是根据员工的办事速度、出错率或出勤情况(A)给予奖励。这明显是一个功能失调的奖酬机制，并成为员工压力的一个来源。

我们对人的行为没有太多的研究，但有一件事可以确认，那就是人们做事更多地倾向获得奖酬而不愿被惩罚。正如通用电气管理发展研究院(General Electric's Management

Development Institute)院长同时也是本章开篇引文的作者史蒂夫·克尔(Steve Kerr)指出的，“如果说可以从我在组织中的工作得出一个最主要的真理，那就是组织通常不能获得领导者要求下级去执行的行为，而是总是获得下属认为可以获得奖酬的行为”。[2]

简而言之，可以获得奖酬的行为将会持续进行，而不能获取奖酬的行为则将会消失。

**不了解如何有效地管理奖酬机制**　企业在奖酬机制方面常常犯这些错误，是因为它们不知道还有什么更好的机制，而不是因为它们愚蠢或故意如此。这些企业的经理人员没有刻意要迫使他们的员工或顾客变得疯狂。愚蠢的错误和问题的产生通常是由于经理人员对薪金〔海氏岗位测评法(Hay Points)、工资级别(Grade level)、工资差异缩小(Wage compression)〕了解相当多，而对奖酬机制和它们的激励作用了解甚少。这就造成了极大的混乱。

在图6-1中，我们给出了一个奖酬系统里的各部分的关系图。它显示了奖酬是如何与前面章节中所讨论过的服务的诸多因素(服务质量、个人保障需求、尊严、公平以及招聘和培训)联系在一起的。它还预先展示了将在第八章和第九章中重点探讨的事实，那就是即使是具有很强的能力和进取精神的员工也需要一个设计良好的体系来支持他们。本章的余下内容将会涉及这些部分，并探讨如何将它们结合起来以达到使员工和顾客满意的效果。

图 6－1 在提供优质服务过程中奖酬系统扮演的角色

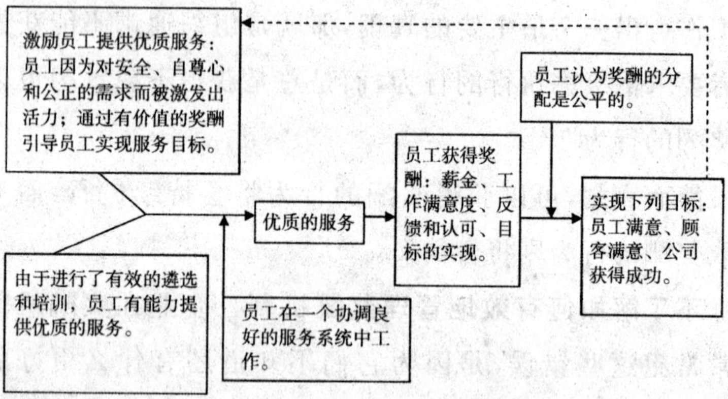
激励员工提供优质服务：员工因为对安全、自尊心和公正的需求而被激发出活力；通过有价值的奖酬引导员工实现服务目标。
由于进行了有效的遴选和培训，员工有能力提供优质的服务。
员工在一个协调良好的服务系统中工作。
优质的服务
员工获得奖酬：薪金、工作满意度、反馈和认可、目标的实现。
员工认为奖酬的分配是公平的。
实现下列目标：员工满意、顾客满意、公司获得成功。

## *如何激励员工？*

我们来介绍一个有用的关于什么是激励的定义。一个人得到了激励是指他干劲倍增，有了明确的前进方向而且这种状态会一直持续下去。

人们因为需求而干劲倍增；通过追求可以带来回报的目标从而满足自己的需求，人们有了明确的前进方向，而人们又会将这种可以带来满足需求的回报的行为一直坚持下去。如果想让员工提供优质的服务，就必须支付给他们可以满足其需求的奖酬，而且这种奖酬要视他们实现优质服务目标的情况而定。

通话时间、现金收支差错率和按时工作是管理层所关注的服务行为吗？很显然是。这就是他们对员工的全部要求吗？很显然不是。如果管理层要求员工做到的其他服务行为不能经常得到回报(例如理解顾客，对他们的要求给予回应，礼貌地对待他们)，那么这些行为将不会持续。而如果对出勤率、现金收支差错率和通话时间这些行为给予奖酬，那么这些将是唯一可以持续看到的行为。

尽管这些观点看上去非常简单，但是在我们合作并调查过的组织中，绝大多数的奖酬机制不能很有效地解决员工的需求问题，并且不能使用奖酬有效地引导员工行为以优质服务为导向。“期待B行为却对A行为给予奖酬”这种错误普遍地存在于服务企业中。

举个例子，设想一下，如果你在一家财产及意外险保险公司工作，你会为你的保险代理人设定什么样的目标？保险单销售额？显然是的。那么你会鼓励代理人去推销新的保单从而促进新保单的销售吗？很显然，这正是每一个要推销新保单的企业所采取的策略。但State Farm公司是个例外。

State Farm公司采取的策略就是，强调留住现有的投保人和吸引新的投保人一样重要。State Farm公司希望它的保险代理人可以为现有的投保人提供优质的服务，而不希望他们为争取到对他们有更大吸引力的新顾客而将这些老顾客抛弃。因此，State Farm公司的保险代理人在保单续约上获取的佣金与他们从一份新的保单上获取的佣金一样多。它的经营理念就是企业的发展源自内部——奖酬体系的设计正与企业的这一目标一致。

*如何让员工干劲倍增？*

我们认为，员工就像顾客一样，对满足其三种重要需求（安全需求、尊严需求和公正需求）的希冀使他们干劲倍增。我们的观点是所有的员工都力求在工作中满足他们自己的需求；所有的员工都鼓足干劲——更通俗地说，他们都受到了激励。

服务企业常常要求我们帮助它们寻求以服务为导向的员工激励方法，使员工更加自觉地以服务为导向。我们认为他们的员工都已经得到了激励——他们现在是干劲十足。他们已经作好了大干一场的准备，问题在于要确定一个目标。员工们投入自己的精力及能力做事以期可以获得奖酬或避免惩罚——这些事情或许并不是以服务为导向的。这些问题的出现应该归因于奖酬体系的失灵，而很难说是员工的错。如果员工们认为当他们以某种方式工作（开拓新的销售市场）就会增加满足其自身需求的可能性，那么他们就会那么做；而如果某种行为（提供产品的售后服务，占据了开拓新的销售市场的时间）极有可能影响其自身需求的满足，那么员工将不会采取那种行为。

所以，问题不在于激励员工，而在于如何在组织和被激励的员工之间营造出一致的目标。当员工执行其工作时，如果同时产生两种结果——员工的需求得到满足且组织也朝着它的目标向前迈进了一步时，我们就说此时存在着一致的目标。如果员工不管是开拓了新的销售市场或是提供了售后服务而获得了有价值的奖酬，并且顾客反馈说很满意这种关系，那么此时目标的一致性就可以显现。

一致的目标是很罕见且不易达到的。员工们通常觉得当他们努力工作时却只有组织真正获益。而管理层又常常觉得员工只为他们自己考虑，从不顾及组织的整体状况。坦率地说，员工和组织都是自私的，都只是从自己的角度去考虑问题。那么如何才能达成一致的目标呢？答案是通过制定出有效的奖酬机制。管理层可以使用各种不同的奖酬方式来达到这一目的。

我们认为，激励就是刺激员工去满足他们自身的基本需求，从而使他们有意识地选择自己所要做的行为。需求会使员工充满干劲地实施某些行为（所有的员工都可以干劲十足，因为他们都有需求），奖酬机制则可以引导行为的方向。如果奖酬机制引导员工实施的行为与优质服务背道而驰，那么企业在遴选及培训员工方面所作的投资将一无所获。尽管员工是很有意识、很理性地去选择从事那些可以使自己获得奖酬的工作，但组织在设计奖酬机制上就表现得不那么理性而有意识了。这种不理性和无意识的行为有以下两种形式：

1. 在设计奖酬机制时，企业通常只将金钱作为奖酬的唯一方式。

2. 企业只对那些容易计量的有形行为给予奖酬（如在一个轮班中受理的顾客投诉电话的数量），而没有对那些很重要的无形的行为也同样给予奖酬（如建立起与顾客的关系）。

## 29

### 充分利用员工都是可以被激励的这一信息

所有的员工都可以被激励，他们因为自己的需求而干劲十足，并且会因此采取那些可以满足他们需求的行为。组织必须要设计出一种奖酬机制引导员工采取这样的方式：不仅能为组织提供优质的服务，还能满足自己的需求。

---

*怎样引导员工的行为以服务为导向？*

首先，提供的奖酬可以引导员工的行为。人们将会选择实施那些可以带给他们所期望的奖酬的行为，以满足自己的需求。其次，人们总是去执行一些考验其能力的任务——努力工作以完成他们自己设定的或是他人为他们设定的目标。对完成服务目标进行奖励是激发服务导向行为的一种最有力的方式。

服务企业存在如下问题：员工完成了服务导向目标之后会获得怎样的奖酬？这些奖酬怎样才能被公平地分配？

*怎样才能使员工的行为一直持续下去？*

行为是否可以一直持续下去主要与是否获得了公正合理对待的感觉联系在一起。这一点稍后我们将会在本章进行更多细节方面的探讨。在此，重要的是，我们要意识到，仅仅让员工干劲十足并为他们指明了工作方向并不足以确保优质服务的持续性。优质的服务需要坚持下去，延续下去。要想使员工提供优质服务的行为可以持续地进行下去，企业就需要在奖励交界层员工时做到持续的公平和合理——不仅仅是在金钱奖酬方面，而是要考虑到各个方面。

### 有哪些奖酬方式？

人们想到的第一种奖酬方式是金钱。说到满足人的需求，金钱是一种应用最为广泛的奖酬方式，因为在某种程度上它可以满足所有的需求。金钱当然可以满足安全方面的需求，它也同样可以满足尊严方面的需求（我挣得比我的同事多，因此我肯定是一个更有价值的人），并且当金钱奖酬分配合理的时候，还可以用来满足公正方面的需求（我在工作上比我的同事努力，因此我得到的比他们多，这才是公平的）。

尽管几乎每一个人都认为金钱可以满足他们的安全需求，然而仍然有许多人在金钱能满足尊严需求和公正需求上持有不同的意见。在谈到这些需求时，我们必须关注工作中其他的奖酬方式。因此，在分析了金钱这种奖酬方式的效用之后，我们将会介绍其他的三种奖酬方式：

1. 对工作本身的满意程度；
2. 来自同事、主管和顾客的认可和反馈；
3. 完成那些具有挑战性且意义重大的目标。

### 以金钱作为奖酬方式

在将金钱作为工作绩效的激励方式上存在着一个很有趣的自相矛盾的现象，那就是尽管人们几乎可以为了金钱去做任何事情，但是组织仅仅将金钱用来奖励员工的出勤——只要在公司里露面而已。在谈到奖酬方式时，管理层们想到的第一种方式就是金钱，但是管理层却很少想到利用金钱去奖励除了出勤以外的其他行为。这意味着员工来工作就会获得金钱奖酬，而他们几乎很少能通过实施其他的行为来增加薪水。[3]为什么会这样？

企业不能将金钱奖酬与员工工作绩效的差异很明确地联系起来。这很糟糕，因为如果奖酬起到激励服务导向行为的作用，那些对待顾客很和蔼、友善，给予顾客特别关注，并且在服务中能与其他同事很好合作的员工就会感到他们应比其他的那些做不到这些事情的员工获得更多的奖酬。这里遵循的规则就是：当员工认为企业将会给那些更多地以服务为导向的员工更多的金钱奖酬时，他们就会使自己的行为更多地以服务为导向。

企业做不到这些的原因在于它很难设计出一个体系来考核员工的绩效——特别是在服务企业里。要想查明一个宾馆的接待员使客人感到愉悦的程度要比评价一个通用电气的员工在每个班次里制造了多少台洗衣机困难得多。尽管如此，还是要尝试着去设计这样一个体系。否则金钱就只能在激励员工的出勤方面起作用，而对其他的行为则起不到激励的作用。

现在金钱作为激励方式的悖论就已经很明显了：付给员工的薪金占整个企业运营成本的50%或更多，但那些薪金却不能保证员工有企业期望的表现；相反它只能保证员工的出勤率。当然，出勤率很重要，金钱可以保持员工很高的出勤率。更进一步说，薪金相对较高的企业，员工的跳槽现象也更少——出勤率和跳槽都与企业的成功间接相关。薪金较高的企业还能吸引到更多的工作应聘者，使得企业可以有更大的机会选择到有竞争力的员工。而一个富有竞争力的员工队伍是不可小视的。

关键问题在于服务企业通常不能有效地运用金钱来激励员工的服务导向性行为，因为这很难做到。但是它们又很快地放弃了选用其他的奖酬方式来激励员工的想法，因为它们总是认为金钱是所有方式里面最有效的激励方式。我们先来讨论金钱是最有效的激励方式这一假设，然后再对其他可以替代金钱的备选方案进行探讨。

我们在前面多次提到过的研究奖酬机制的专家史蒂夫·克尔指出，任何一个奖酬机制只有通过了以下七个测试才能被证明是有效的。正如史蒂夫在下面所作的分析，[4]金钱奖酬并不能通过这些测试：

1. 可利用性。指的是在运用一种奖酬方式之前必须要能拥有它（对于任何一种类型的奖酬都是如此），而且必须能给予员工足够多的数量，使他们看到它的意义所在；否则，他们会觉得受到了侮辱而不是得到了奖酬。

金钱作为一种奖酬奖赏的方式通常不能通过这一测试要求。在许多的企业里，由于预算的硬性约束以及经济萧条时期的资金困难，会严重制约企业投入到奖酬体系中去的资金。一些企业想尽办法给员工提供2%的绩效奖金或者 500 美元年终津贴。这些微不足道的奖励通常只会使员工们感到生气而不是满意。

2. 灵活性。指的是无论何时支付、支付给谁以及如何支付，都可以运用这种奖酬方式。金钱奖酬同样无法满足这个要求。绝大多数的企业都有一个全面规划的薪金指导方案，对薪金的发放进行了严格的规定。一个经理如果想要给予某个员工特别的待遇，他最好还是寻找其他的方式而不是采取金钱奖酬的方式。

3. 可撤销性。本章的绝大部分内容都是在谈论人性，而犯错误正是人性之一。每一个人都会犯错误——经理人员也不例外！每次经理人员给表现优异的员工发放薪金或是绩效奖金时，至少有一次他会犯错误。或许是那个员工的表现并没有像他所认为得那么优异，或许是员工在获得加薪之后，表现一落千丈。

错误如果可以撤销，就不会太糟糕。但是金钱奖酬不允许撤销。你能想象将一个员工增加的薪水收回的情形吗？那甚至会更糟糕。错误还会变得越来越大，因为还有许多以薪金额为基础的补助也会增加。而且问题还在于，你不仅仅在犯错误的那一年做错了，在那之后的每一年这种错误都会延续下去。要解决这个问题，一个重要的办法是用奖金来代替薪金的增加，因为薪金的增加是一种永久性的增加。

4. 与绩效挂钩。这意味着奖酬必须与支付奖酬所希望得到的结果即绩效相挂钩。我们已经讨论过了金钱奖酬为何不能与绩效紧密联系起来(除了那些明显的以完成任务为薪金支付基础的工作，例如销售)。通过员工在企业的级别以及资历比通过绩效表现能更好地预测出其薪金水平。

但这种情况在近来有所改变。例如收益共享计划在过去的几年里被广泛地采用。然而，出于慎重考虑，绩效薪金在绝大多数服务员工的总工资中仍然只占一个很小的比重。

5. 可见性。要使一种奖酬方式能很有效地起作用，它必须是可见、透明的，并且其价值要让人理解。薪金奖酬仍然无法做到这一点。在绝大多数的组织里，薪金的支付都被一层神秘感严密地笼罩起来，以致员工无法清楚地了解他们到底获得了什么且又是为什么而获得。有时候，甚至连他们自己都不了解他们工资条上那些复杂的条目。

6. 及时性。如果你想增加某种行为的发生频率，那么就应该在那种行为发生之后立即给予奖励。这个要求对于薪金奖酬来说又是一个坏消息。一个员工七月份的服务表现非同寻常地优秀，但他只能在年底的时候拿到奖金或业绩提成。或许经理也很想能对此作出更快的回应。但是他必须要先获得老板的允许才能给表现杰出的员工特别的待遇，然后老板再对此予以批复。这样员工得到奖金或许都已经是几个月之后的事情了。

老鼠在盒子里接受训练，让它们知道推开盒栓以后就可以拿到期待中的食物，老鼠立刻就会去推开盒栓。人类比老鼠更加聪明，不是吗？不是——至少在这个问题上不是。

7. 持久性。一项有效的奖酬方式的激励作用可以持续很长时间，但薪金所产生的激励作用却不能如此持久。试想一下，对于一个员工来说，他可能因为出色的工作表现获得 5%的业绩提成，这样的激励能持续多长时间？首先，纳税并扣除掉其他的费用之后，奖酬的总额就缩减了许多。然后不久，剩下的那部分奖酬也将在家庭消费中消失掉。过不多久，员工就会想在没有那 5%的奖金的情况下他会怎样生活，并且感到需要再获得另外一个加薪的机会 。

这里表达出的观点就是，薪金作为一种奖酬方式的作用是很有限的。这并不意味着可以停发薪金——我们确实需要保证员工出勤，但是应该考虑采用其他的方式，了解其他的方式在运用这七个测试测试效力的时候如何获得比薪金更高的分数。此外，其他的奖酬方式不仅可以满足人们的安全需求，特别是还可以迎合人们在尊严方面的需求。

## 30

### 保证奖酬方式要通过七种效力测试

一个有效的奖酬方式必须能满足如下要求：(1)奖酬给予者可以利用；(2)具有灵活性；(3)可撤销性；(4)与绩效挂钩；(5)可见性；(6)及时性；(7)持久性。依据这些测试，薪金相对而言是一种不太具有效力的奖酬方式。

### 以工作本身作为奖赏

事实是很明显的：当人们有能力从事其所做的工作时，他们会在工作中获得很高的满意度，特别是其所从事的工作具有下面的五个特点的时候：

1. 要求多样化的技能。要想完成这种工作，需要雇用有多种能力和才华的员工。
2. 任务明确。一项任务从开始到完成的整个过程中其最终结果都是明确的。
3. 任务具有重要意义。这样的工作对组织成员或整个社会的人们的生活有着相当重要的影响。

制胜法则

4. 拥有自主权。具有这项特点的工作可以给员工充分的自由及自主决定权，以自行安排工作的进展并决定在工作中采用的程序。

5. 工作本身具有反馈效果。履行工作的同时就已经向人们传递了这样一种直接而明确的信息，即员工的工作表现如何。[5]

如果从事的工作具有这些特点，员工就会感到他们的工作更有意义，他们本人对工作的结果负有责任，他们还会知道他们的工作是否有好的效果。研究结果也证明了下面这个结论，即如果员工不仅仅希望在工作中只获得安全感的满足，那么他们将发现从事这些类型的工作会让人更满意、更有动力。这一结论表明了内部奖酬和外部奖酬（如薪金）具有同样的效力。

实际上，最近许多有关的授权行为正表明了人们最终已开始认真地看待将工作满意度当成奖酬的一种方式这样一种观点。诺思通的销售人员有充分的自由来决定销售，掌管自己的销售收入，还可以做任何事情来迎合顾客的需求，这表现了他们所从事的这项工作充分地具备了以上五个特点。

工作设计是提高还是降低员工的动力和工作满意度，这在很大程度上是管理层的责任。我们的研究显示，在工作中可以用两个指标来反映员工的工作满意度：

1. 员工在多大程度上认为公司是在为其工作提供便利

而不是设置障碍；

2. 员工在多大程度上相信管理层能认识到下面这一点，即以一种热情的态度（相对于官僚作风而言）提供服务对员工来说是很重要的。

表 6－1 总结出了员工认为让他们感到不太满意的几种工作环境类型。我们要求员工完成一个调查，这个调查的内容与他们在工作中经历的那些比较"压抑"的环境有关。如果员工们认为这些情况中有很多条都符合他们的工作的特征，那么将很可能导致下面两种结果：

➤ 这些员工对工作感到很不满意，并要离开公司；

➤ 顾客们反映说他们获得了很差的服务，要将业务转给别的公司。[6]

表 6－1　对员工满意度影响很大的工作环境压抑的问题

| |
|---|
| ● 工作环境一片混乱。 |
| ● 工作中明显存在"投入"和"置身事外"的两组人。 |
| ● 员工缺少获得新能力的机会。 |
| ● 组织机构中各业务单元的目标之间互相冲突。 |
| ● 组织人事管理的不当使得许多岗位充斥着没有相应能力的人。 |
| ● 员工的发展是基于他们认识谁而不是他们知道什么。 |

制胜法则

在这个调查中，我们向员工提出了数百个关于他们的工作和组织的问题。这些问题不仅仅包括工作中存在的压抑的环境，还包括诸如薪金支付、管理风格以及对新员工的培训项目等问题。调查结果显示，这一系列压抑的工作环境条件与员工的离职和顾客感受到的服务质量有着最为紧密的关系。这说明了工作中存在着混乱状况、官僚的作风以及目标间的相互冲突——这些都是使得工作难以很好进行的压抑因素，这些因素远比薪金、管理风格等这些问题重要得多，而后者通常却被组织视为问题的关键所在。

我们还询问了员工在表 6-2 中所列的那些问题，想了解在他们看来什么是管理层比较看重的。我们对一家银行进行了此项调查，员工被要求指出他们认为的管理层对表中列出的那些问题的重视程度。于是，对于下面的两种服务方式，员工给出了自己对管理层的看法：

- 僵化、官僚的服务方式（如即使对很熟识的顾客也要进行身份的验证）；
- 充满热情的服务方式（如一直保持对服务质量而不是服务数量的关注）。

当员工们对表 6-2 中第二组的官僚作风的行为表述(7-12)给出了否定答案（管理层认为这些问题不重要）而对第一组里充满热情的行为表述(1-6)给出了肯定的答案（确

实觉得管理层很看重这些问题）时：

➢ 这些员工对工作有较高的满意度，也不太可能离开企业；

➢ 顾客反映获得的服务质量很高，并且希望与企业的业务联系能继续保持下去。

表 6－2　员工的看法：何种行为对于管理层而言是重要的

在充满热情的服务方式下，员工认为下面的这些问题是管理层所看重的：

1. 在各分支机构内部，在员工间营造一种“大家庭”的氛围。
2. 了解每个顾客，并能叫出他们的名字。
3. 让各分支机构的员工保持合作。
4. 让银行的各分支机构参与到其所在社区的事务中。
5. 关注每个顾客在银行业务方面遇到的问题。
6. 保持对服务质量而不是服务数量的关注。

在僵化、官僚的服务方式下，员工认为下面的这些问题是管理层所看重的：

7. 要严格遵守所有的规则和程序。
8. 根据顾客账户金额的多少来决定是否给予他们特别的待遇。
9. 工作方式一成不变。
10. 即使是对很熟识的顾客也要进行身份的验证。
11. 只会运用已存在的方法来解决顾客遇到的问题。
12. 各分支机构要不计成本地完成业务量要求。

如果把工作作为一种奖酬的方式，对员工而言，这样的调查结果说明了什么呢？说明了当有着许多压抑因素使得员工不能高质量地完成工作时，他们会对工作很不满意；而当他们为一个他们确信对高质量服务充满热情的管理层工作时，他们会提供最优质的服务。对员工来说，为一个以提供优质服务为目标的管理层工作，并能在一个良好的可以促进优质服务的工作环境里工作，那么工作本身就会让他们感到满意。另外一个调查发现也同样重要，那就是当员工感到满意时（当他们反映说工作能很便利地进行），且管理层重视服务时，顾客也会反映获得了优质的服务。

我们相信员工之所以对“工作压抑”和“官僚的服务”持如此否定和消极的态度，是因为他们一开始确实希望能为顾客提供良好的服务。绝大多数的员工开始的时候都是干劲十足，希望在工作上表现优异，提供优质的服务。但遗憾的是，他们不久就发现他们为之工作的组织看起来似乎希望永远不会将这种热情投入到为顾客服务中。适得其反的工作环境再加上缺少管理层的支持，压制住了员工的这种干劲。虽干劲十足却发现自己身处一个无法行事的环境中，员工会感到很沮丧、不满意从而选择离开。（只有那些一开始就不太重视为顾客服务的员工会对事情的如此进展感到高兴。）是激励机制产生问题了吗？不是。是员工的问题吗？也不是。那么是管理层的问题吗？是的。

一种趋势已经越来越明显，即我们所关注的许多员工管理的问题最终都会变成与员工和他们的顾客都有关的服务质量问题。员工会将自己的困惑和不满带给他们的顾客。的确，我们自己的研究以及他人的研究[7]都清楚地证明了在员工满意度和顾客满意度之间存在着高度正相关的关系。在第九章中，我们将回到这个问题进行更多细节的探讨。现在我们只要认识到以下的观点就足够了：那就是当员工感到他们可以从事自己的工作，并相信管理层认同他们坚持的有必要提供优质服务的想法时，他们在工作中就会获得满足感。

### 将认可和反馈作为奖赏

对于将认可和反馈作为一种奖酬的方式，员工们有什么看法呢？在我们的一个研究项目中，我们与员工谈及发生在他们身上或他们身边的一些事情，然后问他们哪些事情使他们感到他们是或不是在一个以服务为导向的企业里工作。不管他们的企业是否以服务为导向，所有的员工都多次谈到了一件事情，那就是反馈信息的数量和种类以及员工获得的认可。

我们的调查结果清楚地表明了，在那些服务导向程度低的岗位工作的员工感到他们获得的反馈信息很贫乏的同时，工作在服务导向程度高的岗位的员工则感到他们获得了充分的信息反馈（见表 6－3）。[8]服务质量和信息反馈是携手并进的。

为什么反馈和认可会起到如此大的作用呢？我们认为：由于人是一种社会动物，他们可以从信息的反馈以及他人的认可中获知自己是一个怎样的人，以及自己在这个世界上所处的位置，因此从工作单位周围的人那里以及从顾客那里获得的反馈和认可将会使员工意识到自己在企业里的地位状况，并对企业产生归属感。或许可以毫不夸张地说，在一个典型的工作环境下，同事以及上司给予的信息反馈和认可决定了员工绝大多数的行为表现。[9]或许服务工作的环境并不是那么具有代表性，因为正如我们在第四章中指出的，来自于顾客的信息反馈对员工的行为表现也很重要。

表 6－3　不同服务企业所描述的信息反馈的情况

在服务导向程度“高”的企业里的反馈和认可情况：

- 当我们工作表现优异时，将会获得一个为此而特别举行的聚会。
- 我们的工作会得到赞赏和夸奖。
- 如果顾客来信表扬我们的员工，那么员工将会获得一枚奖章。
- 老板保留有一份公开的图表，表明每个月的工作完成状况。
- 他（老板）会致电给员工，对他们为公司作出的贡献表示感谢。

在服务导向程度“低”的企业里的反馈和认可情况：

- 没有人会说“谢谢”。
- 我们之前习惯了获得奖赏，但现在不了。我们不需要奖赏，但希望至少获得某种形式的认可。
- 我们曾经为公司塑造了积极良好的形象，但没得到认可。
- 我们听不到针对我们的任何投诉，也不能获取关于自己所犯错误的信息反馈。
- 工作成果得不到任何认可。

同样也可以毫不夸张地说，由于绝大多数的经理对反馈和认可的管理不善，导致了对员工尊严的冒犯，而没有使他们得到尊严上的满足。大多数的员工从早到晚地工作，却从来都没有因为工作上的出色表现获得过认可和赞赏。反倒是在他们偶尔出现一些差错的时候，却收到了大量的反馈信息，但全是负面的。他们的尊严遭到侵犯，于是他们考虑离开企业。就如我们在第三章中讨论过的，如果顾客的尊严遭到了侵犯，他们将会选择离开。

新员工在工作地方的早期经历将会对他们如何正确地行事产生直接且持续的影响，因为是其他的员工使新来的员工开始走向社会，这是事实。正如我们在第五章讨论过的，非正式培训（新员工通过观察以及与老员工进行交流来学习如何行事）是培训的一个重要方面。

简而言之，来自他人的认可和信息反馈对于引导员工进行服务是十分重要的。而员工之所以会对这种社会化的方向指引进行积极的回应，和社会交往在满足他们的尊严需求方面起到的巨大作用是分不开的。

认可和反馈这种奖酬方式在持久性测试中也比现金奖酬获得了更高的评价。Del Mar 公司的咨询师琳达·戈德齐默（Linda Goldzimer）强烈建议在给予金钱奖酬的同时要辅以某种形式的认可奖酬，“因为现金会很快地用于抵押贷款或在食品店里被消费，而每次只要员工一看到放在办公室里的奖章，他们就会想起自己的功绩”。[10]

出于同样的态度，Paul Revere 保险公司质量处理部门的前主管帕特·汤森德(Pat Townsend)也认为,金钱在激励员工方面仅仅具有有限的作用。Revere公司的高管们给在公司内部或外部有良好表现的员工分发一种被称之为"质量钱币"的硬币。员工持有此种硬币就可以在公司的自助餐厅里享有一顿免费的大餐(Revere公司是第一个对自助餐厅里的大餐是否可以作为奖酬方式进行验证的公司!)有意思的是,在这个计划执行的头六年时间里,只有20%的硬币兑换了自助餐。员工将80%的硬币保留下来,以作为其工作曾得到过认可的证明。

总体上说,Revere公司的案例以及认同奖酬带来的影响告诉我们:一种奖酬方式的效力与采用它所耗费的经济成本无关。SAS的前首席执行官简·卡尔松(Jan Carlzon)指出了这一点。他通过观察发现,依靠金钱并不能保证激励的灵活性、及时性以及持久性,促使员工自觉地以服务为导向。SAS公司采用了卡尔松建议的方式,那就是"我们或许不会支付给员工超额的金钱,但是我们会给予他们超额的重视"。[11]

在将对员工的认可作为奖酬方式这一问题上,一些企业正在尝试采用一种新的战略,即以下属员工的满意度为依据,决定给予经理人员的奖酬。企业也还可以通过顾客的满意度来决定经理人员的奖酬。例如施乐(Xerox)公司的奖酬机制要求经理人员放弃他们薪金的10%以换得获取一个建立在员工和顾客满意度基础之上的奖金的机会。尽管不是一种完全创新的激励方式,然而施乐公司的理念就是要将三个不同职能部门的经理人员的奖金与顾客和员工对他们的满意度牢牢地结合起来。因此，销售、服务和生产这三个部门的经理人员必须要相互合作才能获取更多的奖金。休斯敦照明和电力（Houston Lighting and Power）公司也采用了一个与此类似的奖酬机制来对经理人员进行奖励。[12]

关于对经理人员进行奖励要注意到这样一点，即我们假定经理人员是具有创造性的并会为了获取奖金而做任何必需的事情。而将提高员工和顾客的满意度作为经理人员的一个目标也是出于这种逻辑考虑。但通常情况下，要建立这样的奖酬机制是很困难的。或许，经理人员会为了提高员工和顾客对他们的满意度而使成本大增；或许，他们会给予顾客更多的关注，而不是产品。这里，我们想要表达的意思很明确：就是要确保建立的奖酬机制在达到激励目标的同时不要带来一些意料之外的负面后果。

### 将目标作为奖赏

表 6-3 包含了一个微小但却很重要的关于人们为什么需要接受反馈和认可的信息：他们之所以接受是因为要实现完成工作的目标。

过去的 20 年里，我们逐渐了解到，目标在激发员工热情和工作能力上起到了很重要的作用。现在的大量研究也表明了目标确实可以将员工的活力凝聚在一起。事实上，研究指出，要想取得更好的工作成绩，就必须设置出具体明确、有挑战性(但可以达到)且员工可以接受的目标,而不可以没有目标,或是目标仅是含糊的“尽你所能”,或是设置出根本就不可能达到的目标。[13]研究更进一步地表明,当人们受到了实现目标的激励并获得了自身工作的信息反馈时,目标的完成将会是很有可能的。这对于服务来说意味着什么呢?

回想一下第二章的内容,可以依据多种数据制定服务目标。这些数据是一个处于服务质量竞争中的服务企业应该跟踪记录的。这些数据包括顾客数据(服务质量调查数据、顾客活动以及顾客保持率等等)、员工数据(缺勤情况、销量业绩、态度调查数据)以及各种关于服务质量的内部指标(计算机的闲置时间、回复顾客询问的时间,等等)。

这些目标必须要对所有的员工公开;完成目标的进展情况的反馈信息也要对所有的员工公开。如果某个员工完成了目标,必须要对他给予公开肯定,并且公开地嘉奖。

但是,是否仅仅设定出服务目标就够了呢?难道不需要指导员工去实现目标吗?是的,不需要。如果你已经按照第五章描述的那样进行了员工的遴选和培训,你就不需要告诉员工该如何去完成目标,他们自己有能力可以做到,你只需设定一个目标就可以了。

我们知道员工将会尽他们所能去实现那些明确、有挑战性(但可以达到的)且可以接受的目标。这些目标在此所起的作用就是激发员工的热情使他们取得重大的成果——这反过来也可以满足他们在尊严方面的需求。[14]

关于目标奖酬所要记住的重要的观点如下：

- 当目标被认为很重要的时候，完成目标本身就是一种奖酬方式。
- 可以将目标的完成作为其他任何奖酬方式分配的基础，包括金钱奖酬以及反馈和认可奖酬。而来自同事和主管人员的信息反馈和认可的方式运用起来比金钱更具有及时性，耗费的成本更少，而且也更有效力。此外，因为完成具有挑战性和有意义的目标而获得的认可和反馈还带来了一个额外的收益：那就是满足了员工的尊严需求。
- 在绝大多数情况下，并不需要指明完成目标的方法；作为目标完成的反馈信息将会起到一个矫正行为的作用。只要目标是明确、有挑战性且可以接受的，那么即使没有其他的奖酬方式，凭借对目标的执著追求也能完成目标。[15]
- 对服务企业而言，公开地为员工设置明确、有挑战性且可以接受的目标是很必要的。尽管要求目标必须明确而具体，但它们也可能是无形的，例如要提高顾客对员工礼貌程度的满意率。
- 如果目标的设定是为了能满足员工的尊严需求，那么目标完成的进展情况（信息反馈）以及目标完成本身（认可）必须是公开而透明的。

服务企业

## 31

### 使奖酬系统多元化

员工的工作、获得的认可和信息反馈以及目标的完成等等都可以作为有效的奖酬方式。但这些奖酬方式都要与一个明确、有挑战性(但可以达到)且可以接受的目标结合在一起。在这样的条件下,由金钱支付加上这些奖酬方式组成的奖酬系统将会给员工带来这样一种感觉,即他们为之效力的管理层确实是致力于服务质量的竞争。

下面来总结一下这些有效力的非金钱奖酬方式的特点。如果管理层尽力为员工的工作提供便利,那么员工会感到很满意。且对于许多员工来说,如果工作可以培养其多方面的技能而且比较自由,那么他们就更满意了。而同样地,如果员工觉得管理层对服务质量充满了热情,那么为之工作也会使他们感到满意。通过完成高难度的目标而获得的认可和反馈并不仅仅是员工满意度的一个来源,目标本身在引导员工将干劲和才华运用到服务中去也起到了非常大的作用。与支付金钱相比较,所有的这些奖酬方式都能更好地通过奖酬机制有效性的测验,它们具有更强的适用性、更高的持久性,而且还具有可撤销性、及时性等。

很简单,引导员工将干劲和才华运用到服务中去的关键就在于设置一个明确(有挑战性,但可以达到)的服务目标!

对于员工来说,一种重要的奖酬方式可以将他们的干劲和才华凝聚到一起,并且能够使他们感到他们是在为一个对服务充满热情的管理层工作。

如果员工由于他们的需求而干劲十足,被他们所支持的"充满热情"的服务目标引导,并且所获得的奖酬只是来自于可以从事有意义的工作以及因为完成目标所得到的认可,那么在激励员工方面管理层还需要做些什么呢?幸运的是,还有很多事情有待解决,但这要求我们从一些新的不同的角度去看待激励问题。

管理层再不必去激励员工,他们只需要在那里监督如何将员工现有的能力有效地引导到服务领域以提高其服务质量。管理层必须要将它的职能作一个重新界定,放弃激励职能而转向提供便利。也就是说,在员工追求服务质量目标的同时,管理层只需为他们的工作提供便利。因为在实现目标的过程中,他们会获得公众的信息反馈和认可,这足以激励他们了。

### 奖酬中的公平与合理:确保员工坚持以服务为导向的行为

员工不仅仅关注他们获得的奖酬种类(金钱、工作、认可),他们同样很看重这些奖酬的分配——对获得奖酬的公平性和合理性的感受。员工对于自己是否获得了公平的奖酬份额非常敏感。觉得自己在奖酬方面得到了不公正待遇的员工的工作积极性比那些觉得奖酬公平的员工小得多。

### 决定奖酬分配的不同基础

表 6-4 总结出了一个组织可以用来决定奖酬分配的各种不同的基础。正如我们在本章的开篇提到过的,金钱奖酬在很大程度上是一种以投入为基础的分配方式——也就是依据资历和出勤率来分配。而我们刚刚探讨的将奖酬和目标完成结合在一起的方式则是将工作绩效作为分配的基础。并且很显然,员工所获得的奖酬决定于多方面因素而不只是一个。例如金钱的分发通常不是仅以投入为基础,同时也以工作和市场为基础——工作绩效常常只是一个不太重要的基础。

表 6-4　决定奖酬的基础

---

*以工作为基础的奖酬*:这种奖酬制度的制定通常是依据对工作的评价,它反映了工作岗位的职责以及工作的价值。大多数的组织都采用它作为奖酬支付的基础。

*以技能为基础的奖酬*:在这种系统里,奖酬反映的是员工自身的价值,而不是他们所从事的工作的价值。那些管理层认为提高员工的技能最终将会使企业的利益获得提高的组织采用这种新型的奖酬决定基础。

*以绩效为基础的奖酬*:此种奖酬系统涉及多方面的因素,如绩效评估和客观数据等等,而且不太容易贯彻执行,因为存在着数据记录方面的问题,以及如何对真实的工作绩效进行记录的问题。

---

续表

| |
|---|
| *以投入为基础的奖酬*：这一系统中，奖酬反映了员工对组织的投入度，例如资历（这是以工作和绩效为基础的奖酬系统的主要的备选项），也包括出勤率、病假天数和加班情况。 |
| *以市场为基础的奖酬*：这一系统中，奖酬反映了其他的组织如何决定奖酬，以及奖酬额度的大小。 |

*资料来源*：Edward E. Lawler Ⅲ，"The Design of Effective Reward System," in *Handbook of Organization Behavior*，ed. L. Lorsch（Chicago Prentice-Hall，1987），255-271。

我们的观点是，在同样的基础上将自己的所得与别人的所得比较，员工对奖酬的公平性会有自己的评价。正如下述例子一样。XYZ零售连锁店的立体声与高保真音响部门经理乔就是通过如下的比较来判断他在工作中所获得的认可的：

- 将自己在这个部门中的职责与萨拉在电视机部门中的职责进行比较（以工作为基础的比较）。
- 将自己工作多年获得的技能与他的同事保罗所获得的技能进行比较（以技能为基础的比较）。
- 将自己的工作绩效与巴里的绩效进行比较。巴里的工作技能和工作时间同他一样（以绩效为基础的比较）。
- 比较自己与巴里、萨拉的出勤率、病假天数以及加班

制胜法则

服务企业

情况（以投入为基础的比较）。

➤ 比较对手企业为同一工作所支付的奖酬（以市场为基础的比较）。

总之，乔在判断自己奖酬的公平性和合理性的时候，不仅仅只是比较自己和巴里的工作绩效，而是考虑了更多的因素。通过对这些因素进行比较，他可以知道自己是否获得了公平和合理的待遇。

乔不仅会在薪金奖酬上进行这些比较，而且在其他各种奖酬基础上也进行着比较。他会问自己，公司高层是否为他的工作创造了和保罗一样的便利条件；他会考虑自己是否从老板那里获得了和萨拉一样的信息反馈和认可；他同样会想，当自己完成目标的时候，是否会获得与保罗一样多的赞扬；诸如此类。

乔最终要作的比较是：他的付出与回报之比是否同他人的付出与回报之比相当。

我们的研究显示，企业的员工就像我们在此提到的乔那样关注奖酬的公平问题。[16]在一项调查中，我们采访了三个不同组织的近400名员工，让他们谈谈对自己工作环境的感受。在没有任何诱导的情况下，他们多次提到了一个问题，那就是公正和公平——并且这个问题以各种不同的形式表现出来，就如表6-5中所示的那样。这张表清楚地表明了许多问题都涉及了公平问题：请假是否得到了准许；同样的工作，新员工是不是比老员工挣得多；以及额外的津贴等等。

表 6－5　员工提出的关于公正和公平的各种问题

- 员工尽其所能地努力工作却不能获得奖酬。
- 必须无偿加班半个小时。
- 有人请假总是可以获得批准，而其他的人却不是。
- 只有你敢于直言，或上司特别偏爱你，你才会得到提升。
- 有些主管会偏向某些员工，并给予他们更多的奖酬。
- 对手公司给员工补贴交通费和停车费，我们的公司却不。
- 公司很吝啬，我们是廉价劳动力。
- 从外部雇用来的员工与我们做着同样的工作，却获得了更好的奖酬。公司应该首先考虑内部员工的利益。
- 其他的公司（我们公司的竞争对手）给他们的员工提供更多的额外福利补贴。

或许另外一个更重要的发现是，当员工认为他们获得了公平的待遇时（例如不会存在类似于表 6－5 里的那些抱怨），会认为自己是在为一个以服务为导向的企业里工作。这再一次说明了，员工在企业的工作感受会使他们想到企业的目标是否是以服务为导向的——并且我们已经知道，当员工为一个以服务为导向的企业工作时，顾客会反映他们获得了优质的服务。

### 奖酬与心理契约

我们认为，员工会和雇用他们的企业订立如下的心理契约：

如果公司给我提供一个优质的工作环境，那么我也会给顾客提供优质的服务。我会很有责任感，很礼貌地对待顾客，使他们觉得我值得信赖并善解人意；如果企业也以这样的方式对待我的话，我会做到上述几点。换一种说法就是，公司多么重视我，我就会多么重视顾客。但公司不要想着在我身上占便宜。公司不仅要提供给我安全感，还要把我当做一个成年人来对待，为我的工作创造便利条件，并且要根据我对公司作出的贡献给予我公平、合理的奖酬。

32

### 履行与员工的心理契约以提高服务质量

正如顾客是带着与服务企业的心理契约到来一样，员工加入企业也同样有着一份心理契约。当企业履行了与员工的契约时，员工也通常会履行与顾客的契约。当企业通过一系列不同的奖酬满足员工的需求，并且将奖酬分配得公平、合理时，顾客将会体验到高质量的服务。[17]

研究证据表明：那些感到自己获得了公平、合理待遇的员工，会尽自己的一切努力去出色地完成工作任务，并且在一些非做不可的重大任务上，他们将是最值得信赖的。他们会超越职责的要求，主动地寻求有效率的工作方式使公司更加高效：帮助他人，最晚离开公司，并想方设法使顾客感到满意等等。

这类员工被看做“好兵”，因为在工作上他们可以超越那些硬性的要求；超越了合同条款的要求而为公平、合理对待他们的企业作出巨大的贡献。他们展示了所谓的“组织公民行为”(organizational citizenship behaviors，OCBs)，使企业摆脱了困境。

更具体一点说，研究表明，当员工觉得自己获得的薪金以及对自己的绩效评估很合理时，他们会在工作单位做出更多“利他”、“光明正大”且“礼貌谦恭”的组织公民行为。研究同样也表明，员工对于自己是否受到了公正待遇的判断与企业作出决策的程序是否公平，以及上司在与员工进行沟通、解释决策的时候，是否给予他们足够的尊重这些问题息息相关。[18]

服务企业需要员工做出这样的组织公民行为，因为在服务竞争中，对员工行为的要求不可能像在本书中对他们的要求那么简洁明了。在实际的服务竞争中，员工行为很复杂，并且是在一个不可预见的环境下进行。能为顾客带来愉快经历的行为并不能那么确切地被感知：为了让顾客满意，员工必须要与他们进行交互式的交流；而且由于服务的提供与服务的生产是同时进行的，这就要求员工必须当场作出回应，以使客户感到愉悦。要想在服务竞争中获胜，企业必须拥有优秀的员工。而只有给予公平、合理的待遇，企业才能雇用到好的员工。

组织公民行为与员工的满意度也有关。现在已有确切的证据表明，满意的员工会提供优质的服务。在赖德卡车公司、西尔斯公司、NCR公司、Bank One公司以及其他许多不希望名字被公开的企业里，都存在这样一种事实，即当员工反映说他们感到很满意时，顾客也反映说他们获得了高质量的服务。[19]而我们可以根据公平度来预测员工满意度。

然而不幸的是，仅仅拥有优秀的员工也是不够的。如果一群优秀的员工每个人都各自为政，追求良好的工作业绩，那么实际上也会产生问题。实质上，它证实了个人化的奖酬机制就如同个人刺激方案一样，可能对组织的效率带来很大的危害。如果每个人都通过追求自己的目标来满足自己的需求，那么将会在组织中造成一种混乱的状态。这种情况是真实存在的。所以，所有的成功团队都需要对个体成员的行为进行协调。这可以解释为什么现在越来越多的企业为了改善服务质量都不再采用原来的仅以完成任务量为基础的奖酬支付方式。总部设在亚特兰大的家装连锁店家得宝(Home Depot)公司已经改变了它的以任务为基础的薪金支付系统。现在新的支付系统由薪金加上员工所持股份和其他的股票期权构成。[20]

在此我们要表达的观点是，一旦企业雇用了一群拥有相应能力的员工，并设计出了满足他们的需求的奖酬方式之后，就必须设法通过分配那些奖酬，来最大化地协调员工的努力。这种协调在服务企业里显得尤为重要，因为只有通过众多员工的努力行动，才可以有效地服务每一位顾客。如果零售店的售货员不拥有公司的股票，商店里商品的摆设不令人愉悦且价格不合理，店里的设施不干净、整洁，店铺位于一个交通不便的地方，售货员们没有得到很好的培训，商店运用的计算机系统设计得也不合理，那么售货员是不可能很好地为顾客服务的。每一种服务的提供都需要许多人的努力——所有的一切最终都集中在了服务提供者的身上。在图6-1中，我们展示了所有这些努力是如何通过与顾客的直接接触而得到体现的。

如何将全部服务提供人员的努力协调起来呢？这个主题我们将会在第八章和第九章里进行探讨。但是在那之前，我们要先来探究顾客与服务系统的非人员接触是如何影响到顾客对于服务质量的感知的。这种非人员服务是由服务系统的其他组成部分（如设备和技术等）提供给顾客的。要加深顾客对服务质量的感受，就必须将服务的这两个方面（人员接触服务与非人员接触服务）进行系统的协调。

## 总结

在前面的一些章节里，我们频繁地提到了一些企业，它们都在采用我们在那些章节里面提倡的一种或多种管理原则。但是在本章里，我们很少这么做。原因在于，在对顾客满意度的调查结果中发现，许多企业采用向员工支付奖金的方式来改善顾客满意度，但是绝大部分都不能很好地解决与奖酬有关的心理问题、多种奖酬方式综合应用的问题，以及以某一结果作为奖酬基础会带来意想不到的后果的问题。

此外,详尽的调查结果也表明了,作为一种奖酬方式,支付金钱所能带来的一些表面上的益处或许并不完全是因为来自金钱的刺激。因此,那些为任务完成者支付奖金的企业,如诺思通公司,可能就是认为,员工之所以能提供给顾客优质的服务,是因为企业为员工提供了金钱的激励。但是事实上,诺思通在雇用员工的时候非常小心谨慎,对他们进行培训时也不辞辛苦,并且还提供给员工大量的期权,所以说员工可得到的那些物质利益只是诺思通卓越的服务表现的诸多原因之一。

捷径是不存在的。光靠遴选或培训都不可能带来完美、优质的服务。奖酬机制,包括那些以薪金为基础的奖酬方式,可以对此有促进作用。但企业如果依赖于将其所希望的目标明确为具体的细节要求,从而使员工从中得到激励的话,它们就会发现,在给予一种行为奖酬的同时,会产生许多未曾预料到的其他行为。

# 第七章　通过亲自体验，管理非人员接触

要记住，并不是所有的关键时刻都只是发生在员工与顾客直接交流的那一刻。关键时刻还包括这样的一些情况：顾客看到一则企业广告，广告会在顾客心中树立起企业的形象；顾客开车经过企业所在地，使用企业停车场，步入企业大厅，从而得到对企业的大体感觉等等。另外，还有像顾客收到公司账单、阅读公司信件、接听公司电话以及拆阅公司包裹等所有的这些经历都会影响顾客对企业服务的印象。顾客经历的所有关键时刻，不管是有人员参与还是没有人员参与的，都将最终一起决定公司的服务形象。[1]

唐纳德·伯尔（Donald Burr）是人民快速航空公司（People's Express Airline）的创建者，他曾经说过，如果一个乘客发现托盘桌是用胶粘着的，那么他可能会由此担心飞

机引擎的运行情况。我们也可以这么说，如果顾客看到托盘桌已经脱胶，他们就会对飞行的安全性表示怀疑。由此，我们可以得到一个原则：服务企业必须对所有的问题进行管理。

处于“人际游戏”中的管理者们总是将取悦顾客的重任放在直接接触顾客的员工身上，而很少去关注发生在顾客与企业之间那些各种各样的非人员接触，也没有意识到这些接触会如何强烈影响顾客对企业服务质量的感受。

当管理者们过于强调人员接触，而几乎忽略非人员接触时，我们说这些经理陷入了在第一章里提到过的“人力资源陷阱”。关于这一点最好的例证即是：“微笑和握手”等于服务质量。笃信这一观点的人认为：顾客所期望和需要的是与态度殷勤的员工接触；殷勤的员工是决定服务质量的唯一因素。

这个人力资源陷阱就是，关键时刻这一在服务界已经被广泛使用的术语被定义为一种仅限于顾客和员工之间的接触。这一陈旧的观念认为，顾客仅根据一线服务员工在关键时刻的服务来评价服务质量。

然而，我们鼓励管理者们以一种更宽阔的视野来定义关键时刻，就如本章开篇所引用的卡尔·阿尔布雷克特(Karl Albrecht)的定义一样。关键时刻应涵盖顾客与企业在任何时候、任何方面的接触，并且顾客会拿这种随时随地的接触作为判断企业服务质量的基础。因此，所有的这些接触都可以成为顾客判断服务质量的事实依据。组织的管理者需要对所有的这些依据进行管理，而不仅仅是监督好一线员工。

## 33

### 避免陷入人力资源陷阱

尽管服务是人与人之间的游戏，但这并不仅仅意味着，只要拥有好的员工就会赢得服务游戏。不要错误地认为，仅靠人力资源部门的努力工作就可以得到优质的服务。事实上，优质的服务还要求管理人员能出色地将优秀的员工、优良的设施及先进的技术协调运用起来。

能以优质服务闻名遐迩、在服务竞争中赢得胜利的那些企业在许多方面都会做得相当出色，优秀的人力资源管理只是其中的一项。以诺思通公司为例，它的优质服务部分缘于它的员工招聘、培训方法以及它所使用的以目标任务为基础的奖酬体系。此外，与同行业的其他商店相比，它所购进的鞋和衣服的尺码能满足更多顾客的要求；它雇用专人在店中演奏钢琴以营造氛围；它制订了慷慨的利润分成计划（并给予无条件的保证）；它的信息系统可以提供实时的库存管理；它的账单总是及时、准确地送达顾客并且外观也十分美观；它的广告谨慎、细致，不承诺“高服务质量”，只向顾客许诺鞋码选择范围更大。此外，它的店面设计不仅给人带来小型精品店的感觉，同时还给它的顾客一种如同在大型商场购物般实惠的感觉。诺思通正是以这种对所有服务细节都进行管理的方式，才使顾客体验到了完美的服务。

换言之，诺思通创造了一个为顾客提供完美服务体验的“大锦囊”——锦囊所包含的内容不仅仅是与顾客进行直接接触的员工。试图效仿诺思通模式的那些竞争者们往往只采取了其中的一种策略，要么仅仅是雇用高素质的员工或者比竞争对手多付给员工20%的薪水，要么仅仅是聘请了一个钢琴演奏者或仅仅是为购鞋顾客提供了更为广泛的尺码选择——这些企业都忽略了最重要的一点，即服务质量是一种整体的服务体验，锦囊中的所有妙计都应被采用。地中海俱乐部、迪士尼乐园、丽嘉酒店集团以及 Rising Sun 汽车公司等之所以在服务质量上获得了很高的声誉，就是因为它们重视所有的服务细节而不仅仅是其中的一两个方面。

### *必须管理的问题*

在此我们想要说明的一个最基本的观点是，任何时刻只要存在顾客和企业的服务接触，就必定有交界层的参与。我们认为，在前台或是后台与顾客发生的接触没有任何分别。只要是顾客与企业的接触就是服务的接触，不管这种接触是通过一则广告，还是企业的月度报表，抑或是顾客在饭店里享有的一顿晚餐。

今天，运用信息技术而非服务人员给顾客提供服务已经相当平常了；在将来，这种服务形式将更加普遍。因此，用于为顾客提供服务的技术与人员服务一样，也成为一种与顾客接触的重要方式。近来一些很有意思的研究也表明，将信息技术与顾客服务人员谨慎合理地整合起来，会有助于服务问题的协调解决——它可以提高解决问题的速度并增进顾客的满意度。但是，要注意到一个重要的问题，那就是技术的运用要从特定服务组织及其要解决的特定问题出发——也就是说，不能为了采用技术而采用技术。[2]

例如一家书店如果要想给读者提供一个计算机信息查询系统，使读者能方便地检索到自己所需的书目是否在库，那么同时还必须指派一位客服人员来辅助读者（特别是老年读者）使用该系统。此外，通过计算机菜单引导查询者的自动应答系统，也要符合查询者的特点；如果查询者对这个系统不熟悉、不信任，或不喜欢，那么这个系统就是不合适的。尽管从表面上来看，采用信息系统可以节省成本，但是如果它严重损害了企业想要保持住的服务质量，那么就应该停止使用它们，因为这些信息系统不是一种不可或缺的与顾客接触的方式。

广告是另一种可以影响到服务质量的与顾客接触的方式，因为通过广告可以与顾客进行沟通，并了解他们的期望。

换言之，组织和顾客之间可以通过多种不同的媒介（人员、技术、电视、报纸等）进行接触，所有的这些接触行为将最终共同决定顾客对服务质量的整体感觉。

让我们来想象一下一个服务组织与它的顾客之间所可能发生的不同类型的接触。表7-1可以使我们对这些接触有一个初步的了解。它展示的是一家有代表性的航空公司和它的顾客在一次单程飞行中，从最初订票到在飞机上找到座位这一过程中所发生的众多接触(在此不考虑吸引顾客的广告、飞行本身以及飞行结束时运送行李的过程)。这其中,很多接触都与航空公司的服务人员有关,例如与订票服务人员、入口处服务人员以及乘务人员的接触。

表 7-1 与顾客发生接触的时刻:以航空旅行为例

1. 乘客致电航空公司查询信息。
2. 乘客在航空公司代理处预订机票。
3. 乘客到达航空公司柜台处。
4. 乘客排队等待。
5. 票务部门指引乘客前往订票柜台。
6. 票务部门接收付款,发放机票。
7. 乘客寻找登机口。
8. 乘务人员在登机口处欢迎乘客,并核对登记卡。
9. 乘客在候机室等待登机。
10. 登机处检票,欢迎乘客登机。
11. 乘客登机,乘务员致礼。
12. 乘客寻找座位。
13. 乘客寻找地方放置随身携带的行李。
14. 乘客就坐。
15. 其他。

资料来源:改编自 Ken Albrecht, *At America's Service* (Homewood, Ⅲ: Dow Jones-Irwin, 1988), 26-27。

需要注意的是，虽然我们几乎已列出整个服务中的所有细节，但表 7－1 仍不足以说明这些决定了顾客对服务质量的感受的接触机会的重要性。我们还要额外考虑一下下面这些航空公司能够对其顾客施加影响的机会：

- 通过广告来吸引潜在乘客；
- 为乘客的飞行开出账单；
- 给乘客邮递一份报告单，详细记录下乘客的飞行路程；
- 应以电话或是信件方式回复乘客的信息咨询以及对公司服务的投诉或表扬；
- 乘客乘机的候机区设计；
- 客机的机型设计。

我们的观点是，服务组织必须全面考虑组织与顾客各个方面的接触，并且组织要像重视交界层服务那样给予它们同等的重视。组织必须意识到，正是所有这些接触体验的累积才最终使顾客获得对服务质量的整体感受。在提供服务的过程中，服务的整体配合越是紧密，顾客的评价就越是积极、正面。迪士尼通过它的“1∶70”法则来管理这诸多形式的接触。所谓的“1∶70”是指，仅仅一个消极的服务接触（如看到地上的一点垃圾）就可以将 70 个积极的服务接触给抹杀掉。

我们可以将组织与顾客在交界层发生的间接接触分类

如下：

- 服务场所和设备，特别是顾客直接运用的信息技术系统。服务场所是服务提供的载体，技术则提供服务。服务场所和设备都直接与顾客发生接触，因此它们的设计必须人性化。
- 服务员工的外在形象，特别是他们的着装。
- 服务企业提供的各种印刷制品和音像制品等，这些手段都旨在向顾客传达企业所提供的服务的性质。从本质上来讲，这是一种从企业到顾客的单向接触。
- 核心服务本身。我们应该时刻记住：核心服务也与顾客有着直接的接触。核心服务的内容各式各样，它可以是内科医生所进行的手术，可以是水暖工人对漏水的厕所进行的维修，可以是律师所拟订的遗嘱，也可以是在兑换支票时银行出纳员开具的现金收据。核心服务就是服务的内容——手术、维修、遗嘱或是现金，而不是提供的过程本身。在技术层面上，一个核心服务的质量在不同的方面会有高有低，极为不同。这一点对顾客来说很重要，但服务市场的营销人员却往往没有对此给予足够的重视。

在本章余下的篇幅中，我们将分类详细探讨这些非人员接触。然而在开始之前，我们有必要提及两个常被忽略的有关接触的问题。其中一个问题涉及服务组织的另类顾客。

这是一些对企业服务感到不满意的顾客。因为他们性情乖戾，且常常对服务企业或企业的员工找茬儿，所以他们常常被称为“恐怖分子”。他们惯用的一种方式就是在所有愿意听他们说话的人面前肆意诋毁企业。

另类顾客的行为会影响到在同一时间使用服务的其他顾客对服务质量的感受。试想一下这样的场景：在影院里，电影正在上演，旁边的观众却大声地喧哗。又例如，最近，我们中的一个到科罗拉多的观光牧场去度假。最初的几天感觉妙极了，很大程度上是因为他与其他来度假的人相处得非常融洽。“我们”确实有一种真正的团队的感觉，几乎就像一个家庭一样。但不久农场又来了另外一批度假的人，他们将这种融洽的气氛破坏掉了，甚至将一些设施也给毁坏了。对这些人，要运用我们在第四章里讲述过的那些雇用、培训和奖励（惩罚）顾客的原则和方法进行管理。

还有一些与组织接触的人更易被忽略，例如那些向服务组织提供产品的人（甚至包括那些未能将其服务产品成功地销售给服务组织的人），还有那些前来企业应聘但却落选的求职者。对于这些人，组织要很好地处理与他们之间的关系，要以一种专业的方式礼貌地拒绝他们。只有这样，当他们日后向别人谈起自己的经历时，才不会散布不利于企业的言论。

### 顾客接触的服务设备和场所

顾客会直接与服务场所接触，并直接或间接地与服务设备进行接触。无论顾客什么时候进入到一家服务场所，他们都会与该场所的有形特征直接接触。这些接触对顾客感受服务质量起着非常重要的影响。这是因为顾客总是在寻找能证明服务质量的线索，特别是当他们所获得的服务很难进行有形的计量的时候。

我们常常引用一个顾客到律师事务所去拟订一份遗嘱的例子来说明这个问题。通常，顾客不会再返回律师事务所去检查拟订的遗嘱是好还是坏。律师事务所也绝对明白这一点。对于无形的法律服务，最好的评价依据是有形的服务场所。因此律师事务所会这样做：他们把橡木书柜擦得发亮，然后摆放上年代久远的精装书本，在室内铺上具有东方风格的地毯，并用皮质的家具来布置房间。所有这一切都给顾客提供了用来评估核心服务质量（遗嘱拟订的质量）的线索。

服务场所的有形性是非常重要的。帕拉苏拉曼（Parasuraman）、蔡萨姆（Zeithaml）和贝里（Berry）所做的关于服务质量测定尺度的开创性工作表明，在预测顾客对总体的服务质量的感受方面，"有形的"尺度比"心理"尺度要重要得多。[3] 研究所采用的数据来自于四家不同的服务组织：一家银行、一家信用卡公司、一家维护及维修公司和一家长途电话公司。事实上，对于银行而言，"有形的"尺度比"心理"尺度和"信任度"（员工的礼貌态度和工作能力）都要重要。有形的尺度主要涉及以下几个方面：先进的设备，吸引眼球的有形服务场所，以及着装得体、干净、整洁的员工。

同样,对所谓服务景观(servicescape)的某些研究也可以证明有形性的重要性。[4]"服务景观"这个词是由玛丽·乔·比特纳提出来的,它指的是在服务企业里,顾客和员工所处的服务环境。比特纳认为:服务景观的复杂性处于一个由低(如一个热狗店)到高(如一家医院)的连续区间内,并因为服务的不同而存在差异,但是这种复杂性对员工和顾客的影响却同样重要。为了说明这一点,比特纳列举了几个与此环境特征有关的因素,如温度、噪音、音乐以及空间和家具的布局。

她认为这些环境特征对人的行为会产生强有力的影响。她举了如下的例子说明了这个问题:7-11便利店在门外放置扩音器,并播放"电梯音乐"(elevator music)。这种音乐可以使店外喧闹的年轻人自觉地走开——他们的吵闹往往使那些潜在的顾客望而却步。

很显然,我们既可以将服务环境营造得惹人喜爱,也可以将其搞得惹人厌烦;服务环境既可以促进也可以抑制身体的自然行动;既可以让人感到担心,也可以让人产生安全感;等等。比特纳的研究已经提供了支持上述观点的证据。服务企业应该仔细地考虑它们的服务环境给顾客和员工带来的影响。

位于多伦多的Shouldice医院,是一家治疗疝气的专科医院,它因优质服务而取得了显赫的声誉。它在营造服务环境方面做得相当出色。它将周围的自然环境布置得非常温暖,使病人备感亲切。医院坐落于绿树和青草之间的隐蔽之处，其外观设计得类似于一个乡村俱乐部。另外，其休息室和走廊都铺着地毯。所有这一切再次证明了非人员接触有助于满足病人内心对安全感的需求——这一需求从病人踏进医院的那一刻起就产生了。

回到技术的话题上来，我们认为顾客对服务质量的感受越来越受到它的影响。如果我们将服务定义为给顾客带来某种体验而非某种产品的东西（也就是说服务是无形的而不是有形的），那么在娱乐业中，技术的运用在很大程度上决定了体验的质量。很明显，电影和唱片（或磁带、CD）以及现代的百老汇剧目的演出质量都受技术的制约。看斯皮尔伯格（Spielberg）的电影可以获得一种愉快的体验，这至少在一定程度上是由于电影中精彩的特效。同样，《悲惨世界》（*Les Misérables*）或者是安德鲁·劳埃德·韦伯（Andrew Lloyd Weber）的《歌剧魅影》（*Phantom of the Opera*）给人们带来的良好体验，也可以用同样的原因来解释。

与技术的直接接触会产生对服务质量的体验，这种情况并不仅限于娱乐业。如在第三章中，我们曾经提到过顾客们一开始拒绝使用自动提款机（ATMs），因为他们觉得使用这种机器会显得很愚蠢。这是一个很典型的例子，它证明了技术的运用直接地影响着顾客对服务质量的感受。

800 服务热线席卷全国的狂热现象是说明技术如何影响服务质量的另一例证。我们在第三章中曾提到过，人们渴盼获得信息——800 热线正是满足人们这种渴盼的一种方式。很显然，并不是只有技术决定质量，顾客通过采用这些技术所作出的反应才产生了整体的服务体验。但是，如果没有技术，企业不可能每年都会有如此众多的免费电话拨打者。通用电气公司或许是第一个在全国范围内采用800信息服务的企业，但此后数以百计的企业开始效仿。它们之所以这么做是因为800提供了一个廉价交流媒介，通过它企业可以为顾客做些事情，并且可以向顾客表明企业在乎他们的看法。仅仅是通用一家企业每年就会接到数十万个电话——技术的运用确实很让人惊叹！

关于这一领域的研究，我们设计了一份名为“服务氛围”(Climate for Service)的问卷调查表。表中包括21个问题，以此了解顾客对服务质量总体认知的主要方面以及他们继续与企业合作的意愿。[5]这些问题是从一个有着100多个问题的题库里挑出来的，是最重要的一些问题。

这21个问题其中的一个问题直接涉及了顾客对设备的评价：“我的银行似乎拥有最先进的设备和机器。”我们发现，这个问题的特别有意思之处是顾客给出的答案与另外四个对服务质量有相似心理效应的问题的回答高度相关。这意味着，顾客将这些有关设备和机器的问题当成验证另一个更大的问题的证据，这个问题就是企业是不是真正关注顾客的安全感及舒适感！

这另外的四个问题如下：

1. 该银行提供的服务范围很广；
2. 即使我不会使用该银行提供的所有服务，这些服务的存在也让我感到很放心；

3. 在该银行开设账户，我感到很安全；

4. 如果需要贷款，我会首先考虑从该银行获得。

通过统计所发现的这五个问题之间的内在关系表明：设备和机器会影响到人们对舒适感和安全感的心理体验。这最终会影响到人们的行为意愿，就如上面的第四个问题指出的那样优先考虑从哪家银行获取贷款。回想一下早前关于顾客需求的讨论，我们会发现技术设备极富艺术感的外观将会有助于满足顾客对安全的需求，并在留住顾客方面发挥显著的作用。

通过对技术和设备的更深入的讨论我们发现：怎样进行场所、设备的更新似乎是与顾客毫不相关的事情，但实际上它们是顾客对服务的心理感受的一部分，与服务体验紧密相关。在本章的开篇，我们回顾了唐纳德·伯尔的观点，即飞机托盘桌的脱胶将会导致乘客对引擎工作状态的担忧。他想指出的是这种心理效应是广泛存在的。同样，迪士尼主题公园维护负责人说过的话也表明了这样的问题：即在人们的思想里，“不干净就等于不安全”。

总之，场所和设备直接影响了顾客对服务质量的感受。当企业千方百计通过各种方式为顾客提供服务时，千万不能将这两项忽略掉。我们知道，技术通过向顾客提供的产品而间接与顾客接触，这使问题变得非常复杂。想想计算机打印出来的账单、报告单和信件这些例子。下面列举的是一些能够影响到服务质量的不同方面的因素：

- 账单的及时性：影响到顾客对银行积极响应度以及可信赖度的感受。
- 账单的准确性：影响到顾客对银行运营能力的感受。
- 账单送达时间的选择：影响到顾客对银行是否为顾客着想的看法。例如银行是否可让顾客选择接收账单的时间。
- 账单的设计：如果账单是为企业内部而不是为顾客的需要而设计的，那么对顾客而言，它的文字表述就会显得让人难以理解，而这也会影响顾客对组织是否为顾客着想的看法。

这里传递的信息很明确：技术产品，特别是纸制品，会影响顾客对服务质量的感受，并且构成了组织和它的顾客直接接触的一种形式。我们预测，随着服务经济越来越依靠技术驱动，服务顾客所采用的技术以及它所提供的产品将会为组织赢得服务竞争发挥越来越重要的作用。

当然，还有许多人也作出过类似的预测。我们的预测的独特之处在于，我们认为那些能意识到了技术对于顾客的消费心理的影响并知道改变核心服务的提供方式会对顾客心理产生怎样的作用的企业，在技术的创新上将会获得最为巨大的回报。

### 说说服务场所的"易识别性"

每一个人进入到一个新的环境，都会立即产生一种最基本的人类需求，那就是尽快地认清方向。环境心理学的研究表明，人们需要两种指引。[6]一种是"方位指引"(place orientation)，即试图搞清楚如何从环境中的某个地方去往另外一个地方；另外的一种则是"功能指引"(function orientation)，即试图了解系统如何运转。许多企业提供的服务场所在这两点上都"不易识别"，顾客无法根据环境得出正确的答案。

我们中的一位通过对博物馆进行调查，在这方面获得了一些研究结果。这项由艺术界的格蒂教育中心(Getty Center for Education)和J. 保罗·格蒂(J. Paul Getty)博物馆资助的研究着重对各博物馆的参观者进行小组访谈调查，各博物馆获得的评价如下："我感到我自己就像处在一个迷宫里，不知道自己看到了什么以及错过了什么"(克利夫兰艺术博物馆)；"没有任何的指示牌指明你应该往哪儿走"(费城艺术博物馆)；"几乎所有的指示牌都一样，而且它们太小了，就好像是要测试我们的眼力一样"(J. 保罗·格蒂博物馆)。这些评价已经引起了一些培训项目的开展，例如让博物馆的馆长以及管理层人员参观其他的博物馆，使他们能够亲自体验到这些问题。同时他们还被要求采访其他的参观者以了解别人对这些问题的看法(或感受)。当然，许多其他服务企业的经理们也可以在他们的业内采取类似的培训而从中获益。

### 顾客接触的员工的穿着

顾客不仅有机会看到员工的行为表现，而且还会看到他们的外在形象。因此，顾客也将员工的穿着作为形成他们对服务质量的感受的一个依据。此外，穿着还将影响到员工对其自身的看法，这反过来又将影响到他们对顾客的态度。[7]

员工的穿着指的是他们在工作的时候穿的衣服（如夹克、衬衫、裤子）和带的饰品（如名签、珠宝）。位于耶路撒冷的希伯来大学的阿纳特·拉菲丽（Anat Rafaeli）在员工的穿着以及它们对于服务组织所可能产生的影响方面作出了开创性的研究。她谈到以下三个方面：

1. 穿着的特征：什么颜色？什么质地？什么风格？
2. 穿着的统一性：同事之间以及组织的各级人员之间穿着的差异程度如何？
3. 穿着的独特性：相对于组织外部而言，组织的员工穿着的独特程度如何？

图 7－1 向我们展示了多个不同的组织在后两方面的情形。

在穿着的特征方面，各种研究和实例都说明，不同的颜色代表不同的含义：蓝色意味高贵；红色表示亲切；UPS 的棕色制服向人们传达了信任感；医院采用白色来象征纯洁；警察穿黑色则代表着力量。

图 7－1　各组织的员工穿着情况的比较

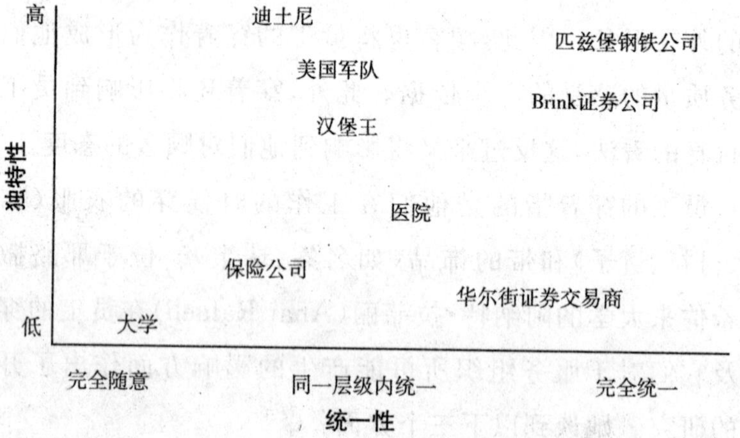


资料来源：A. Rafaeli and M. G. Pratt "Tailored Meanings: On the Meaning and Impact of Organizational Dress," *Academy of Management Review* 18 (January 1993): 39。

穿着的统一性暗示了组织十分重视员工服务行为的一致性。特别是对专门从事服务的批量生产的组织来说，这更是一个核心的价值理念。因此，麦当劳的员工总是要严格遵守穿着制服的要求。相反，当组织的价值理念倾向于多样性、创造性时，它们就不会要求统一的穿着。我们可以想象一下大学或是苹果公司的情形，特别是在史蒂文·乔布斯(Steven Jobs)领导下的早期的苹果公司。

穿着的特点越显著，员工就越乐意遵从工作中的角色要求。服务员工常常反映说他们一旦穿上制服，就不再是普通的人，而是一个服务人员了；并且这样的制服可以让其他人认可他们的角色。例如一个从来没有和警察打过交道的人会接受一个穿警察制服的人发出的指令；同样，一个从未见过多米诺比萨店的人也会允许一个穿着多米诺红白制服的人给他们送来外卖。

在穿着对于顾客和员工的意义方面还有很多值得研究的东西。最近的一则趣事说明了这种研究的重要性。BET公司是英国一家企业保安、保洁以及出租车队服务的主要供应商。我们中的一个向他们咨询了这方面的问题。它的一个高管人员谈到这一年来公司的保安人员频繁离职的现象。他们发现，原因正在于新的保安制服看上去已经被穿旧甚至有些破烂。因为从事这份工作的奖酬之一就是穿上制服给人带来的力量感，而一旦这种奖酬的力度降低，保安人员的离开也就不会那么令人感到惊讶了。换言之，一身破烂的制服不再能满足员工对于尊严的需求。

对设备、场所和顾客在服务企业里接触到的其他有形的东西（穿着、标牌）进行更深入的探讨是十分重要的。理由如下：

- 核心服务越是无形，顾客就越倾向于将环境中的有形因素作为判断服务质量的基础。这些有形因素并不是与服务质量分离的；相反，它们是人们形成对服务质量的心理体验的一部分促因。
- 相对于关键时刻中那些无形、涉及人员接触的方面而言，对设备、机器以及服务环境中的其他有形因素的管理更容易进行。这些有形因素不仅容易引起顾客的关注，同时也能引起员工的关注：员工会告诉你什么时候该上漆了，他们什么时候需要一套新的制服；顾客也会向你反映有关信息标识和设施外观方面的问题。要倾听他们的意见。

正是因为顾客所接触的这些有形的东西是如此地易于管理，因而当我们来到一家饭店发现它的墙面有污迹时，当我们进入一家银行发现它的设备生锈或是有油漆脱落时，当我们去杂货店购物发现它的购物车的轮子不能转动自如或是被锁住了时，我们才会感到如此地惊讶。对于我们而言，这些细节线索可能显得格外突出，因为我们在做服务的研究工作。但我们相信我们只不过是比别人更易意识到这些不足对于服务质量而言意味着什么，我们相信所有的顾客都会被他们接触到的这些有形的因素所影响，特别是当核心服务越来越趋于无形的时候。

## 34

### 管理服务中的有形因素与顾客的心理链接

服务质量中的有形因素（设备、机器、信息标识、员工穿着——“服务景观”）会在很大程度上影响顾客对服务质量的感受，特别是当核心服务越来越趋于无形的时候。这些有形因素并不是单独存在的，它们与顾客对服务质量的心理体验联系在一起。因此，我们要对有形因素进行监督管理，确保它们能向顾客传达出优质服务的信息。

### *顾客接触的广告*

任何企业都不应该宣传其“服务质量”。我们希望到目前为止我们已经清楚地说明了这一点，即服务质量对于不同的人有不同的含义，即便是同一个人也会因服务内容的不同而对服务质量有不同的理解。一个抽象地强调“服务质量”的广告内容太宽泛，并会使顾客产生出一系列组织不可能满足的期望。这样一个内容过于含糊不清的广告就像是一个墨渍测验——随观看者视角的不同而有不同的理解。

这就是为什么诺思通不为“服务质量”做广告，却为一系列号码不同的鞋子进行广告宣传的原因。在其登在报纸上的广告里，它的每一种款式的鞋子的图片下面都附有鞋码范围。这样就为顾客的期望设定了一个具体的标准——一个所有人都认可的标准。

服务最好的企业都不会对服务本身进行广告宣传。迪士尼宣传的是一段快乐时光——与孩子到一个梦幻之地尽情欢乐的机会。而所有的令人满意的服务事实（园内所有的东西都一尘不染，队列即使很长人们也都遵守秩序，员工永远都保持微笑并乐于助人）都是通过人们的口口相传而广为人知，迪士尼公司正是以这样的方式在顾客和企业之间建立起一条联系的纽带来使更多的顾客再次光顾。

Rising Sun 汽车公司从来不随处散发广告。它对其各类服务进行了妥善管理，并通过顾客对其服务的口碑带来新的顾客。（如果一个老顾客为企业带来一个新顾客，那么企业将给予老顾客选择的服务10%的折扣。这种方式有助于顾客帮助企业作宣传。）

服务质量最大的作用在于维持客户的回头率。在市场营销学中，服务质量被称为"关系营销"，因为它在顾客和组织之间建立了关系。你不能指望通过广告来建立这种关系，而只能利用它吸引顾客来体验服务。只有当服务质量确实很高时，顾客才会再次光顾。

为顾客提供高质量服务体验的组织拥有更多的回头客。[8]正是这些回头客为企业带来了利润，因为吸引一个新顾客的成本远比留住一个老顾客的成本高昂。企业的利润来自于留住顾客所产生的综合效益，而留住顾客的关键在于服务质量。便利和价格可以吸引顾客，而服务质量则可以留住他们。因此，企业必须提供服务而不是宣传服务。

但是，从长远来看，服务质量也可以为企业吸引顾客。但这是人们口口相传带来的广告效果，而不是因为企业在新闻媒体上打出的那些含糊不清的关于服务质量的广告。

## 35

### 不要宣传服务质量：要让顾客真切体验到服务质量

含糊不清的“服务质量”广告只会使顾客产生一些企业无法满足的期望。只有体验了高质量服务的顾客才会为企业带来更多的生意；这是关系营销，而不是广告。

---

### *顾客接触的核心服务*

在前面的讨论中，我们在服务的步骤、过程和环境方面花费了大量笔墨，以致我们或许忘记了还有某种称之为服务的东西存在。现在让我们回到律师写遗嘱这个例子上来——之前我们是那么随意地忽略掉遗嘱以及它本身的质量特点，就好像它们是无关紧要的一样！

事实上，对于服务来说，提供服务的过程是顾客获得最终服务结果的过程，有时候很难将服务（即服务产生的结果，如一份遗嘱、一个汉堡包或一个发型）从服务的提供过程中分离出来，而且这一难度随着核心服务无形程度的增加而增大。然而，尽管服务的无形性很高，也仍然存在一种核心服务，它能够给顾客提供一些可以用来评价服务质量的现实依据。思考一下下面这些例子：

➤“维修”服务：维修服务是顾客最容易判断其服务质量

的技术服务,因为顾客只要求这种服务能使发生故障的部件重新运转起来。维修服务是我们接触最频繁的服务,例如水管维修、轿车维修、手表维修等。对维修服务的核心服务进行判断相对比较容易:被维修的部位能运转良好吗?注意,我们既要求这些服务提供商修理好东西,也要求它们做其他的一些事情。因此,无论是在我们陷入绝望之时(厕所被堵住了),还是期望安装一个 Jacuzzi 牌的新洁具时,我们都可以利用它们的服务。

- 专业性的服务:广义地说,专业性的服务也是一种维修服务。只是这种维修服务是由具有某种学位或资格证的人提供的,例如由医生、股票经纪人、建筑师、银行家和教授等提供的专业服务。他们不但提供维修服务,还提供构建服务:股票经纪人为顾客构建资金储备,医生为病人构建健康的身体,建筑师则为顾客构建楼房,等等。
- 娱乐服务:电影、视频游戏以及 CD 都是娱乐服务。这些不同形式的产品的目的在于给顾客提供一种体验,因此我们说这些产品有着很高的无形服务成分。

显然,通过核心服务自身在技术上所达到的品质,所有这些服务的质量都能被评价。以手表维修为例,修好的手表在未来多长时间内不会再走慢(最基本的问题)?此外,维修的时候手表的表面和背面有没有出现划痕?手表被拿回之前有没有进行过清洗？等等。再以股票经纪业为例，股票经纪人有没有给你的投资带来收益？其给予的回报有没有超过产业的平均回报率？他有没有向你建议如何应对市场的短期变化？等等。

规则36延续了我们先前对于顾客安全需求的讨论，特别是强调了涉及身体状况及生死问题时，顾客对安全的需求。医生对病人的态度及股票经纪人对顾客的态度很重要，除非潜在的死亡来临——那时，技术服务的水平将是决定总体服务质量的关键。

## 36

### 如同把握组织盛宴一样管理核心服务

一种服务越是关系到身体状况以及经济生活和死亡，核心服务的技术水平就越发决定顾客对总体服务质量的感受。服务企业不仅会陷入人力资源管理的陷阱，也会陷入忘记其核心服务的陷阱。高档的设施、现代化的设备、时髦的制服以及绝妙的标识都不能掩盖令人倒胃口的食物、拙劣的金融投资建议、一份不合适的遗嘱或是低俗吵闹的音乐所传递的低劣服务质量。

---

### 捆绑核心服务

一个组织通常是为提供某种核心服务而建立的，但是实际情况是，为了变得更有竞争力，组织必须将核心服务和其他的与服务密切相关的因素捆绑起来。核心服务就如同产品一样，有着众所周知的短暂的生命周期。而捆绑起来的服务却有着较长的生命力，因为即使竞争对手可以复制核心服务，但是却难以复制整个服务包。

有时候人们认为，相对于产品而言，服务更容易被复制，但这也仅仅是当服务被狭窄地定义为核心服务时才成立。

37

### 通过服务包来保护核心服务

是服务包，而不仅仅是核心服务，给竞争对手进入市场增添了难度。而要能做到完美无瑕地提供这一服务包，就要求组织将重心放在对核心服务、服务环境以及所有的服务运作环节和人力资源的协调整合上。这样的整套服务包将是竞争对手难以企及的。

---

地中海俱乐部是假期旅游捆绑式服务包的积极倡导者。直到现在，能成功地向其发出挑战的竞争对手也还是凤毛麟角。对手们有的拥有饭店，有的配备有航线，有的将企业设在海外，有的通过分发优惠券来促销，有的专门为儿童安排了特别的活动，有的拥有受过良好培训的专职服务员工，等等。然而，所有的竞争对手都不能做到将所有这些特点结合起来，提供给顾客一个完美、完整的假期体验。[9]

这些想法从何而来呢？事实上，服务企业是为了提供某种核心服务而建立的，因而它们不可能再提供另外的某种核心服务。而且服务企业不同于产品制造企业，它不会在研发上进行投资。这就使得服务组织必须在与核心服务相伴随的整套服务包（与乘客座位相关的服务）上实现差异化，而不是在核心服务（将乘客从一个地方运送到另一个地方）上实现差异化。服务业里的新创意很少——或许是因为在整个服务业中除了娱乐业之外都缺乏投向新服务的资金。娱乐业存在着巨大风险，例如电影的制作。而一个很明显的事实是，重复放映老电影将无法立足——或许这也是其他的服务组织（如银行和保险公司）必须采用的思考方式。

服务企业现在面临的主要挑战之一是如何开发新的服务，或如何更新陈旧的服务提供方式，这是关键所在。这些创新之举意味着什么呢？美国运通公司在这方面为我们提供了一个很好的例子。美国运通公司在信用卡行业中率先采用与信用卡相伴随的一系列捆绑服务。如果你用它的卡去租车，那么它将会为你免费提供租车保险费；如果你用它的卡去预订机票，那么它也将给你提供航空险；如果你用它的卡订购体育或娱乐演出的门票，那么即使是最抢手的票你也可以订购到。它是第一家提供这些服务的企业，并且还是第一家提供年终所有交易账目的企业。最有趣的是，美国运通公司的信用卡是美国运通旅行者支票（American Express Travelers Cheques）的一个改良版。这是一家能提供不断改进的与金融管理相关的服务的企业。

同样，美国运通公司意识到，对信用卡的功能进行广告宣传远比对卡的本身进行宣传更为有效。它的广告总是向人们展示使用卡的方式，说明信用卡适用的范围。这样的广告传递了一个简洁的用卡理念，并使顾客对其服务一目了然，就如同给人们提供了一个简易好懂的剧本。

总而言之，核心服务在服务企业和顾客的直接接触方面占有一个很重要的位置。然而，除非服务涉及生或死的问题，否则顾客对服务质量的感受都将由服务包的质量来决定，这时技术服务只是服务包中的一部分。

### 总结

企业通过许多不同的方式与顾客发生直接接触。其中一种非常重要的直接接触是人员接触——这种形式的接触我们已在第五章和第六章里探讨过。但是，避免陷入人力资源陷阱是非常重要的，即不要将服务质量的所有责任放在负责人员接触的员工身上。设备和场所也会影响顾客对服务质量的感受。有时候，单单是技术本身就能决定顾客的服务体验，例如一部电影或一张 CD。服务场所对顾客的服务质量感受也有决定性的影响力。回想一下玛丽·乔·比特纳所作的研究，它表明了在顾客眼中服务环境是多么地重要。这就是为什么迪士尼和麦当劳会如此注重清洁的原因之一。绝不应该对“服务质量”进行抽象的广告宣传，因为这将会带来组织意料之外的顾客预期。服务质量是你提供给顾客的东西，而不是你宣传的东西。

接下来涉及核心服务本身，这一点绝不可以被忽略。如果一个股票经纪人具有很强的责任感而且让顾客感觉很好，但却使他的顾客的遗产遭受损失甚至使他们陷入破产的境地；又或者一个每天都按时到病房看望病人并很善解人意的医生，最终没能把他的病人从死神那里拉回来——顾客将不会认为这样的服务是完美的！这里只是举了一些比较极端的例子，却可以说明必须提供出色的核心服务才能使顾客体验到优质的服务。

我们已经了解了服务游戏中的所有参与者——顾客、从事人员接触服务的员工以及与顾客的非人员接触。只有按照书中的理念去配置和管理一个团队，才会保证赢得服务游戏。

如何将所有的这些服务参与者完美地协调整合起来，是在服务游戏中取得胜利的关键。协调层(下一章我们将要讨论的主题)必须想办法让组织以一个统一的理念为顾客提供服务。正如我们将要谈到的，这是一个要严格遵循的原则。因为各职能部门(如运营部门、营销部门和人力资源管理部门)在如何看待这一理念的问题上，都有自己的偏好和选择。有的认为要控制成本，以便更有效率；有的赞成为顾客提供标准化的服务；有的则倡导推行独特的个性化服务；甚至还有些人的价值标准似乎已完全把顾客遗忘！

在第八章，我们将探讨如何将运营、市场营销和人力资源管理这些子系统整合到一个服务系统中去。在第九章，我们将联系第八章中关于协调的讨论，探讨如何管理服务文化。这是将组织的三个层次紧紧地结合在一起的关键。最后，我们再用一条规则来总结本章的内容，并以此引出后面要探讨的问题。

---

**38**

**创造一个包含人员接触和**

**非人员接触的无缝服务**

在企业战略重点和整体服务质量方面，处于顾客和组织之间的交界层里的每一个环节都必须传达出同样的信息。无论是人员服务还是非人员服务都必须以同一个声音说话，向顾客传递同一个服务理念。

---

WINNING THE SERVICE GAME

# 协调层：创建服务文化

制胜法则

服务企业

# 第八章　设计以顾客为中心的服务系统

管理者们总是自觉不自觉地使用一些准则来驱动他们组织的绩效。这些准则，或称做“逻辑”，经常是相互冲突的，因此造成了它们之间的分化。在某个组织内部，一些部门遵循销售逻辑；一些部门遵循教条逻辑；还有一些部门则遵循生产运营逻辑；等等。在一般的企业里，这些逻辑彼此间并非是相互协调一致的，而是相互对立、要一决胜负的。

相反，服务业的逻辑准则则是相互协调一致的。它认为，顾客的需求通常是复杂的，需要通过团队合作来满足。它寻求的是“协同作用”（个人或团队的相互合作），创造顾客看重的“无缝服务”的效果，并且最终提高企业赢利能力。[1]

到目前为止，我们已经描述了服务游戏中的前台参与者：界定清晰的顾客群，精心遴选、培训并给予奖酬的直接接触顾客的员工，以及同样也能影响顾客感受的非人员接触。现在需要做的是用一个系统将这些个体整合在一起，组成一套逻辑性很强、相互间紧密相联的"相关部件"体，使人们高效地从事他们的工作。服务系统的前台工作人员需要在物品供应、信息资源和人事增援等方面得到支持。

合适的系统使得优秀的服务人员更加优秀；相反，不当的系统会损害每个人的才干，甚至还会挫伤他们的信心。卓越的服务业管理者必须是卓越的系统设计师。

### 基于"服务逻辑"，构建无缝系统

设计出无缝服务的目标是建立起一种"服务逻辑"，它能够驱动组织中所有职能部门的业务活动。术语"逻辑"表示能够驱动组织绩效的明确或暗含的规范准则。[2]一些企业被营销逻辑所驱动，所谓的营销逻辑是：坚信销售收入推动业务，因此在不考虑实际能力的情况下也会对顾客的需求作出承诺，然后召集其他部门来实现其对顾客的承诺。其他的一些企业则可能被生产运营逻辑所驱动——这是一种通过科技和大规模生产来降低成本的理念。还有的企业甚至可以被教条逻辑所驱动，按照这一逻辑，惯例和规章是首要的。

这些不同的商业逻辑能够同时在一个组织里存在，并且通常会把彼此看做是资源的竞争者，而不是一起协作为外部顾客服务。不同的逻辑使组织看起来就像是一大堆线零乱地组合在一起，而并非是一块完整的布。而服务逻辑是一种凝聚力，能够集合企业的所有部门，以及所有的其他逻辑。

## 39

### 将"服务逻辑"贯彻于所有的职能部门中

企业中经常存在不同的逻辑或理念，比如营销逻辑或者生产运营逻辑。由于这些逻辑都是聚焦于企业内部各部门不同的需求，因而这难免会使服务提供过程中出现问题。而服务逻辑的关注点则放在了企业外部，它主要聚焦于顾客的期望、需求以及价值取向问题。采用服务逻辑能使企业把各个职能部门整合起来，从而为顾客提供价值。

---

这一章阐述了如何根据顾客至上的服务逻辑来设计组织的职能。下面，我们概括地列出了一些顾客关注的主要问题集中存在的领域：生产运营领域、营销领域、人力资源领域、研发领域以及财务领域。对于每一个领域，我们将简述它传统的逻辑准则，以及其他哪些职能准则很可能与之发生冲突。然后，我们将阐述每个职能部门将如何遵循服务逻辑来运行。

我们的观点是，除非所有的这些职能部门切实遵循服务逻辑，否则组织的交界层员工将无法获得他们所需的协同支持去满足顾客的期望和需求：员工们将会无所适从，从而无法实现优质的服务。

## 运营管理

生产运营管理逻辑经常会与营销逻辑相冲突。表面看来，将生产运营管理和市场营销结合起来满足顾客的期望和需求似乎很简单。毕竟，在服务逻辑中，它们就好像是一枚硬币的正反两面。营销策略使对需求的管理具体化了(例如确定、了解和创造满足要求的产品和服务)，而生产运营策略则与供给的管理(例如生产并提供产品和服务)相关。[3]

具有讽刺意味的是，顾客正是生产运营管理和市场营销之间问题的来源。在生产运营时，必须牢记的一点是，顾客可能亲身出现于企业之中。顾客和服务生产者或者提供者之间的接触，会使侧重需求的营销和侧重供给的生产运营管理之间的整合难度极大地增加。这一问题在一定程度上缘于服务领域的顾客具有双重性：一方面，对于营销来说，他们是消费者；另一方面，对于生产运营来说，他们又是劳动力和信息投入品。而且，作为一种投入品，他们比制造业中的原材料更加多变，更加难以预测。简言之，顾客的存在的确很可能把生产运营工作搞糟，但是营销活动却努力想让他们参与进来。

假设有顾客参与进来，而且是很多顾客在场，关键的生产运营问题就变成了生产运营部门如何在满足顾客需求的深度和广度之间进行平衡。或者更确切地说，生产运营管理部门如何决策才能使营销的效力（满足需求）和生产制造的高效率（用低成本高效益的方式满足需求）协调一致。这种选择常常处于两种极端之间：一种是由效力驱动的小容量、低标准化、独特的服务提供系统（例如高价位的法国餐厅）；另一种是强调效率的大容量、高标准化的服务提供系统（例如麦当劳）。但是，设计服务提供系统还涉及更多的特殊选择。

作为服务营销领域的先驱之一的克里斯托弗·洛弗洛克，在生产运营管理如何作决策方面提供了很多真知灼见。表8－1列出了他的观点，[4]这些观点从营销和生产运营的角度阐述了如何处理典型的服务传递的问题。例如在“提高生产率”问题上，生产运营部门会主张让工作人员更努力工作，以提高员工单位劳动时间的生产率；然而，营销部门则担心超负荷工作的员工会提供低质量的服务。让我们再看看这种观点，即出于效率的考虑，生产运营部门经常采取工厂所使用的方法来进行场所的布局和设备的设计。但是，营销部门可能认为对于某个细分市场的顾客而言，这些设计简直太荒谬，顾客无法从这些反映服务状况的有形设施那里获得他们期望的体验。生产运营强调设备空间的高效率利用。比方说它倾向于将饭店的大堂看做是对空间的低效利用，但却忽视或者低估了大堂对营造整个饭店的良好服务氛围的贡献。而相反，用洛弗洛克自己的话来说，营销部门则尽最大可能“不让顾客感受到一种工厂的氛围”[5]。

表 8－1　从生产运营部门和营销部门的角度看生产运营问题

| 生产运营问题 | 典型的生产运营目标 | 营销关心的问题 |
| --- | --- | --- |
| 提高生产率 | 减少产品的单位成本。 | 这一战略可能导致服务质量的下降。 |
| 自制与购买之间的抉择 | 节约成本与保持竞争优势之间的权衡。 | “自制”决策可能会导致质量的降低、市场覆盖面的缩小;“购买”决策会将控制权转移给反应迟缓的供应商,并损害企业的形象。 |
| 场所的选址 | 降低成本;方便供应商来公司,也方便员工上下班。 | 顾客可能会认为这一地址缺乏吸引力或者难以到达。 |
| 标准化 | 保持低成本和质量一致性;简化生产运营工作;以低成本招聘员工。 | 消费者可能寻求多样化,他们可能更喜欢能满足不同细分市场需求的定制化的产品。 |
| 批量处理还是单件处理 | 寻求规模经济、一致性以及生产能力的高效率利用。 | 顾客可能会被迫等待,感觉“人群拥挤”,并使厌恶情绪在顾客中传递。 |
| 场所的布局和设计 | 控制成本;增强安全性。 | 顾客可能会迷惑,可能会在服务场所内不必要地走来走去,发现场所缺乏吸引力,而且很不方便。 |
| 工作设计 | 尽可能降低错误、浪费、欺诈出现的概率;充分利用科学技术来简化任务以适应标准化。 | 狭隘的生产运营导向型员工可能无视顾客的需求。 |

续表

| 生产运营问题 | 典型的生产运营目标 | 营销关心的问题 |
|---|---|---|
| 学习曲线 | 利用经验来减少提供单位数量的服务所需的时间和成本。 | 更快的服务并不一定是更好的服务；节约成本不一定能降低价格。 |
| 生产能力的管理 | 避免资源的未充分利用以保持低成本。 | 顾客有时不能及时获得所需要的服务；在服务需求很大时，服务质量可能会降低。 |
| 质量控制 | 保证服务按照事先规定的标准完成。 | 生产运营部门对质量要求的界定可能无法反映顾客的需求和偏好。 |
| 队列管理 | 通过计划平均服务量来使可利用的生产力得到最优化发挥；保持顾客的秩序和纪律。 | 顾客在等待时可能会感到无聊和沮丧，认为公司对顾客冷漠。 |

资料来源：Christopher H. Lovelock, "Managing Interaction from Operations and Marketing and Their Impact on Customers," Chapter 15 in Bowen et al, *Service Management Effectiveness*, San Francisco: Jossey Bass, Inc. ,1990, at p. 362。

与此相关的一个问题是，市场销售人员也尽力使得服务“工厂”更加灵活、更加迅速地对顾客的需求作出回应。打个比方，生产运营可能会像一种流水线的设计布局。在这种设计布局中，设备或工作流程都按照一个连续的顺序安排，从而为顾客提供服务。餐厅的自助服务就是这样的例子。然而，营销部门必须监督生产运营部门，以保证在每个流水线上有充足的生产能力来维持生产活动的持续进行，甚至保证顾客能够跳过流水线上他们不需要的步骤以节约时间。而“跳过流程中的几个步骤”会给生产运营带来非常可怕的后果。

*依据与顾客接触的程度，解决运营管理和营销的冲突*

有一种解决生产运营管理和营销管理的冲突的提议，是根据服务系统与顾客接触的程度来决定究竟是依据营销逻辑行事，还是依据生产运营逻辑行事。南加利福尼亚大学生产运营管理教学研究中心主任迪克·蔡斯(Dick Chase)按照与顾客的接触程度将服务系统分成以下三大类：

1. 纯服务系统：此类服务系统为顾客提供面对面的服务，在服务产品的生产过程中顾客一直在场(如医疗服务、餐厅等)；
2. 复合服务系统：此类服务系统是面对面的顾客服务和后台服务工作的结合体(如从银行到眼科医疗等各种单位的分支机构)；
3. 类制造业服务系统：此类服务系统不需要与顾客面对面的接触(如总部和配送中心)。[6]

类制造业服务系统(低度的顾客接触)一般能够像封闭的系统一样来管理生产运营，遵循一种纯粹的以效率为导向的生产运营逻辑。而纯服务系统(高度的顾客接触)则需要像一个开放的系统那样进行生产运营管理，高度关注营销的效率和顾客的满意度，因为顾客会目睹服务的全过程。复合服务系统就非常有趣了。在这一系统中，服务企业的前台可以按照营销(或顾客满意度)逻辑来行事，而对于后台，则更要像管理一个制造场所一样对其进行管理。换句话说，生产运营管理应在多大程度上关注企业外部是由服务系统与顾客接触的程度决定的。

按这种方法，更多具体的运营管理决定也是依据与顾客的接触程度作出的。例如：

- 在接触程度高的系统中，服务场所一定要设在靠近顾客的区域；在接触程度低的系统中，服务场所一定要设在靠近资源的区域。
- 在接触程度高的系统中，服务场所的布局要能够适应顾客生理和心理的需求和期望。在接触程度低的系统中，服务场所的布局应该遵循服务产量最大化的目标。然而，当生产系统失灵时，这类系统也要能够满足高顾客接触度的需要。当顾客不能获得他要求的服务时，可以问问比恩公司是怎样受理顾客的电话的。
- 在接触程度高的系统中，企业的生产能力必须与最大需求相匹配，否则在顾客有其他可供选择的企业时，将会放弃这家企业。在接触程度低的系统中，库存能力使得生产能力可以维持在某种平均需求程度上，因为必要的时候可以动用库存。

我们还要补充的一点是，服务企业选择低接触度、类制造业的生产运营方式时，必须能够处理它们自己特有的服务效力问题。在服务过程中，不与顾客接触会引起新的问题——顾客对于他们将要获得什么或者怎样获得将感到十分不确定。有一个非常矛盾的例子，因为将顾客与生产过程相分离，比恩公司和 Lands' End 公司不得不投入巨资来解决其服务问题。因为顾客不是亲身体验服务质量，所以与顾客直接接触的员工必须给顾客提供更多的帮助和保证。这里的教训是：对于服务企业来说，没有免费的午餐；一定要承认在生产管理和营销之间存在的矛盾，并且要勇于面对并处理这种矛盾。

**40**

**平衡不同顾客接触程度的系统间相互冲突的逻辑**

企业与顾客面对面接触的程度决定了服务传递过程中生产运营管理逻辑（以生产效率为核心）与营销逻辑（以顾客满意为核心）的关系。高度的顾客接触需要更多的营销逻辑；反之，低度的顾客接触需要更多的生产运营管理逻辑。这些逻辑准则都有它们各自的长处；关键是要使这些逻辑准则适应市场。

### *依据企业战略，缓和生产运营管理和营销之间的矛盾*

企业经营战略一旦形成（见第二章），生产运营管理的核心便从与营销部门（或其他部门）的逻辑准则相冲突，转变为去执行它应为这一已经选定的战略所担负的职责。追求成本领先战略的企业的生产运营管理通常强调引入高效率的设备，通过加紧成本控制来降低成本，以及在顾客服务、个人销售和广告宣传等职能领域使成本最小化。

那么在成本领先的服务战略中，营销扮演何种角色呢？它能够将沟通的目标锁定于某个细分市场：这个细分市场能够接受新型的改进的服务；能够激励和教育顾客，使顾客能更有效地应用服务产品，而无须销售人员或者顾客服务人员的过多帮助；还会尽力为那些由于企业的某种原因（例如较差的选址、拥挤的人群、极少的人员协助）而未能体验到高质量服务的顾客在价格上得到一些补偿。

由成本领先战略主导的生产运营管理有一个很好的例子，即以货栈的模式来配送食物和纺织品。这些零售商（像价格俱乐部和山姆会员店）由于采取了成本领先的战略，已经获得了成功，随之而来的是生产运营和营销的一次整合。很明显，这一整合意味着生产运营和营销之间是相互合作的关系，而非竞争。

成本领先战略的另一个代表案例是宜家（Ikea）——一个专门经营室内家具的瑞典企业，其经营的产品包括窗帘、地毯、书架、橱柜，以及床单和餐厅用品。从本质上来说，宜家是一个自助货栈式的全球连锁店。在 1992 年，有9 600万顾客光顾宜家，取得了 43 亿美元的收入。[7]

而在差异化战略中，每个部门，包括生产运营管理部门，关注的焦点大多在外部。这一战略以其敏锐的眼光，寻求通过有效增加顾客满意度的方式来解决问题。营销部门，以及营销逻辑准则，现在可能有更多的话语权。按这种战略，生产运营管理部门的任务是在营销部门的领导下，最大可能地保持成本的合理性以及资源的充足。[8]

美国运通公司的信用卡便是一个很好的例子。由于相对其他公司的信用卡来说，美国运通公司的信用卡已经形成了自己的特色，所以它能够向其顾客以及接受这种卡的公司收取额外费用。这种差异化战略由市场营销主导，但同时要从生产运营管理部门获得最大程度的支持，才能取得成功。生产运营部门对差异化市场营销战略的支持体现在 24 小时内补办遗失的信用卡以及年终信用卡使用汇总等等。

**41**

**确保运营管理的重心与经营战略的重心相一致**

无论企业的策略是成本领先还是差异化，生产运营管理一定要与企业的战略重心保持一致。生产运营管理一定也要有侧重点，否则企业将不可能成功。要赢得服务竞争，必须将企业的营销逻辑与运营管理逻辑统一起来。

### 推进以顾客为中心的运营管理

如果企业在这些方面都做得很好的话，便能够成为“世界级的服务提供”的范例——见表8-2中的第四阶段。[9]然而，企业都需要通过前面的三个阶段来达到第四阶段。真正不同的是它们的进展速度。举例来说，SAS公司就是一个真正快速的学习者和行动者，它从第一阶段到第三阶段只花了将近一年半的时间。

在表8-2中“服务质量”那一行，你可以看到，企业的生产运营部门在这四阶段的发展过程中，是如何逐渐形成以顾客层为中心的策略的。在第一阶段，“获得提供服务的能力”阶段，保持低成本比向顾客提供优质的服务更重要。在以后连续的几个阶段，生产运营首先要满足顾客的期望（“熟练地提供服务”），然后超越他们的期望（“获得与众不同的能力”），最后将顾客期望推向一个新的水平。从“顾客”这一行的内容在不同阶段所发生的改变，我们能够加深对顾客层的认识。

这些关于顾客层的观点，为解决以服务为中心的生产运营管理所出现的问题提供了恰当的方法。尽管生产运营管理的逻辑准则主要是由成本、效率和服务范围所主导的，但是生产运营的关键因素是保持与顾客的联系。除了跟踪那些长期以来一直与运营管理相关的问题（如成本和生产率）外，生产运营管理可以通过开发并监测质量指标和顾客影响力指标，并且遵循传统上与生产运营管理相关联的问题（诸如成本和生产率等）来实现与顾客的联系。生产运营管理可以遵循的指标如下：

- 对顾客投诉的反应时间；

- 账单和其他资料数据的错误率；
- 系统及设备因检修或待料所需的停工期所占的时间比率（特别是顾客在现场时）；
- 对信息或数据需求的反应迟滞，以及为防止这种迟滞所作的努力；
- 系统得到更新的比率；
- 在得到执行以前，系统被实际使用者检测并排除故障的比率；
- 实际使用系统的人员参与设计和执行系统的程度。

表 8－2 服务企业竞争力的四个阶段

| 阶段 | 1. 获得提供服务的能力 | 2. 熟练地提供服务 | 3. 获得与众不同的能力 | 4. 世界级的服务提供 |
|---|---|---|---|---|
| | 顾客出于工作绩效外其他原因光顾服务企业。 | 顾客既不主动寻找也不回避企业。 | 顾客根据企业满足顾客期望的长期声誉来选择企业。 | 企业的名字便等同于优质的服务。企业的服务不仅仅只满足顾客，还会取悦顾客，并且会使顾客期望提升到一种其竞争对手无法企及的水平。 |
| 服务质量 | 生产运营部门最多只是有所反馈。 | 生产运营部门以普通、毫无创意的方式发挥职能。 | 由于支持以顾客为中心的系统和人事管理的存在，生产运营部门持续表现优秀。 | 生产运营部门是快速的学习者和革新者；它掌控服务传递过程的每一步骤，并且提供超越竞争对手的生产能力。 |
| | 相对于成本来说是次要的，且变动很大。 | 满足一部分顾客的期望，在一两个关键方面保持一致。 | 超出顾客的期望，在多个方面保持一致。 | 提高了顾客的期望，并且寻求挑战，不断改进。 |

续表

| 阶段 | 1. 获得提供服务的能力 | 2. 熟练地提供服务 | 3. 获得与众不同的能力 | 4. 世界级的服务提供 |
|---|---|---|---|---|
| 后台 | 会计室。 | 为服务作贡献，在整个服务中扮演重要的角色，得到了较多的关注，但是仍然是一个独立的角色。 | 和前台同样受重视，成为整体不可分割的一部分。 | 善于主动出击，提高它自身的能力，并且创造机会。 |
| 顾客 | 不是确定的，以最低的成本取得服务将使他们感到满意。 | 是一个细分市场，其基本需求已被了解。 | 是一群在需求上存在差别的个体，并且这种需求差别被充分了解。 | 是动力、创意和机会的源泉。 |
| 新技术的引进 | 为了生存的需要，在被迫的情况下。 | 当能够带来成本的节约时。 | 当承诺去增加服务种类时。 | 市场先发者的优势来源，创造竞争对手无法拥有的能力。 |
| 劳动力 | 负面的约束条件。 | 有效的资源，遵守纪律和工作程序。 | 允许在可供选择的服务步骤中进行挑选。 | 富有创新意识，创造新的服务程序。 |
| 一线管理 | 对员工进行控制。 | 对流程进行控制。 | 倾听顾客和教练的意见，为员工们提供便利条件。 | 高层管理者倾听其意见，以其作为新创意的来源；指导员工以促进他们的事业向前发展。 |

资料来源：Richard B. Chase and Robert H. Hayes, "Beefing Up Operation in Service Firms," *Sloan Management Review*, 33, no. 1, 1991, p. 17。

关键是这些指标的测量要有针对性，并且测量这些指标能够帮助将关注点集中在生产运营管理领域中与大多数顾客相关的方面。以顾客为中心的生产运营管理将会帮助一线员工为顾客提供他们所期望和需要的优质服务。

***市场营销***

市场营销人员总是向外关注顾客的期望和需求。管理所面临的挑战已经变为怎样使营销也同样以企业内部为导向！这里，生产运营管理部门和营销部门之间又出现了一种潜在的矛盾。生产运营管理部门希望以一种低成本、高效率的“人员加工模式”进行生产运营，使得由顾客带给系统的不确定性最小化；而营销部门则希望满足广大顾客的期望和需求。营销逻辑准则为顾客提供了机动的选择权和空间，却给生产运营管理部门带来了噩梦般的不确定性。

营销也会与人力资源部门发生冲突。几年前，在一个关于服务营销和管理的会议上，我们俩中的一位和莱恩·贝里(Len Berry)就这个问题愉快地交换了意见。我们认为像7-11连锁店、Taco Bells公司以及凯马特超市这样的企业一直为那些只希望获得我们所谓的“服务过程中低度的心理交流”的顾客提供服务。而所谓“服务过程中低度的心理交流”是指，顾客不想让员工通过服务过程来营造彼此之间感情亲密的氛围。这些顾客实际上更喜欢和彬彬有礼、行动迅速的服务人员打交道，而不喜欢那些过分友好、亲密，并喜欢问及他们的家庭情况的服务人员。

莱恩认为，这些员工应该友好、回应迅速，尤其是因为友好不需花费任何成本。这并不十分确切。企业得花费雇用和培训成本去发掘适合这些工作的人员。这些员工应当不仅仅在工作技能上很优秀，在沟通技巧上也要很突出。正如我们在第五章中阐述的一样，企业的确要花费资金去招聘、培训员工，使其逐渐达到更高的标准。换句话说，相对于友好、回应迅速的有着很强工作技能的员工来说，寻找一个彬彬有礼的能够处理相对简单的技术任务的人员成本要更低一些。

如果企业在招聘和培训上花费更多的资金来推动充满体贴和关怀的服务，这些花费将会通过更高的价格转嫁到顾客的头上。顾客不会情愿支付更高的价格，除非他们认为体贴和关怀对他们来说是有价值的。我们认为：有很多服务，像 Taco Bells 和凯马特这样的企业提供的服务，顾客并不愿意为之支付多余的与服务部分不相关的运费。快速和低成本更可能成为重要的成功要素，而且二者应该是生产运营和营销关注的焦点（见第二章的表 2－3），而不是体贴和关怀。确实，一项对便利店的调查研究发现，在“表现出积极的态度”（即体贴和关怀）和商店利润之间存在着一种负相关性。通过增加成本来提高体贴和关怀就像是“三不沾”，实际上只是在对顾客并不重要的方面所作的一种努力（见第二章中的表 2－2）。所以在这个故事中，我们再一次地认识到，识别满足顾客需求的关键因素，并将生产运营、营销和人力资源管理的核心放在这些关键因素上是十分重要的。

## 42

### 对于营销的以顾客为中心实施一定的限制——除非它适合你的细分市场

市场营销总是试图为顾客提供最广泛的选择，以此来增强企业的吸引力。这样可能导致在与相应的细分市场不相符的生产运营和人力资源上进行错误的高成本投入。市场营销必须保证它对其他部门的需求能够符合企业在目标市场上的长期利益。

---

***实现以市场为导向，一定需要市场营销部门吗？***

无论从学术上还是从实践上来说，上述故事都不能模糊一个事实，那就是的的确确是由市场营销人员在指引着服务企业的独特而又具有挑战性的运营。然而，即便是市场营销人员本身，也在辩论服务企业是否应当设立市场营销部门，以及如果设立，营销部门应该在企业中处于何种位置。

这种争论反映了一种信念，即服务的营销组合要比商品的营销组合更加广泛。商品的4P市场营销组合应用于服务业就扩展成了7P组合。[10]服务业的7P（七个要素的英文单词第一个字母都是P）市场营销组合如下（三个新的要素被列在最后）：

1. 价格(price)
2. 渠道(place)
3. 产品(product)
4. 促销(promotion)
5. 有形的环境(physical surroundings)
6. 人员(people)
7. 流程(processes)

最后的3P将员工和顾客之间频繁的现场面对面的服务接触也计算在内了。这些附加的P是顾客借以评价服务质量的进一步的依据。换句话说,在服务的交界层上,顾客与员工发生接触的地方要比商品销售多得多。

最后的3P也支持了我们的观点,即不同于商品销售,对于服务业来说,不仅仅是推广核心服务自身及其品质;你在很大程度上是在推广你的企业及其特点——它的工作人员的特点、它的有形资产的特点,等等。服务是处于组织这个大环境下的,因此你必须对这个整体(营销人员称之为"服务包")进行营销。我们曾在第七章中描述过一条规则,即用"服务包"来保护你的核心服务。

可以这么说,服务企业里的每个人都需要有一种营销思维——采用一种营销的逻辑准则,因为实际上,可以说整个企业组织都在"台上展示"。这种思考的方式表明服务企业最好不要有一个实际的市场营销部门;取而代之的是,每个人都应当承担市场营销和服务顾客的责任。这正是凯迪拉克汽车公司的卡尔·休厄尔主张的观点。他并未设立专门的市场营销部门，因为他觉得，如果他设立了专门的市场营销部门，其他员工将不会把服务于顾客看成是他们自己的工作，而将其看成是其他人的工作。

那么，市场营销应当设立在服务企业的什么地方呢？首先，让我们明确我们所说的市场营销到底意味着什么。举例来说，服务研究领域的诺丁学派有一位重要人物——克里斯琴·格朗鲁斯(Christian Gronroos，他认为要分散市场营销部门作为中心的作用，取消正规的市场营销人员)，他提出了市场营销的定义及其对于市场营销部门的含义：

- 以市场为导向：这意味着企业必须依照市场需求来制订它的生产运营计划和满足顾客的需求，而不仅仅只是应用已经存在的生产设施或者原材料；
- 市场营销的职能：包括所有对顾客关系有影响的活动和资源，不管这些活动和资源属于企业的哪个部门。[11]

格朗鲁斯认为，以市场为导向本质上是将顾客放在第一位，它不需要一个正式设立的市场营销部门。另外，尽管当一个企业运营时，一定要涉及市场营销的职能，但也不必由正规的市场营销部门来执行。他提出，理想的安排是：创造市场导向性；通过企业全体人员的努力来完成其市场营销职能；取消正式的市场营销部门。他非常赞同休厄尔的观点，即如果成立一个单独的市场营销部门,可能会使其他部门对市场营销态度冷淡。

还有一部分人认为对是否成立市场营销部门应采取权变方法(contingency approach),即取决于企业所面临的情况。例如英国服务营销的权威约翰·贝特森(John Bateson)认为,这取决于三大因素:

1. 竞争的环境:随着竞争的加剧,需要加强市场营销决策的协调。这可能需要将市场营销职能正规化,或者是在企业的下层或执行层里设立一个市场营销部,来引导市场研究的方向,集中制定市场营销决策并适时改进决策。在一个竞争激烈的市场环境中,如果企业注重的是生产运营管理部门的产品和成本,则更加需要成立一个正式的市场营销部门。一个正式的市场营销部门能够在生产运营的高效率与市场营销的效力(或者顾客满意度)这两个目标之间起到协调的作用。
2. 管理目标:历史上,很多企业将成长作为主要目标,部分原因在于它能够带来规模经济效应,从而降低成本。这种规模经济效应经常是与由公司高层集中控制的生产运营部门相联系的。即便如此,企业还需要一个强有力的市场营销部门来起到补充的作用。对于市场营销自身而言,可能也会存在实现规模经济的期望。达到这一期望的一种方法便是树立一个品牌。

而品牌的树立可能会导致市场营销决策权力的集中化，以此来保证各个层面所提供产品或服务的一致性。树立一个品牌至少可以实现一种集中的广告效应。

3. 基础性技术：市场营销部门的地位和角色会因服务性质的不同而有所差异。例如与顾客接触的程度是深还是浅？定制化的程度是高还是低？下面我们根据与顾客接触的程度和定制化程度的不同来考虑两种不同类型的律师事务所。一个传统的法律企业这两方面的程度都很高。相比之下，Hyatt律师事务所与顾客的接触程度很高；但是定制化的程度却很低。为了提高服务量，它只处理日常的事务。在传统的法律企业，服务的销售和提供不是由企业控制，而主要是由代理人自己负责。也就是说，市场营销的职能实际上是由律师个人来执行的。在Hyatt律师事务所的案例中，它打出了自己的服务品牌，运用了正式的市场营销角色和一个集中化的市场营销部门。[12]

那么这一切又说明了什么呢？这说明在设立市场营销部门的问题上，没有一个适合于每个企业的统一的答案。企业需要根据自己的情况有针对性地设计市场营销以及生产运营。

## 43

## 判断你是否真的需要设立市场营销部门以实现市场营销导向

市场营销部门和市场营销职能是有差异的。市场营销部门为整个企业创造一种营销导向，这时它可能是狭隘、无效的。是否建立市场营销部门取决于市场竞争的激烈程度（市场竞争越激烈就越需要设立一个市场营销部门）、管理的目标（企业从遵循生产运营管理逻辑转向遵循市场营销逻辑时便要设立市场营销部门）以及基础性技术（如果企业更多关注的是技术，而非定制化时，就需要设立一个市场营销部门）。而无论企业是否有一个市场营销部门，整个企业必须以市场营销为导向。[13]

---

### 在全公司建立市场营销导向

尽管我们赞同要采用权变的方法来设立市场营销部门，但是所有的企业都应该以市场为导向。下面的部分列出了施奈德和鲍恩就此问题所提出的三个一般法则。

**使市场营销成为一种直线职能** 即使存在一个市场营销部门，市场营销也应当被看成是一种直线职能。在见解深刻的《服务营销》（*Marketing Services*）一书中，贝里和帕拉苏拉曼认为企业可以采取以下方法来使市场营销成为一种直线职能：

- 明辨企业"市场营销意识"的水平是低还是高，了解是否需要改变企业的文化，这都取决于你的诊断。
- 通过制订一个整体的"企业计划"，而不是一个孤立的"市场营销计划"，来把市场营销导向和生产运营整合在一起。这可以使企业围绕着市场而统一起来。
- 如果一些员工连市场营销到底是什么都不知道，那么你就不能期望每个企业员工都有一种市场营销思维，因此你必须教育企业的管理层以及非管理层的员工，让他们知道市场营销的本质、目的和效用是什么。
- 让员工更容易实践市场营销。员工为了更好地完成市场营销任务，需要工具和信息的帮助。例如顾客信息档案可以使员工更好地理解顾客的需求；运营系统能加快日常交易的速度，从而把员工解放出来以进行交叉销售；而一些深度培训则可以使员工对他们的工作感到满意。这些都可以帮助员工更出色地实践市场营销。
- 不知疲倦地工作以便为顾客提供优质的服务，并持续改进服务质量。[14]

**同等看待内部与外部的市场营销**　多年前，莱恩·贝里号召服务企业"将员工看成顾客"。[15]这就是说，企业应当像对待外部顾客一样对待员工，通过满足员工的需求来"贿赂"他们，使他们与企业同呼吸，共命运。贝里还建议将工作看成一种满足这些内部顾客的需求和期望的产品。正如企业的产品和服务应当满足外部顾客的不同的期望一样，员工们也有不同的需求和期望需要在他们的工作中得到满足。因此必须精心设计工作的很多方面，例如任务类型、独立程度以及监督措施，以此来满足员工的需要。并且，我们还要注意一点——这一点我们已经在本书中反复阐述过了，即现在的研究表明，感到满意的员工对于组织实现让顾客满意的目标是一个十分关键（但不是唯一关键）的因素。

**通过监督主要的指标来集中企业的注意力**　我们反复指出，企业应当通过监督相关指标来了解企业对顾客和员工的吸引力、顾客和员工对企业的满意度、顾客的保持率、员工绩效和他们从工作中得到的乐趣等。下面列出了一些市场营销指标，它们可以用做监控的参照标值，企业可以在这些方面设定目标，并且采取一些措施来实现：

- 员工流动率和顾客流动率之间的相关系数；
- 顾客保持率和企业赢利能力之间的关系；
- 顾客满意度和忠诚度之间的区别〔例如“我基本满意；如果有新的企业从事这个领域，我愿意（也不会）尝试新企业的服务”〕；
- 记录下每名顾客使用服务、对服务的满意度和参与服务的数据，特别是有价值的顾客更值得进行个别的考查；
- 员工对他们所扮演的市场营销角色的理解（例如“我

非常明白管理层希望我怎么做来推广我们的服务”)；

➢ 员工和顾客流失所带来的成本。

44

**抓住三个关键，实现以市场为导向**

建立一个市场导向性的企业需要：(1)使市场营销成为一种直线职能；(2)同等看待企业内部与外部的市场营销；(3)监督顾客和员工的满意度指标并考察它们之间的相互关系。

## *人力资源管理*

生产运营管理和人力资源管理之间的内部联系最主要体现在：员工所需的技能必须与可供顾客选择的服务传递系统相匹配。图 8－1 列出了六种不同的服务提供方式，包括从无须面对面的“邮寄”业务到“关键时刻”再到完全“面对面的顾客服务”。[16]每一种服务提供方式在创造潜在销售额的能力和生产效率方面都各不相同。而且，员工在运用每一种服务提供方式时，都需要一套不同的技能。这再一次表明不存在“一种一成不变的理想的服务员工类型”；理想的服务员工类型完全取决于服务类型以及服务提供方式。

图 8－1　服务系统设计矩阵

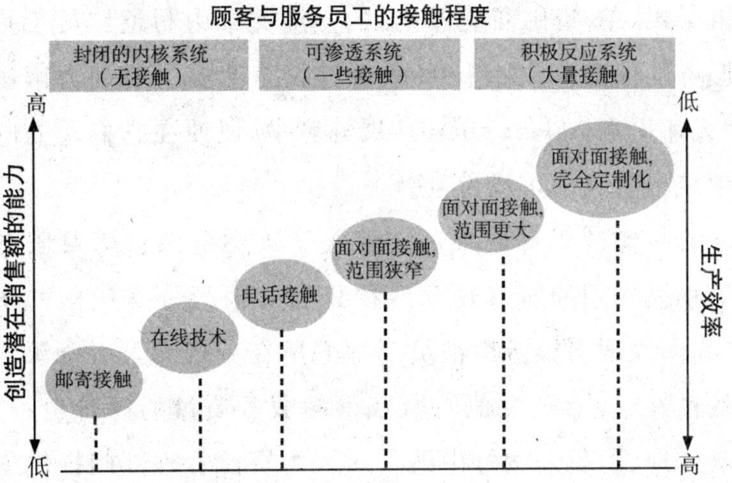


资料来源：R. B. Chase and W. E. Youngdahl，"Service by Design，" *Design Management Journal* 9（winter 1992）：12。改编自 R. B. Chase and N. J. Aquilano，*Production and Operations Management*：*A Lifecycle Approach*（Homewood，Ill.：Irwin，1991）。

迪克·查尔斯提出了服务企业员工之间大致的，但却真实存在的区别。他指出了两种员工类型，即"以人为导向的员工"和"以物为导向的员工"。[17]任何一个好的服务企业都能够区分这两种类型的员工，并能相应地将他们安排在与顾客有较多接触或较少接触的工作中。

我们还要注意市场营销与人力资源管理之间的联系。员工是市场营销工作和顾客之间的重要连接。由于服务是在员工工作过程中形成的，因此服务质量的控制是人力资源部门的一个很重要的职能。我们一直说的员工招聘、培训和激励系统都会影响到服务质量。保证满意饭店(Satisfaction Guaranteed Eateries)的CEO蒂莫西·菲恩斯塔尔(Timothy Firnstahl)在《哈佛商业评论》的一篇文章中写道:"员工是我们服务的保障。"[18]莱恩·贝里也建议企业要为劳动力市场上的"人才份额(talent share)"展开竞争,以便在它们所处的行业中获得更大的市场份额。[19]

有一实证研究成果证实了关于人力资源管理对服务质量的积极作用的所有理念。在我们对银行分支机构的研究中,我们发现当银行出纳员对他们所在分行的人力资源管理感觉良好时,顾客对他们所获得的服务质量的评价也很高。更具体地说,就是银行出纳员对人力资源管理部门提供的培训(例如"当新员工被分到分支机构时,有人负责帮助新员工适应工作")、监督(例如"当我们的工作出色时,我们的经理会给予我们奖励")、职业生涯管理(例如"有人给我讲解职业生涯发展")以及工作设计(例如"企业已经形成的工作方式使工作更加容易")评价越高,顾客对服务质量的评价就越高。[20]于是,人力资源管理在服务质量方面便拥有了一种预先设定好的角色。另外,正如在第五章和第六章中陈述的一样,人力资源技巧将在招聘、培训和激励系统中发挥更大的作用,并且其复杂性也正在增加。

人力资源管理所存在的最大的一个问题是它经常不在乎内部顾客的期望和需求;人力资源管理常会以生产为导向而不是以服务为导向。由于人力资源管理不考虑内部顾客的期望和需求,它的做法常常使直线经理感到不满,还会给他们招聘、培训、激励的交界层员工带来麻烦。正如研究表明的那样，这些内部问题会蔓延到顾客身上。

### 将人力资源管理从以生产为导向转向以服务为导向

很多高层经理和直线经理对他们的人力资源管理人员不抱希望。他们往往把人力资源管理者看成是制造“恐怖后果”的人。尽管人力资源管理工作涉及全面质量管理的很多重点，例如员工队伍建设和绩效评估系统的修正，但是人力资源管理却没有在企业的整个服务质量工作中担任领导角色。高管层是这样解释其中的原因的，他们认为，由于质量这个问题太过重要，因此不能把它托付给人力资源管理部门！

我们认为，人力资源管理团队之所以得到这种批判是因为他们的生产思维。尽管人力资源管理对服务提供过程施加影响的机会在迅速增长，但人力资源管理人员仍然保持以生产为导向的模式。[21] 人力资源管理部门认为他们的使命是生产产品，而不是服务。因此，人力资源管理常常遵循生产企业的原则，即只需与顾客保持较少的接触并建立一条标准化生产线。举例来说，以生产为导向的人力资源管理部门为所有部门制定大量性质相同的等级评估标准，或者在挑选员工时使用几乎相同的程序，尽管这些工作有着很大的差异。

一个以服务为导向的人力资源管理团队可以像一个拥有高质量服务的企业（一家世界级宾馆、一家菜肴精美的餐厅或者一家优秀的咨询企业）一样行事。人力资源管理部门应该把它自己看成是一个服务的提供者。这就意味着人力资源管理部门必须理解一些基本的服务准则：应该提供的更多的是无形服务而不是有形产品；它所提供的东西的生产过程和消费过程是同时进行的；像所有的服务企业那样，人力资源管理的顾客帮助人力资源管理部门一起设计和生产他们要消费的服务产品。

当具有了服务逻辑准则时，一个以服务为导向的人力资源管理部门应该意识到绩效评估是一种指导和评价的工作（也就是一种无形的服务），而不仅仅只是制定一张特殊的评价表。像服务一样，人力资源管理部门应当和直线经理来一同设计、一同教授培训项目。总之，人力资源管理部门应该通过分散权力、在部门内安排人员作为关系经理来与直线经理建立一种持久的关系。另外，这些作为关系经理的人员将使用他们内部顾客能够理解的语言进行交流，而不是以一种含糊不清的语言或者法律术语进行交流。这才是以服务为导向的人力资源管理部门的风格。

表 8-3 展示了在人力资源管理部门中实施以服务为导向的原则的行动步骤：

表 8-3 人力资源管理实行以服务为导向原则的行动步骤

- 审查人力资源管理部门的效力及其导向性
- 向高管层宣传服务导向
- 在服务提供过程中教育从事人力资源工作的员工

续表

| |
|---|
| ● 教育直线经理,使他们认识到他们在服务环境中所扮演的角色 |
| ● 人力资源管理菜单采用双向的设计方式 |
| ● 建立服务导向型的效力评价标准 |
| ● 弄清服务与产品的平衡问题 |
| ● 深谙业务 |

资料来源:David E. Bowen and Larry E. Greiner,"Moving From Production to Service in Human Resources Management," *Organizational Dynamics* 15 (Summer 1986):50。

1. 对人力资源管理实施导向审查,评估人力资源管理部门的效力,以及它的生产导向性或服务导向性。这些"审查人员"应当包括其重要的顾客,如企业的高层管理人员、直线经理和员工团队。这些审查人员将采用采访或者问卷调查等方式,调查的问题例如:人力资源管理部门满足你需求的程度如何?人力资源管理部门的顾客参与人力资源设计的程度有多高?
2. 向高管层宣传人力资源管理部门以服务为导向的运作方式的重要性。如果人力资源管理在导向审查中得分很低,那么向高管层宣传的工作就会相对简单。更乐观的情况是,高层管理者可能会相信:一个高效的以服务为导向的人力资源团队能够为其他组织,诸如管理信息系统、财务部门提供一种"角色模型",这种“角色模型”能帮助它们正确对待它们的内部顾客。

3. 教育和培训从事人力资源工作的员工，使他们明白人力资源管理部门应该提供一种服务而不是生产一种产品的真正含义。例如需要用一个全新的思维方式来管理绩效评估，应该把管理绩效评估看成是一种包含辅导的无形服务，而不是看成某种形式的产品。人力资源管理部门还要对员工进行重新定位，最基本的一点是：让他们把顾客看成是需要被满足期望和需求的个体，而不是他们不愿理睬的制造麻烦的人。

4. 要通过教育直线经理使他们明白：如果从事人力资源管理工作的人员变得更加以服务为导向，那么他们在管理人力资源时所起的作用也将改变。以服务为导向的人力资源管理人员希望与直线经理一起提供直线经理所需要的人力资源服务。也就是说，人力资源管理部门将充分利用作为顾客的直线经理的才能——这一观点在第四章中已经详细阐述过了。直线经理是否有能力与人力资源管理人员一起提供人力资源服务？他们是否愿意接受合作者的角色？直线经理可能需要接受专门的培训，来学会如何对员工的培训需求进行“需求分析”，以及如何利用一种有组织的面试方式来招聘新员工。此外，人力资源管理部门还必须使直线经理相信：共同提供人力资源管理服务对他们来说是有利的,否则他们不会愿意承担这种额外的工作。此外,高管层应该把直线经理们参与人力资源管理协作生产活动的情况作为绩效评估和奖酬评定的一个参考标准。

5. 遵循人力资源管理“菜单”的双向设计。人力资源管理和他的顾客应该共同决定人力资源管理所提供的服务以及怎样提供这种服务。顾客应当能够选择和定制人力资源所提供给他们的各种服务,而不是接受人力资源管理部门强加给他们的服务。

6. 建立服务导向的效力评价标准,并用这个标准衡量人力资源管理部门作为一种服务组织的表现如何。人力资源管理的评估标准不仅仅包括生产标准(例如单位预算培训的员工人数),还包括顾客对服务质量意见的周期性抽样调查结果。另一项评估人力资源的服务指标是现有顾客向公司中的新顾客(新员工)提及人力资源管理的频率以及现有顾客对新服务的需求数量。另外一个人力资源的评估手段是,假设顾客可以选择用同等的价格来购买外部服务,他们是否会继续使用原先的人力资源管理人员。

7. 在提供人力资源管理服务的过程中,应当保持其服务和生产属性的平衡。以服务为导向的人力资源管理部门仍然需要提供“有形的产品”,不应当因此取消行政手册和员工记录。但是,这些有形产品必须根据顾客的期望和需求进行设计和提供，而不只是为了在人力资源管理的产品线上有所创新突破。

8. 深谙业务！事实上，这表示你要了解你的顾客的世界——他们的产品、市场、系统和技术。只有当人力资源管理部门宣称它提供的服务能够帮助顾客实现他们的目标时，人力资源管理才是值得信赖的。

利用这八个步骤也能够使其他以生产为导向的职能部门变得以市场为导向。会计、财务、法律等部门常常错误地强调提供有形产品的重要性，它们总和顾客保持着相当的距离。以生产为导向的部门将会使一个本可以运转良好的服务系统受到损害。

最后，为了使人力资源管理也重视外在服务的质量，我们建议人力资源管理部门监测反映服务质量的这些指标：

- 员工流失率和缺勤率；
- 接替离职员工所需的时间；
- 接受过完全的岗位培训（与接受过不完全培训）的人员的比率；
- 每人每月接受培训的天数；
- 竞争者提供的薪水、福利和职业规划以及企业与它的竞争对手相比处于一种什么地位；
- 对员工态度的调查。

45

## 人力资源管理职能"服务化"

人力资源管理职能常常是集中的，并且其范围是狭隘的，它为直线经理提供标准化的产品，并在提供这种产品时，要求直线经理要么接受该产品，要么放弃该产品。人力资源管理必须遵循一种服务逻辑准则：它必须认识到服务的无形性，并认同满足顾客期望和需求的必要性。人力资源管理必须采用与生产部门合作的方法来获得直线经理的参与、接受和肯定。人力资源管理必须核查其顾客反馈的信息，并且根据这些反馈作相应改变，来改进服务质量。

既然我们已经讨论过了人力资源管理的其他职能，理解人力资源管理遵循市场导向性（以它的内部市场和终端顾客为导向）的必要性就容易得多了。人力资源管理必须同时以这两方面为导向，否则它将不能为企业在市场上取得成功作出最大的贡献，也不能帮助它所招聘和培训的交界层员工发挥出其最大的效能。

### *服务产品研发*

在此之前，我们已经讨论了，或者说至少间接地谈到了，在一条已经形成的服务链中，生产运营管理、市场营销管理与人力资源管理之间的相互作用与影响。那么，该怎样将服务创新引入无缝的服务系统中呢?

最近,出现了一批关于服务业管理的著作,这些书的作者往往避而不谈产品研发在服务业管理中的作用。实际上,我们对产品研发在服务业管理中被忽视这一现象感到非常震惊。我们认为:服务创新的研发如此不受重视是因为服务极易被模仿,并且服务产品创新通常不受专利权的保护。因此"只需等着,然后模仿"成为时下的服务业箴言。然而实际上,服务很容易被模仿的观点是错误的。只有当新的服务设计中不包含任何技术壁垒时,服务才不受专利权的保护,这时服务产品才是极易被模仿的。服务的创新事实上并不易被模仿,因为杰出的服务要求服务组织重视很多细节:它要求使适当的人接受适当的培训,要求服务组织建立适当的薪酬管理系统,并且要求生产运营管理、市场营销管理与人力资源管理能相互协作、相互配合。也许有些人认为做到这些并不难,但是按照他们的观点,我们很难解释为什么没有人能在这方面比麦当劳、迪士尼或者诺思通做得更好,我们也很难解释为什么 ARA 能一次性地将精美的食物同时送到卡姆登(Camden)金莺球场(Orioles Park)的40 000人的手中,而这对于其他的企业来说是一项不可能完成的任务。

尽管很难找到准确的资料,我们还是可以进行大概的估计来推断出如下的结论:典型的生产企业在产品研发上花费的时间比典型的服务企业要多三到四倍。[22] 也许有些人认为这是因为制造业的产品研发会引起产品的创新,因而制造业获得的回报将比服务业获取的回报更高。这种解释很难令我们信服，因为在制造业中，只有一部分研发资金用于产品创新，而另一部分却用于流程创新。在服务业中，无缝服务对流程的依赖程度非常之高，为什么服务业在流程创新上的投入却是不成功的呢？

下面让我们考察几个流程创新的案例。这些案例无一例外地向我们强调了这样一个事实：服务组织在传递给顾客服务质量的同时，它们也十分重视利润和回报。并且，通过这些案例，我们可以发现：流程创新同时影响着生产运营管理、市场营销管理以及人力资源管理。

**追踪销售及库存的技术**　在零售业中，人们开发并利用技术跟踪特定商店中的特定商品的零售交易活动，这种技术对在零售管理中保持合适的库存量起着至关重要的作用。这种技术要求在供应商与零售商之间建立一种崭新的关系。这种关系包括零售业中的零库存制(JIT)，开发并应用管理存货清单数据的新软件，以及对员工进行培训以使其对需求变动更敏感，等等。

关键在于，如果这种技术不能完全被融入到从库存到采购再到最终出售的整个销售流程中，它就只会增加付给技术供应商的费用，而对于利润毫无贡献。流程创新需要对整个流程进行考察，它强调的是整个流程中的每一个组成部分，而非单独的某个环节。沃尔玛和梅西(Macy's)在这方面做得很好，它们在流程创新上的投资获得了高回报。

**满足理财服务特定细分市场需求的技术系统** 在金融机构，人们开发出满足理财服务细分市场需求的技术系统，并且把它应用于满足潜在细分市场不同的具体需求。例如不同的外科医生有不同的理财要求，因此我们可以把外科医生细分为职位高、从业久的外科医生和新从业的年轻外科医生，而后者又可被细分为已婚的外科医生和未婚的外科医生。现在有了这种技术系统的帮助，各种金融机构（银行、证券公司、股票经纪公司）都有能力对具体的不同的细分市场顾客提供个性化的服务。

要想应用这种创新的技术系统，就要深入研究与了解不同细分市场的顾客的期望和需求；而且要开发相应的软件，为金融机构给特定的顾客提供个性化服务创造条件。当然，这种个性化服务也可以建立在对目标市场特征的透彻理解之上。服务企业可以把这些特色服务的资料刻录成盘或制成 VCD 分发给潜在的顾客，并且应该针对不同的顾客采取不同的提供方式。目前，这种产品技术已经存在，但是利用这种产品技术的流程的研发依旧没有开始。

和其他的服务企业一样，金融机构的当务之急是应用这种最新的技术来开发新的服务，并使这些服务能满足现有顾客与潜在顾客的期望与需求，企业甚至要在这些顾客发现他们的这种期望与需求之前就研发出有针对性的服务产品。T. Rowe Price 公司是一家共同基金公司。它最近就做了这项工作。这家公司开发出了一种新的程序，通过这个程序，它可以了解每个顾客不同的期望与需求，并相应地帮助顾客制订个性化的退休理财计划。而在这项技术创新之前，顾客要获取个性化的理财服务，其账户内的资金要超过100万美元。既然T. Rowe Price公司的做法这么成功，为什么现在仍然存在花大价钱来购买个性化服务的情况呢？

**改善服务质量的人力资源管理技巧** 人们开发出一种最新的人力资源管理技巧来改善服务质量。由于人力资源管理是在服务竞争中取胜的核心与关键，因此我们在前面用了五、六两章来讨论它。这里我们想说明的是，对人力资源管理流程所进行的研发可以作为提高企业竞争力的一种有效手段。

以麦当劳为例。麦当劳发现，开发厨房新工艺只能使麦当劳获得一定的竞争力。而有效的人力资源管理则可以将服务质量提高到一个新的层次，而这将帮助麦当劳保持，甚至是增强其竞争力。麦当劳已经设计出了新的人力资源培训计划，其中包括针对一线员工与管理层而制订的人力资源培训计划。此外，麦当劳还很注意设备更新与人力资源管理的结合，这也将提高其竞争力。

**了解企业的潜在顾客的新方法** 企业可以发明、运用一种新的方法来了解企业的潜在顾客——谁是企业真正的潜在顾客以及他们的期望与需求是什么。为什么一些AAA棒球队比大联盟的棒球队更挣钱？这是因为AAA棒球队的老板意识到了棒球队能在社区中所起的各种作用。例如棒球队能为社区居民提供娱乐，使家族成员能聚在一起，还能增强社区归属感以及建立社区荣誉感等等。

一种服务，不论是娱乐或是零售，应该以什么样的方式来满足顾客的期望与需求呢？麦当劳是最早热衷于公益事业与捐赠援助的企业之一。它为遭受台风袭击的社区提供援助，给女生社团捐赠果汁饮料，为当地的棒球队提供队服，等等。（难道这就是为什么没有一家麦当劳餐厅在洛杉矶的暴乱中被袭击或焚毁的缘故吗？）另外，每个城郊附近的麦当劳店都拥有最干净的卫生间与最好的环境。不知读者有没有注意到，当你想去卫生间时，你不用穿过麦当劳的整个餐厅。麦当劳这样设计是不想让你感到难堪。而且，不知道你有没有感受到麦当劳餐厅不断的进步：起初顾客只能通过一个小窗口来购买汉堡；后来，顾客可以坐下来享受各种食物；而现在，顾客可以在装修得很漂亮的餐厅中用餐。麦当劳在不断地改善它的用餐环境，并且还在继续不断地努力。我们打赌，麦当劳接下来将会把重点放在对服务人员的管理上。麦当劳所有的这些改变并不是突发奇想，而是麦当劳研发人员劳动的结晶。

最后需要注意的一点，同样也是很重要的一点是：研发部门之所以重要，是因为顾客并不总是很了解什么样的服务与产品才能满足他们的期望或需求。这就意味着，顾客们并不了解他们最想得到什么。那些具有突破性的发明，如录像机（VCR）和小型货车，并非来自消费者的创造而是来自研发部门的努力。研发部门使得企业并不总是跟随顾客之后，相反他们在了解顾客需求方面总是比顾客领先一段距离。

与服务研发相比，产品研发更容易取得成功。因此，很少有人研究成功的服务创新是如何产生的。克劳德·马丁(Claude Martin)和戴维·霍姆(David Home)进行了一个非常有趣的研究。他们比较了成功的产品研发与成功的服务研发，以及失败的产品研发和失败的服务研发。由此，他们得出了如下结论：

**成功与失败的服务创新**

- 成功的服务创新在设计与开发过程中有顾客参与；
- 与失败的服务创新相比，与顾客直接接触的人员、不与顾客直接接触的人员以及高层管理者在成功的服务创新中有更高的参与度；
- 从最初的创意到最后的成功，成功的服务创新要比失败的服务创新花费的时间更长；
- 成功的服务创新比失败的服务创新有更多的市场推广预算。[23]

**成功的产品创新与成功的服务创新**

- 与成功的产品创新相比，成功的服务创新从创意到操作都需要花费更多的时间；
- 与成功的产品创新相比，成功的服务创新需要高层管理者更多的参与。

我们从这项研究中所学到的经验是：成功的服务创新

需要每个人(从顾客到高层管理者)花费更多的时间,作出更多的投入,并且需要服务组织准备巨大的市场推广预算;此外,服务创新比产品创新要耗费研发人员更多的时间和精力。

46

### 增加研发投入,开发信息技术和人力资源管理技巧

服务业必须在研发方面投入更多以真正了解谁是(谁将是)它们的顾客。服务业还需要充分利用现有的技术,同时研发新的技术来改善服务。为了在服务竞争中获胜,服务组织必须能更好地判断和利用——判断现有以及潜在的顾客,并通过开发信息技术和人力资源管理技巧来利用这些机会。

## 财务:简略的概览(一个现实问题)

服务组织中的财务部门可以决定组织中的其他部门有多大的能力去提供优质的服务。在经济环境不景气时期,除了投资之外,财务管理更加关注的是成本。与这种趋势相伴随的是这样一个事实:当今的复式记账的会计方法稍早于工业革命出现,并随着工业革命而得到发展。这种会计理念是制造业的理念。按照这种理念,砖块、水泥、土地以及设备等都是资产——它们是有形、耐用的,并

且能在一个很长的时期内存在。这与人力资源形成了鲜明的对比。人力资源在某种程度上是无形、非耐用的，而且是不能永远持续下去的。在复式记账的会计中，有形资产在资产负债表中被归于资产一栏，而人力资源则被归于负债一栏。

仔细想一下：员工被归在资产负债表的负债栏里，这说明员工是一种成本，而非资产！照此推论，花在人力资源上的钱是一种费用支出，而非投资。所以，难怪在服务业中，基于提高服务质量的人力资源投入，即在人员培训项目、人力资源遴选系统、福利规划以及薪酬系统上的投入通常要受到严格的审查。

很自然，当一个组织把员工当成是一种成本或负债时，它怎么能树立"我们所有人都是一体的"这样一个理念呢？员工们又怎么会感觉到他们在这样一个组织中的价值呢？当员工在这样一个将其视为成本并旨在削减成本的企业中听到"我们将要在企业减少一些人手"时，他们会怎么想呢？"人手"究竟指的是什么，高层管理者是否是在谈论有必要辞退一些有价值的员工呢？一个宣称"人力资源是我们最有价值的财富"的服务企业又怎么能在市场稍有动荡时便裁员，而在市场状况转好时又立即告诉人力资源部门"去多找一些人回来"呢？

企业的理财理念在一定程度上决定着企业潜在的服务理念，因为企业的理财理念在很大程度上决定企业对它的员工和顾客的态度。在兼并与收购的过程中，企业的理财理念如何影响企业的人力资源管理及生产运营管理？企业的理财理念怎样影响顾客？企业的理财理念如何引导企业应对华尔街的压力？这些都是企业真正看重的经营理念。

## 弥合管理职能中的裂缝

服务企业所共同面临的挑战是如何以它们的顾客所期望的方式建立起一个服务体系。也就是说服务企业应是一个更专注于满足顾客要求的整体，而不是以多个各自为政的零散部门的形式存在。我们已经描述过企业在实现无缝服务时会碰到的阻碍，以及实现无缝服务的有效手段。在这一章的结尾，我想介绍并强调两种对于实现这种整合非常有用的具体工具：内部顾客服务审计和服务配置图（service mapping）。这两种工具可以为你提供一些有关企业内部服务逻辑理念和服务导向的数据信息，并确定可以在哪些方面采取一些行动以加强企业的市场导向性。

### 内部顾客服务审计

内部顾客服务审计是一种市场调研工具，这种工具可以系统地识别每个部门的内部顾客、他们的期望和需求，以及这些部门在满足内部顾客需求上的表现。关于内部顾客服务审计有很多种不同的学派，其中一种比较成熟的是卡尔·阿尔布雷克特（Karl Albrecht）在《美国的服务》（*At America's Service*）中提出的理论。[24] 他提出了内部顾客服务审计的八个步骤，这八个步骤适用于任何一个有内部顾客的部门（例如人力资源团队）：

**确定你的顾客**

1. 列出组织中所有需要你或者你的部门帮助的人员或部门。这其中可能包括了某些特殊的部门、一些特殊的职员、首席执行官、某些高层管理者，或者企业的董事会。
2. 对这一清单上的名字按次序排列，将对你依赖性最大的人或部门列在最前面。

**确认你的贡献**

3. 特别关注你的每个顾客的首要需求，并确保能满足他们的首要需求。重点考虑顾客正试图解决的问题。你应该从顾客的立场来考虑这些问题，而并不是从企业自己的立场来考虑。

**确定服务质量**

4. 确定哪些是真正关键的环节，并确定其对部门及其内部顾客之间的交流有何影响，然后把它们列举出来。
5. 针对每个主要内部顾客，设计出一张顾客报告卡，并且制定出评估部门整体服务的一系列评价标准。这些评价标准必须从顾客的角度来制定。它们应从多个方面对服务进行评估，例如服务的及时性、可靠性及服务成本。

**使你的标准合理化**

6. 与你的顾客对话。与他们谈论你如何看待顾客的要求,以及你认为他们在评价你的部门绩效时所采用的标准。必要的话,允许顾客对你的看法进行修正。这种对话本身就能建立起深远的内部服务的团队合作精神。

**进行服务审查**

7. 通过与顾客交流,用你所建立的质量标准真实地评估你的服务。看看你能得多少分,确定改进服务质量的可能性。为实现这种改进建立一个程序和时间表。

**制定企业使命宣言**

8. 要考虑制定一个简洁、明了的服务使命宣言。必须注意,在对服务使命进行表述时,应该指明你所应作出的贡献而不是所要做的具体工作。例如人力资源部门的使命不应该被表述为"进行培训"(这是行为),而应该是"培养有竞争能力的人才"(这是贡献)。

作为这八个步骤之外的补充,这种审计还需要一个完善的"无条件的内部服务保证"。如同外部的服务保证一样,内部的服务保证应明确列出服务提供者不能满足顾客的要求时它将作出的补偿。例如在 GTE 公司,人力资源部门承诺某职位一旦出现空缺,它将在一个星期之内找到五个合格的候选人，不然的话企业就得派一些人来临时做这些工作，而GTE的人力资源部门将给这些人支付报酬。

**关注内部服务质量可能引发的问题** 过分强调内部服务质量可能会导致这样的后果：由于过分关注内部顾客的需求，员工和部门甚至忘记了他们所处的行业还应该满足外部顾客的需求！

员工在服务链上越是处于远离外部顾客的环节，这种对外部顾客需求的忽视就会越严重。在服务链中，有一部分员工直接与顾客发生接触，而服务于这部分员工的那些员工似乎与外部顾客还是有着情感上的联系的。但是随着服务链环节的延续，很多员工就会认为他们的工作就是为另一群员工服务。一种能有效地改变这种趋势的方法是组织那些在服务链上远离顾客的内部员工与在第一线与顾客直接接触的杰出员工多多交流，并组织他们一起参加活动。比如迪士尼集团的员工会参加主题公园的工作；四季旅馆的首席执行官也会花费一定的时间来做门卫或者侍者的工作。道·沃尔夫（Doug Wolfe）是Rising Sun汽车公司的老板，在他每天早晨上班的过程中，他都会驾驶有篷运货车把在路上遇到的顾客送到他们各自工作的地方。他这样做的目的是听他们的议论、抱怨、赞扬，并弄清他们头脑中在想些什么。这样的机会会给不直接与顾客接触的员工一种积极的影响，帮助他们了解他们的工作在整个服务链中的位置，并增加他们与那些直接接触顾客的员工之间的情感沟通。

也许最能说明远离顾客的员工应该怎样与顾客接触的案例就是家得宝公司的例子。这个公司要求它的 7 个外联经理在每个社区都必须监督至少 12 家该公司的商店。自从 1991 年实行以来,这种政策使得经理们与公司的业务状况保持着紧密的联系。其中的一位经理在接受了一位员工提出的关于商店的意见后说:"员工对我们提出的意见和建议越多,对我们的公司就越有利,因为这说明我们公司没有等级距离。"[25]

*服务配置图的绘制*

服务配置图是一张详细表明服务传递系统各个部分的图表。它描述了实际的工作流程和在服务团队中各类参与者之间的关系(见图 8-2 的例子)。[26]

服务配置图并非是各个不同职能的堆砌。它使用了一种独一无二的画法:在这个图表中,最上面的一层表示顾客的活动(顾客层),最下面的一层描述了管理层的活动(协调层)。夹在顾客层和管理层中间的是服务活动。服务图突出地说明:服务人员处于管理层和顾客之间。最后需要注意的一点是:服务配置图是动态的,服务配置图上的活动通常是从底部开始按顺时针方向进行的。

服务配置图上最初的步骤向我们展示了为什么为服务的执行铺平道路是管理层的职责。管理层决定服务理念,配置企业的资源,并要对执行服务理念所需的各项职能进行协调(包括怎样进行业绩评估)。

47

## 用内部服务审计和服务配置图判断你的服务逻辑

作为一种正式的企业战略,对一个企业的服务逻辑进行内部审计能够对企业的现状有深刻的了解,并认识到如何改善企业内部的管理。通过对服务的内部审计,企业可以获得一些必要的数据资料,并利用这些数据建立一个完整的服务系统,然后通过这个服务系统向顾客提供无缝服务。服务配置图形象地再现了将系统的各部分联系起来的各个步骤。

内部服务审查以及服务配置图这样的工具可以帮助组织协调理念和逻辑相冲突的职能部门。然而,虽然我们已经有了这些工具的帮助,但是我们还是将创建无缝服务最为关键的部分留到最后一章来详细阐述,在下一章中我们将具体地论述组织文化是怎样将组织中每个服务的提供者融合成一个协调的整体的。

图8-2　典型的服务配置图

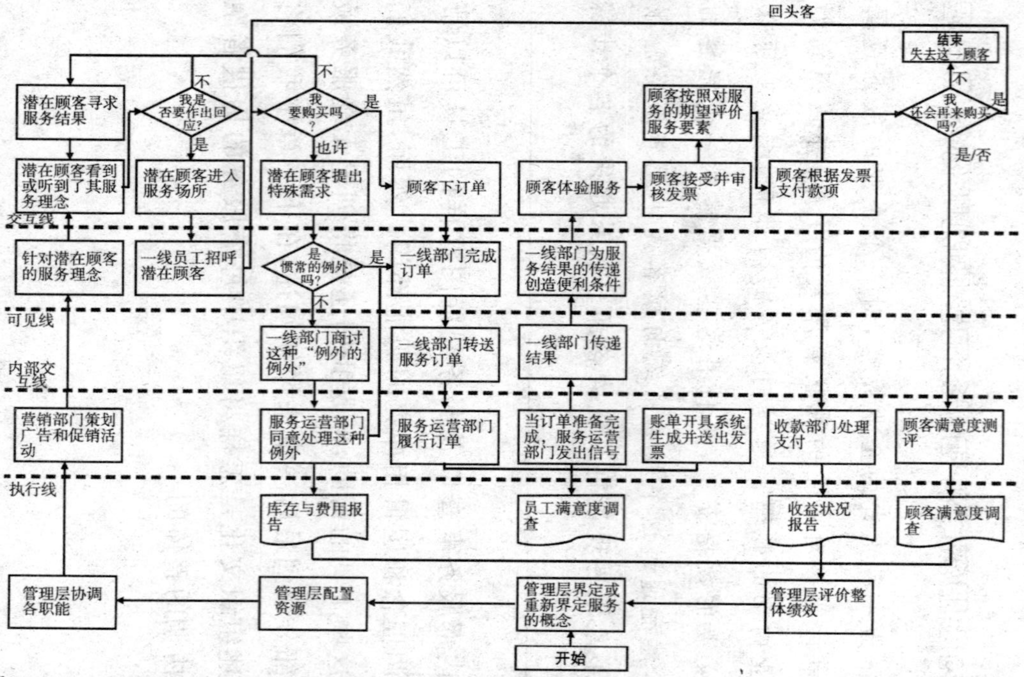


资料来源:Jane Kingman-Brundage,William R.George,and David E.Bowen,“Service Logic—Achieving Essential Service System Integration,” *International Journal of Service Industry Management*(forthcoming)。

# 第九章　创建服务文化

笨蛋，要重视文化！[1]

小马里奥特在回顾公司的创始人（其父亲）的经营之道时说：“我父亲强调‘要关心员工和顾客’……他知道，如果让员工满意，员工就会让顾客满意，这样才会形成一个好的经营模式。”[2]

多伦多自治省银行（Toronto Dominion Bank）在其1987年的年度报告中写道：“所有服务都应从顾客出发。作为银行，我们的工作就是要有效地评估顾客的需求，然后用产品或者服务来满足这些需求。要想提供高质量的产品和服务，我们需要满怀激情和自豪感。顾客就像我们自己一样，应该得到最好的，这不是一种技巧，而是一种信仰。”

沃星顿（Worthington）工业公司没有公司规章手册，却有一个富有哲理的黄金信条：“关爱你的顾客，关爱你的员工，这样市场才会眷顾你。”[3]

1972年,波士顿的贝丝·伊斯雷尔(Beth Israel)医院首次在美国提出了"从病人的权利出发(Statement on the Right of Patients)"的理念。在那之后的二十多年里,因其对病人的悉心照料,也因其对提供服务的护士的关爱,贝丝·伊斯雷尔医院所提供的护理工作变得闻名遐迩。[4]

这些例证传递了一个重要的信息,即员工是服务组织的重要支柱。缺乏思想、缺乏激励、单纯依赖管理等对于一个企业(尤其对服务企业)的将来而言不是可行之道。原因如下:

- 对于如何提供优质服务,员工有很多有价值的知识;
- 对于那些接受员工服务的顾客来讲,员工就是服务组织;
- 若员工被授权管理他们自己,公司就可以削减不必要的中间管理层,从而满足组织有效性的原则。

### 文化是协调员工的关键

传统的下达命令式的管理模式已经在很多商业领域受到了挑战。例如摩托罗拉就采用了团队的方式来持续地促进产品的进步。摩托罗拉用最先进的统计质量控制的方法来培训生产工人小组。这些小组不断地接受挑战,生产出更小、更轻、更经久耐用的产品(就像所谓的翻盖电话);同时他们还因所取得的成就接受奖励和庆祝。摩托罗拉各个层级的员工都是管理团队的一部分,因为所有层级都对市场决策负责，所有层级都牵联着和他们一起工作的人，所有的层级也都从其他人的贡献中获益。

与生产企业相比，在服务企业中控制员工更加困难。因为在服务企业中，员工更多的是与顾客面对面，自主地为顾客提供服务。管理者不能控制这些员工，因为员工是自主的，管理者不能直接观察他们并纠正他们的行为。因此，在一个服务企业中，必须要把工作环境中的氛围或者文化作为员工行为的指导。我们只能把这种服务性的氛围或者文化，而不是员工对上级管理人员的畏惧，作为约束指导。管理者的工作是协调工作环境，以便员工与顾客打交道时，不会有其他人的干预。而员工与顾客接触时的行为则需要通过企业的特定工作氛围来管理。

## 48

### 通过文化而非管理者进行管理

服务企业不能够基于对员工的直接监督来运营，因为员工与顾客是互动的，直接的监督将破坏无缝服务。唯一的选择就是创造出一种可以间接指导员工行为的服务文化——这种文化的价值是通过组织内各个系统（市场营销、组织管理、人力资源管理等）的日常规程和行为来体现的。

## *组织文化的含义*

管理者都趋向于根据企业的一些有形因素（如企业规

模、员工数量、投资回报率、股票价格等)考虑他们自己的业务。当然,这些因素对于企业来说确实都是很重要的,不过这一章则主要倾向于从无形的因素来考虑企业的事务。我们接下来将讨论这些无形因素,它们能使组织拥有一个共同的愿景和目标,确保服务流程的无缝配合,创造卓越的服务;而且,它们将组织的各项职能结合在一个共同的目标之下。对于我们而言,在服务组织里,最契合上述理念的就是组织文化这种无形因素。在此,我们将从理论和实践两个方面探讨组织文化的含义。

### 理论角度

我们所说的"氛围"和"文化"到底是什么意思呢?花一些时间弄清楚这个问题是非常重要的。很多人努力想要改变组织氛围或文化,但最终都失败了,这是因为很多人一开始就不认同这两个词所代表的意义。就员工感觉到的工作环境而言,这两个词意义很相近。员工在感觉工作环境时,常常关注如下方面:在这里的某些事情意味着什么?我们在这里应该如何做事?为什么在这里要按照这种方式做事?在这里真正重要的事情是什么?这些想法都是建立在组织的氛围或文化的基础上的。我们也只能从组织的氛围和文化的角度来回答这些问题。在别的地方,我们找不到答案。

氛围和文化是同一个概念的两个方面(见图9-1)。组织的氛围是一种信息,员工能够从中领会到在组织中什么是重要的。员工从工作过程中的体验获得这个信号。这些体验来源于人力资源管理、运营管理、市场营销活动和工作程序，以及对平时工作获得的奖惩、期望和支持等的感受。

图 9－1　服务文化

| 可见性 | 文化的内容 | 例证 |
| --- | --- | --- |
| 表层 | 对日常规程和行为传递的信息形成了共同认识 | 顾客和员工都说这个餐馆的环境很友好 |
| ↑ | 体现在管理层设计的运营管理、市场营销、人力资源管理等之中的日常规程和行为传递了强化组织核心价值观的信息 | 服务景观非常吸引人；请求顾客来发表意见；培训员工友好地对待顾客，并对他们良好的表现给予奖励 |
| 内层 | 核心价值、内涵和假设 | 管理层支持关心他人的核心价值 |

人们将无数次体验归纳成一个主题，这个主题就是组织氛围。当这个主题是服务时，他们便会得出组织中存在着服务氛围的结论。而当这个主题是成本节约时，则组织中存在着一种削减成本的氛围。

氛围可以被看做是组织文化的表层。文化是企业员工共享的一系列价值观和信念，这种价值观和信念影响着员工的言行。当员工体验到的是服务主题时，他们就会推断出管理层信奉满足顾客需求的理念；而当员工体验到的是削减成本的主题时，他们又会推断出管理层最看重的是金钱和短期利益，而根本不在意人们对于安全和公正的需求。这种对企业管理层的信念和价值观的推断，就是组织的文化。

正如本章开始时所引用的那段话指出的那样，重视他人的文化意味着重视顾客，重视服务于顾客的员工。或者可以说，在整本书中，我们都在强调，我们对待员工的态度将反映在我们的员工对待顾客的态度上。递推一下就会发现，员工体验到的文化，将是顾客体验到的文化。

在这里，我们所使用的“文化”一词将涵盖“氛围”的含义，文化就是：

- 关于“在组织中什么最重要”的共同理解和感知；
- 关于“为什么这些是重要的”的共同价值观、信念和假设。

一个管理者必须知道，员工非常依赖于他们从运营管理、市场营销和人力资源管理实践活动中得出的对于氛围的感受，并且他们是通过这种感受来推断管理层真正的价值观、意思和假设，而并不单单相信企业管理层自己对企业价值观的描述。例如高层管理者可能会倡导这样一些价值观，如“我们把顾客服务摆在第一位”或者“员工是我们最重要的资源”，但是在行为上却把顾客当成一种麻烦，并且一旦利润下降他们就开始裁员。

当言行不一致时，一个组织经常会犯这种被称为“文化精神分裂(cultural schizophrenia)”的错误。这种分裂的文化特征将会破坏所有为了实现优质服务所作的协调性努力。[5]

---

**49**

### 避免文化精神分裂

“文化精神分裂”是指：管理层口头上宣称其推崇某一种文化，而实际上，其企业的日常规程和行为却传达了另一种文化。而员工信奉的文化恰恰来自他们体验到的日常规程和行为。

---

**实践角度**

丽嘉酒店因为其企业文化而获得了鲍德里奇质量奖(Baldridge Award for quality)；更重要的是，在一个充满了激烈竞争的环境里，丽嘉酒店作为一个一直在扩张的连锁酒店获得了成功。在丽嘉，每一个酒店就是一个团队，而每一个酒店员工都是团队的一部分。在这里，为了能让顾客满意，酒店授权每一名员工可以“做任何事情”。“做任何事情”包括花钱(依员工的级别而定，最多可达4 000美元)来做一些事情以确保让顾客感觉舒适。丽嘉酒店的员工不仅告诉顾客哪有洗手间，而且还会领着他们到那去；员工不仅仅只是接电话，他们接电话时还必须面带微笑；等等。

丽嘉酒店已经建立了一种信条和20个基本原则等“黄金标准”，用于评定员工的这些行为，但是更为重要的是，它也制定了一些准则和程序去奖赏和支持这些行为。

当众多细微的准则、政策或者程序都能够得到执行时，这种文化控制就会产生并能维持下去。管理者以及员工也都彼此希望工作能够使酒店的顾客开心满意。〔在20世纪80年代早期，当简·卡尔松第一次试着将这种服务的理念传递给SAS航空公司时，他深有感触地说道：“我们希望在一百个方面都比我们的竞争对手强1%，而不愿意仅在一处比竞争对手强100%。”〕[6]

丽嘉酒店做的另外一件事就是让每一个在酒店工作的员工都感到自己是有价值的员工。丽嘉酒店员工的信念是“我们是服务于绅士和淑女们的绅士和淑女”。每一个人，不管是客人还是员工，都被看成是绅士和淑女。在丽嘉酒店没有文化精神分裂的现象；相反，它只关心每个人的尊严需求。

对那些协调自身企业文化来使顾客满意，并确保文化贯穿整个公司的组织，员工对它们的评价如何呢？在那里是否可以找到“服务激情”呢？表9－1显示了一个大型调查的结果。在这个调查中，我们访问了100个员工，这些员工来自于三个金融服务企业的35个办事处。[7]我们让他们说出他们工作的办事处的服务文化，然后根据他们的回答来判断其文化是否充满激情。表9－1的上半部分是在富有服务激情的办事处工作的员工所作的评价。在这些办事处中，文化是以服务为中心的。这些员工拥有服务激情。服务是这些企业运营的形式，是企业重点强调的事物。我们可以说文化是企业行为的协调者。

表 9－1 员工对组织的描述

**对服务充满激情：**

- 我们做每一件事情都精确、有效率；
- 我们雇用那些重视顾客服务的人；
- 如果我将事情办好了，我将得到应有的奖励；
- 服务信息通过行动和备忘录得到传递，服务渗透到工作的整个过程；
- 服务就是工作，为了服务一个顾客，我们可以停止所有工作；
- 我们的老板用图表记录服务的情况；
- 为了解决顾客的问题，我们将竭力做任何事情；
- 我们设立了方便顾客的夜间服务；
- 如果调查显示顾客满意度是 100%，老板将会带我们出去大吃一顿；
- 员工有权查看顾客满意度调查。

**对服务缺乏激情：**

- 这儿的员工考虑的是压力、隔阂和敌意，而不是为顾客服务；
- 我们对待顾客的方法一般是：首先假定他们是有错的，他们需要证明自己是清白的；
- 公司过多的死板的规章以及指导原则妨碍我们提供良好的顾客服务；
- 我们会雇用一些没有本事的人，因为雇用他们的成本较低，但我们往往忘记了他们是最直接与顾客接触的人；

续表

| |
|---|
| ● 我们是以公司为导向而不是以服务为导向的；<br>● 没有人会在意顾客服务，我们通常在两周之后才给顾客打回复电话；<br>● 我们不会因为提供了好的服务而得到任何回报；<br>● 我们努力地服务于我们的顾客，但是管理层并不支持；<br>● 我们基本上不讨论任何事情，至于服务，那就讨论得更少了；<br>● 管理层非常重视利润，而不是员工和顾客。 |

与表9-1中上半部分显示的高涨的服务情绪相比，下半部分显示了对于服务的消极看法。这里，我们看到了一种恶化了的服务氛围。这些员工对顾客以及服务所作的评论与良好的服务文化形成了鲜明的对比。

组织应该如何创造和保持服务的激情呢？企业怎样做才能让它的员工对顾客和服务作出的反应与表9-1的上半部分员工的评论一致呢？需要协调哪些职能才能创造出一种良好的企业文化，并且在这种文化中，员工相信顾客理应得到优质服务，且能看到自己和别人都为了使顾客满意而努力工作呢？

上面这些问题的答案就是在服务游戏中制胜的秘诀所在了。这本书就谈到了如何处理各种各样的商务行为，如何与各种各样的人打交道，以及如何良好地协调他们，来帮助组织保持服务激情并且向顾客传递完美的服务。事实上，没有什么简单的办法让我们轻松实现上述目标。我们必须协调我们在书中提到过的所有行为(从市场目标的确定到员工的录用,从培训到奖酬再到服务,从运营管理、人力资源管理到测评和反馈),以创造出一种完善的系统——在这个系统里,员工相信服务至上,顾客能够得到优质的服务。[8]

## 发起组织文化的变革

作为协调层中的一个关键层级,高管层必须在一个充满了服务激情的强有力的文化下,将交界层与顾客层结合起来(见图 9-2)。如何才能做到这一点呢? 一种很流行的说法是文化变革必须源于组织的底层而由组织的高层来领导。从这种思想出发,我们引进两个重要的参与者来研究这个问题:服务协调团队和员工。接下来,我们将就组织应该如何开展文化的变革提出一些观点。

### 服务协调团队

首先,它是一个"协调"团队,不是一个"管理"团队。在服务过程中,所有参与者都需要被协调,而非被管理。为了确保协调的产生,组织必须首先建立起一个"交叉分层(diagonal slic)",并利用这个交叉分层来创建服务团队。这个交叉分层的员工必须来自于各个部门,这些部门至少包括市场营销部、运营管理部及人力资源部;并且这些员工必须来自于各个权力层级。除非协调团队能代表人力资源管理、市场营销、运营管理的职能,否则那些需要得到协调的跨职能问题就不会受到关注。



制胜法则

图 9－2　无缝服务系统

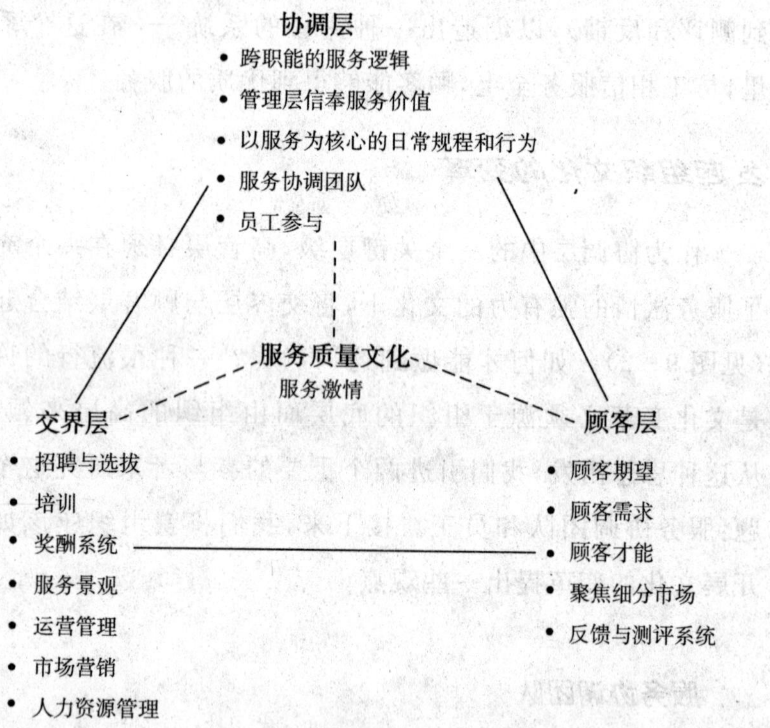


这个交叉分层将既包括内部员工，又包括从事一线服务工作的员工。人们常常认为服务的后台支持和协调是内部员工的工作，但是由于从事一线服务的员工是真正为外部顾客提供服务的，所以邀请他们加入对于协调合作而言是十分重要的。而企业如果能邀请顾客加入这个团体，那将是相当明智的选择(参见第四章)。

必须认真选择服务团队的成员并对其进行培训，明确应按照什么样的标准来判断其效能。必须确立内外部的顾客目标。还要建立一种介绍和推广成功经验的体制，设计出奖励和表彰制度，表彰员工所作出的重大成就。

在服务协调团队的会议中，应该首先提出顾客层、交界层和协调层这三个层次在无缝服务提供过程中存在的诸多关系。企业经常会遇到问题，不幸的是，很多问题经常由一个专属职能部门解决（甚至不能解决），服务协调团队必须确保同时从多个职能的角度来考虑这些问题。以下是一些案例：

- 新的运营和技术流程都处在设计阶段。需要挑选和培训哪类员工才能优化系统的运用？新的流程与技术是否应该被调整，以便现有的员工能够使用它们？在未来，它们是否可以升级，以便更好地利用新能力？顾客是否被邀请参与？运营管理部门是否偏离了方向？他们设计的系统，是否在他们看来是必要的，而在顾客看来是多余的？
- 企业中缺乏在技术和流程方面拥有创新能力的员工，比企业需要的要少得多。运营管理能否重新设计出更便利于使用者的系统呢？人力资源管理能否从开始招聘的时候就扩大招聘范围呢？在竞争中所需要的能力，有多少可以通过招聘获得，又有多少可以通过培训获得？你的顾客会帮你找到有竞争力的员工吗？
- 市场营销部门正在设计新的产品和服务，并想为它们作广告宣传。对于运营管理来讲，为了提供这种服务，需要用多长的时间去提供新的系统和程序？对于人力资源管理来讲，又需要多长时间来培训员工，使他们能够运用新的系统和程序提供新的服务？新的服务是否需要进行一些调整以确保为它们所设计的系统能够实现最大程度的用户友好性？新服务是否已经经过了充分的检测从而可以确保其用户友好性？

➢ 管理层正在考虑并购问题。在整个并购过程中，为了保证并购会给双方的员工和顾客都带来经济和心理上的好处，企业应该采取什么样的并购方式才是比较合适的呢？企业如何才能整合两种运营管理、两种人力资源管理、两种市场营销等等，使之成为一个协调统一的整体呢？这一过程又将花费多长的时间呢？目前一些企业，如万国银行（NationsBank）等，已经成为企业整合方面的专家，它们专门成立了跨职能的专家团队来解决企业整合中所遇到的问题。很多企业认为，只要紧盯住“财务”问题，其他的问题就能迎刃而解。但是事实并非如此。以顾客服务为例，在企业合并后，如果顾客服务方面没有受到足够的重视，那么它通常会是遭受打击最大的部门之一。我们都知道，当银行被接管后，人们往往会抱怨它们的服务质量大幅下降。

➢ 管理层决定要减小规模，使企业更为灵活，并能更好地利用新技术。为企业未来的发展培训员工，是否要比现在将他们解雇，而将来再度雇用他们更好呢？当地是否有企业需要你的员工现在就能够提供的一些帮助，这样，当他们在未来对你的公司有用时，你又可以得到他们？在未来，不同的技术和市场将需要不同的人才，那么如果一定要解雇员工，企业能够保证那些有能力帮助企业未来发展的员工留下来吗？

以上事例说明，企业的问题，牵一发，动全身。这是无缝服务的本质，也是无缝服务带来的挑战。

*员工的参与*

负责协调的团队不能只是闭门造车来决定怎样去处理事情或者应该改变什么，他们必须去咨询那些身处一线的员工。通过这种咨询，可以调查出提供完善服务的方法、实现卓越服务所需的资源、企业需要攻克的壁垒、需要改变的员工招聘、培训以及奖酬系统、顾客与员工对质量及满意度的评价标准，等等。总的来说，员工的参与是协调团队能否拥有更多决策信息的关键，也是员工能否认同这种决策，并在为顾客服务的过程中积极执行这些决策的关键。

对于内部服务需要关注的问题，员工的认识也是非常准确的。例如他们知道市场营销和运营管理协调失败的原因；他们知道人力资源管理能及时雇用合适的人，但是却不能在员工不再能发挥作用时及时地解雇这些人的症结所在;他们知道那些与最终顾客打交道的人所需要的帮助与支持。企业管理者应该花时间向员工咨询,这就是服务协调团队的工作。

有很多真实的事例证明了员工对如何提高企业服务质量是了如指掌的。比如为了迅速解决顾客对服务的投诉,他们会重新设计更人性化的表格和服务终端,增加顾客需求量较大的服务,改变时间表以便顾客可以随时得到他们想要的服务,等等。在 1986 年,美国航空公司的员工通过对公司内部运作方式进行重新设计,实现了2 000万美元的成本节约。[9]

在最近完成的一个项目中,我们的同事贝丝(Beth)研究了一个财产安全保险公司员工对于顾客需求的认识。[10]贝丝调查了如何缓解为顾客服务的员工的压力。她假设,员工越是有这样一种感觉,即管理层会因为他们满足了顾客的期望而对其进行奖酬,他们承受的压力就越轻。尽管她证实了这个假设,但是在她的调查中,最让我们感到意外的收获是员工制作的一张关于顾客最想要的服务的列表。为了验证员工压力假设,贝丝需要去了解顾客的需求。为了确定顾客的期望,她将员工分为多个小组,并逐一询问他们心目中的顾客的期望。仅询问了几个小组,员工就已给她列出了 89 条不同的顾客需求。表 9－2 列出了从中随机选择的 15 条。

表 9－2 员工关于"顾客对服务的期望"的认识

1. 顾客期望我告诉他们:他们得到了最好的价格。
2. 顾客期望在十分钟内听到我的报价。
3. 顾客期望我能够找回丢失的信件。
4. 顾客期望我能够在接完他们的电话后,马上给他们发出邮件——即使那并不是我的工作。
5. 顾客期望每个电话最多被转接一次。
6. 顾客期望我能深入地了解他们,以发现他们想知道的信息。
7. 顾客期望我可以掌握最新、最精确的信息。
8. 尽管我已经在电话中详细地介绍了产品的信息,但顾客还是希望我在给他们产品时能够附上信息和介绍。
9. 顾客期望我为他们详细地介绍他们已买或是想买的产品的信息。
10. 顾客期望通过我了解其他公司的政策和措施。
11. 顾客期望我知道各种汽车的信息、它们的安全性能,以及可供选择的品种。
12. 顾客期望我知道如何给车辆注册。
13. 顾客期望我能解释为什么保险费会上升。
14. 顾客期望我在他们失礼的时候,依然保持彬彬有礼。
15. 顾客期望我称呼他们时加上他们的头衔(比如上校、博士等等)。

从这张表中,我们可以明显地看到,员工对顾客需求和期望有着深刻的见解。以第六点期望——"顾客期望我能深入地了解他们,以发现他们想知道的信息"为例,这表示员工有了对于顾客期望的一种精神层面上的认识;换句话说,就连顾客自己可能都不知道他们有这样的期望，但是员工却知道这是顾客的期望。

为了建立一个无缝顾客服务系统，企业应该非常重视员工对于顾客期望的认识；它们还要根据这种认识，在企业内部进行相应的改变。员工了解市场的特点，知道什么样的人值得企业聘用，清楚员工需要什么样的培训，以及企业如何才能最好地奖励员工，等等。员工们也知道，运营管理等事务需要引起重视，它包括顾客服务系统的设计，服务便利性的实施、保持和维护，投诉处理机制，信息系统的需求，等等。除此之外，员工们还知道与不同的顾客打交道的各种策略——什么样的顾客需要温暖爱心似的照顾，什么样的顾客需要的是速度；以及如何对顾客更好地展示新服务——什么时候做广告，在做广告前什么时候进行新服务测试。

**50**

### 利用员工这个外部市场研究资源

掌握你的员工知识库。员工是一个极好的市场信息来源，这是因为：(1)他们拥有顾客知识，无论是内部顾客还是外部顾客；(2)他们知道企业如何改变才能获得成功；(3)他们能与顾客产生共鸣。

---

在这些事情上给员工发言权的同时，企业还需要辅助以完整的"员工授权"计划，我们曾在第五、六两章中介绍过这

个计划。到目前为止,我们已经介绍了“参与”制度可以让员工有机会将他们的想法和观点反映给组织上层。这也算是员工授权的一种形式。它的重点在于,将通常掌握在高层管理者手中的四个关键的组织元素下放。它们分别是:

1. 权力:能够作出影响组织方向和组织绩效的决定的权力。共享权力机制包括工作内容丰富化方案、员工建言计划和自我管理型工作团队。尤其重要的是,直接服务于顾客的员工要能拥有决策权。
2. 信息:关于企业绩效的信息。例如整个公司的营业收入,分支机构、部门或小组的营业收入,竞争对手的信息,劳动力市场信息,以及在产品、技术上的新发展信息,等等。毫无疑问,员工需要掌握企业收集到的关于顾客想法和期望的所有信息。
3. 薪酬:以企业运营表现为基础,建立合适的薪酬系统。其中包括绩效工资、员工持股计划、收益分享计划等。薪酬制度的关键在于:薪酬的分配要以员工使用自身被授予的权力来提高顾客服务质量的绩效为基础。
4. 知识:使员工了解企业,并为企业绩效的提高作出贡献的知识。这些知识包括各种类型的培训:团队领导能力培训、数据分析培训、经济学培训、冲突解决能力和交叉技能培训,等等。比如,企业需要培训员工以使他们理解如何在服务配置图的相应位置上发挥自身的作用。[11]

## 51

### 授权给你的员工——正确的道路

授权并不只是"使一线员工获得解放"或者"摒弃公司章程"的行为。它需要在整个组织中从高层系统地向下重新分配四个关键要素——权力、信息、薪酬、知识。

员工是否得到了真正的授权？这取决于他们是否与管理者一起共享到了这四个要素。这四个要素使得员工能够对自己的工作有更多的控制权，这样他们才会真正地关心企业的成功，并且更加关心周围的事务；同时由于薪酬与工作业绩的紧密联系，员工会变得更有责任感。

员工的参与不仅充分利用了他们的知识，同时也增加了他们对企业的信任感、忠诚感和责任感。就像前面多次列举的那样，员工更加愿意提供优质而不是劣质的服务，因为在员工为顾客提供优质服务的同时，他们自身也会有成就感。拥有了参与的机会也让员工增强了自尊心，感觉到了自身在整个过程中的作用。

但是需要注意的是，员工高度的参与除了能带给企业更多利润外，也存在相应的成本。如果将员工真正视为是企业的合作者，那么企业则需要投入更多的精力、时间和金钱去挑选和培训员工。招聘员工不能仅仅基于其是否能马上上岗或者是否有一种工作激情；而培训也不能被当做是不用工作的好借口。如果你想把员工培养为企业的智囊团，为企业出谋划策，你就必须要对他们进行投资。

现在，让我们来总结一下企业文化究竟出现了怎样的情况。一个服务协调团队现在正试图提高服务的质量。团队的成员用了很多的时间互相交谈，讨论需要注意的各种服务情况以及系统中各因素间的相互关系。组织中各部分的员工都参与了讨论，并且为提高服务效率提供了他们第一手的知识和经验。企业的“感觉”正在慢慢改变。人们开始互相分享经验。谈话开始有了不一样的基调。员工们不再抱怨，而是开始互相协调，互相帮助。他们开始讨论怎样才能将事情真正改变。员工们发现其他人开始试着用新的方式来考虑组织的问题，同时他们还明白了高管层真正信奉和看重的是什么。企业文化开始改变，一种服务激情正在组织中渗透。

但是企业文化并没有完全地改变。所有发生的事情都只是这种改变的前奏。员工们共享文件，一些日常规程和行为正在改变。但是必须待到图 9－2 中的大部分事情都得到了长久、持续的改变，否则仍只是空话。有趣的是，讲话不等同于交流，行动才是交流。演讲、开幕词以及员工各种各样的讨论，都算是讲话。而行动却是更有效的交流。那么什么样的行动才能巩固服务激情呢？哪些情况出现才能表明企业的言行一致呢？下面的部分会对此提供一些建议。

*首先要采取怎样的行动?*

服务企业经常问我们的一个关于传递服务质量的问题就是“我们应该从哪儿开始?”,我们的回答是“哪儿都可以作为起点,凭感觉”。在一个无缝系统里,你可以向任何方向前进。重要的是要记住这是一个系统。我们这样说的意思是,为了向顾客全面展示服务质量,系统中的所有职能必须完美和谐、无缝地结合在一起。尽管在无缝服务系统中,各类问题在局部可能会有所改进,但是只有当三个层面中的所有因素达到了最佳状态的协调时,才可以说是真正成功了。

一些企业经常尽力去缩短变革的过程。一些企业还要我们为它们设计出最好的人员选拔系统,但是却忘记了如果企业形象不佳,它们所招聘到的新员工从一开始就不是以服务为导向的;即使它们能挑选到好的员工,而糟糕的奖酬系统、束缚人的工作环境、不够完善的服务流程、不合适的培训计划等等,最终都会导致这些员工的流失。

对于这样的企业来讲,一个更好的方法是直接从服务和流程上着手,以提高企业形象,从而吸引到高素质的应聘者。一旦应聘者被吸引过来或被企业录用,这个吸引他们的招聘系统就是可以供企业长期使用的。这种系统所带来的是顾客利益,而不是直接体现为企业利益。顾客得到了高质量的服务,以后他们也会更乐于同这个企业打交道。

还有一些企业请我们设计奖酬激励系统,目的是激励员工。奖酬激励系统的一个问题是它通常会与具体、易评判的结果挂钩，比如电话的谈话时间，或者每小时回复顾客的数量等。这种过于关注具体的可衡量行为的激励系统，实际上会减少员工之间的合作，并导致员工快速、机械地完成服务，员工们也就不会考虑如何为不同类型的顾客提供更好的服务。事实上，像我们在第六章中提到的那样，员工在应对这种激励系统时，会变得很有“创造性”。例如他们会莫名其妙地让电话掉线（当谈话时间是激励因素时），或者人为地增加交易的数量（在银行，出纳员能够将一笔存款变为几笔存款）。当然，这事实上降低了服务质量。美国西部（US West）电话公司已经摒弃了这种单纯靠数字来评价绩效的系统，而采用通过顾客满意度来评价员工绩效的方法。在美国西部电话公司，员工所考虑的已经是“顾客认为我们做到了吗？”，而不是“我们花了多长的时间在打电话？”。顾客的反馈是评估员工的基础，而不是通过技术方法所得到的非人性化的数字。

有些人可能认为，最重要的工作就是去调查顾客对服务质量的感受，并将这些数据反馈给员工。这确实是整个系统中非常重要的第一步，但是只做这一件事是远远不够的。那是因为，从顾客那里收集服务质量的信息并让每名员工都了解到这些信息将会对那些缺少作出改变所必需的技术支持和人员支持的员工，缺少提高质量所必需的系统的员工，以及缺少使自己能对顾客的需求和期望给出答复所必需的培训的员工造成一种极大的挫败感。

## 52

### 要认识到任何单独某一方面的管理改善都无法实现无缝服务

在无缝服务系统中没有任何一个因素可以独立地提高顾客服务质量。系统中所有的方面都需要为提高服务质量而努力，从而造就卓越。

## 管理服务游戏：实现无缝服务

在本书的开始，我们就提到在服务游戏中取胜的秘诀在于将企业的顾客层、交界层和协调层结合成一个坚不可破的整体。现在我们来回顾一下为了建立服务文化这三层必须做的工作，以此来结束我们对传递服务质量的规则的描述。执行图 9-2 中总结的工作将会告诉每一个参与者，服务是一个企业的核心价值，而企业的核心价值正是企业的文化。

### 顾客层

必须努力去了解你想要进入的市场对服务质量的期望和需求。市场营销部门必须认真研究这些期望和需求，包括竞争对手的顾客的需求和期望；然后，评估企业在满足这些需求和期望的服务方面做得怎样。必须拥有一套测评体系以评估并追踪我们在第二、三两章中讨论过的问题。评估获得的数据需要同与之相关的员工小组共享，这样才可以制定工作目标，并确保将来能为顾客提供更优质的服务。评估数据必须是公开的，工作目标必须是公开的，为了完成目标所制订的计划必须要与负责各个不同计划的小组相协调，目标达成后的认可和反馈也必须是公开的。

企业必须认真地考虑在制定和完成目标过程中顾客的参与程度。正如第四章中所讲，顾客的能力是服务系统发挥有效作用的一个重要因素。你拥有什么样的顾客，他们有什么能力呢？在服务过程中，你能否增加他们的能力使他们成为一个好的合作者呢？它们参与进来的好处与坏处分别是什么呢？这些举措要能使顾客投入精力到服务过程中去，并且参与到服务过程的各个方面，这可能是一个让人畏缩的困难过程，但它也能产生巨大的利润。

例如咨询企业发现，在雇用直接为顾客服务的员工时，顾客的参与会使招聘非常富有成效。为什么不在其他的服务企业中也使用这种方法呢？顾客培训是我们已经讨论过的事情，但是顾客同时也有可能是培训教练。在克莱斯勒公司，新车设计团队聘请顾客来培训设计师能像顾客一样思考。

服务企业要让员工多花些时间帮助顾客处理他们的事务，并且深入地了解顾客的事务，这样员工才能更有热情地为顾客服务。他们会提出一些新的服务创意，会在服务提供模式和提供时机方面作出一些改变。很明显，如果一个企业让员工多花时间在顾客的身上，它就传达了一个强有力的信息：顾客对这个企业来说是很重要的。

IBM 近期宣布，将企业定位从工业生产型转变为顾客服务型。在实践中，IBM 将建立一个部门，这个部门会首先分析 IBM 的员工团队在哪些领域能够成为专家，然后再去帮助这些领域的企业优化计算机的应用——电脑软件及硬件。到目前为止，IBM 近 1/3 的利润都是来自于服务运营，而且这个数字还在持续增长。为了实现这样的战略转变，公司必须好好地向顾客学习。

最后，是让我们再探讨一下将业务重点放到一个经过慎重选择的细分市场的问题，我们称之为“聚焦还是游弋”。音乐剧《音乐人》（*The Music Man*）一开场的场景是在一列火车上，旅行的商人在歌唱着他们的生活和取得的成功。最后，所有的人都认为实现成功的秘诀是“你知道自己擅长的领域是什么”。一项由纽约大学的伯维·纳亚（Praveen Nayyar）教授发起的大型研究证实：越是能聚焦细分市场的企业越是能获得成功。[12] 纳亚列举了下面几点：

- 把关注焦点放在特定的细分顾客群上会为企业带来较大的成功；
- 把关注焦点放在企业的内部能力和绩效上会为企业带来较小的成功；
- 把关注焦点放在地理区域上会为企业带来较小的成功。

结论：企业必须把关注焦点放在特定的细分市场上。

但是，要想了解如何去聚焦却是很难的一件事。是应该把关注焦点放在提高速度上，还是放在对顾客的关爱上，或是放在对顾客的个性化服务上呢？要同时关注到这三个方面是极其困难的，甚至关注其中的两个方面就已经十分困难了。一些咨询顾问建议，企业可以重点关注其中的一个因素，然后做到最佳。例如迈克尔·特里西(Michael Treacy)和弗雷德·维瑟马(Fred Wiersema)指出，一个服务企业应该关注的三个焦点是：

1. 杰出的运营：在服务过程中做到平稳、快速、可靠；
2. 与顾客的亲密度：在一个精心选择的目标市场里，为多样化的需要提供量体裁衣的服务；
3. 产品的领先地位：提供别人没有的产品。

他们认为，企业能做好这三点中的任何一点就已经可以算是成功了。因为如果一个服务企业在某一点上做得非常突出，其他竞争对手就很难模仿它了。[13]

在这里，我们的观点是：认真聚焦的企业会告诉外界，你是一个什么样的企业，你的市场是什么，市场期望是什么，以及你应该做什么去满足这些期望。将所有这些问题公之于众，可以让企业中的每名员工开始关注企业存在的理由。聚焦可以让员工们明确为什么他们现在处于这样一种状况以及他们应该做什么来确保成功。聚焦还可以给员工指明方向——找到正确的方向是到达目的地所要做的第一步。下一步，就是要得到必要的人才。

**交界层**

交界层是指直接为顾客服务的员工。他们是实现服务成功的一个关键因素(但不是唯一的关键因素)。因此,就像我们无数次提到的那样,核心服务本身是至关重要的;运营管理和市场营销是至关重要的;聚焦在目标市场上也是至关重要的。

就服务体验本身而言,交界层扮演着非常重要的角色;但是运营问题也会决定服务体验,市场营销活动则会影响顾客期望,而顾客期望也会影响顾客对是否得到了他们期待的满意服务的看法。

换句话说,服务企业应该努力把重点放在我们所指出的人力资源管理上,但同时也应避免"人力资源陷阱"——把他们的服务质量的所有鸡蛋都放在人力资源管理这一个篮子里。人力资源管理问题可以被看成是橄榄球队中的四分位——尽管重要而且不可或缺,但单靠它却不足以获得服务游戏的胜利。只有与杰出的进攻线卫、优秀的跑卫以及强大的防守组相结合,这个好的四分位才能获得比赛胜利。服务企业需要好的人力资源系统,这样当其他职能有效地运转时,企业才能提供优质的服务。

在第五章和第六章里,我们讨论了人力资源管理的细节,包括雇用、培训程序和奖酬系统等。我们这样做的首要理由,可能也是最重要的理由是:对人力资源的重视会给人们传达一个很强烈的信号——服务对于企业的成功是至关重要的。人力资源管理包括:(1)选择并雇用能力强、人品好的员工去提供杰出的服务;(2)在他们带给企业的特点的基础上去培训他们;(3)当员工提供优秀服务时奖励他们,这样可以有效地将企业文化传递给每一个人。

当这种交界层的人力资源管理与前面提到的顾客层所应争取的行动相结合时,才可以真正传递企业文化。从文化交流的立场上看,在人力资源管理的计划和实施过程中,员工的参与是非常重要的。

当员工告诉我们需要关注人事系统、培训系统和奖酬系统时,我们知道员工是对的,因为这也意味着顾客在说他们没有得到满意的服务。一方面要让你的员工告诉你哪些地方是需要注意的,另一方面要让他们参与到纠正问题的方法的设计和执行中来,这样的参与可以极大地提高员工的士气。

在第七章中,我们介绍了顾客用来评价服务质量的非人员客观因素(设备、便利性、技术、员工衣着等)。这些非人员因素要与员工个人素质(人力资源)相结合,从而形成与顾客期望相一致的系统。受过良好培训的员工和保养得很差的设备是不可能实现这个系统的。在顾客评价服务质量前,你能猜到哪个因素会更吸引顾客的眼球吗?

关于交界层,企业需要记住以下几个重点:

- 对于员工来说,在企业需求和顾客需求之间的交界层工作是有很大压力的。当企业奖励员工为满足顾客所做的出色工作时,他们的压力就会有所减少。通过这种奖励制度，管理者可以让员工相信企业更看重的是服务质量。

- 为交界层员工提供各种资源（比如其他员工、设备和机器、系统和程序等），确实有助于他们为顾客提供服务，从而为顾客带来优质服务的体验。但是，只有当员工真正认为企业提供的资源可以协助他们时，顾客才会体验到优质的服务。让员工感到其他资源都在协助他们工作的关键，就是要让员工参与到资源的设计和应用中去。
- 交界层的员工非常清楚顾客感受到的服务质量。这个层面的员工清楚地知道服务提供和人力资源管理的问题所在以及可以提高顾客服务体验质量的方法。交界层的员工知识丰富，而这些知识能否被有效利用则取决于管理者。

*协调层*

第八章分析了协调层的各个因素，而本章也是讨论与协调有关的事务。第八章内容的关键在于，我们要让各种职能（运营管理、市场营销、人力资源管理等）按照一个共同的服务逻辑而不是各自领域互相竞争的逻辑来解决问题。

最后一章重点阐述了企业文化是协调机制，这个机制将三个服务组织层和我们提出的各种规则紧密联结成一个有极强凝聚力的无可匹敌的服务系统——依靠“服务激情”驱动。

在本书的开篇中，我们说在服务游戏中取胜的规则是很简单的。然而，我们还要说，要将它们贯彻到底却是非常艰难的。企业文化的变革就是一个很好的例子。你需要自始至终地关注它，持之以恒，坚持到底；你必须富有耐性；你必须意识到没有什么一击中的的方法；你必须对服务的价值深信不疑；你必须制定制度并以身作则，以此表明你对于服务的支持和信奉。

用这种思路来考虑一下：当美国宇航局（NASA）发射登月火箭时，点火后能量巨大、火光冲天，但火箭基本上纹丝不动。如果能量可以持续存在，火箭最终还是会动起来的。在火箭克服地心引力前很多能量都被耗费了——这和很多企业的改革相似。企业必须要克服历史的惯性——这是一件消耗能量的事情。但是，如果企业能够将改革坚持到底，那么服务质量和企业利润就会像黑夜后的曙光一样，终将到来。

## 53

### 持之以恒地协调服务文化

- 你必须做成百上千的小事（但却是很重要的），而不仅仅是一件或两件大事。记住，一个系统有许多部分是相关的。
- 做的比说的重要。讲话不是交流，行动才是。
- 管理层在市场营销、运营管理，尤其是人力资源管理方面的所作所为会传递给员工很强的信息，即管理层信奉什么样的价值观、信念以及假设。

- 你必须保证每个人都能理解你想做什么。千万别错误地以为变革不会有阻力。员工的参与可以为你提供很大帮助。
- 坚持，再坚持！企业文化的变革是很缓慢的。想想你现有的企业文化是用了多长时间才建立起来的。

# 注　　释

## 第一章

1. Stanley M. Davis, "Management Models for the Future," *New Management* 1 (spring 1983): 12-15.

2. Daniel Bell, *The Coming of Post-Industrial Society: A Venture in Social Forecasting* (New York: Basic Book, 1973), 116.

3. Richard Normann, *Service Management: Strategy and Leadership in Service Business* (Chichester, United Kingdom: Wiley, 1984), 8-9.

4. Christopher Busse, "Cross-Function Team Offer Companies an Opportunity to Provide Seamless Service," *The Service Edge* (Minneapolis: Lakewood Publications, October 1993), 1.

5. Robert D. Buzzell and Bradley T. Gale, *The PIMS Principles: Linking Strategy to Performance* (New York: Free Press, 1987), 7. 这是最为重要的一本关于经营战略与经营绩效关系的书。

6. 同上,107—108 页。

7. K. L. Bernhardt, N. Donthu, and P. A. Kennett, "The Relationship between Customer Satisfaction, and Profitablity: A Longitudinal Analysis" (Atlanta: Georgia State University, Department of Marketing, March 1994).

8. E. W. Anderson, C. Fornell, and D. R. Lehaman, "Economic Consequences of Providing Quality and Customer Satisfaction," Working Paper (report 93-112) (Cambridge, Mass.: Marketing Sci-

ence Institute, August 1993).

9. 关于这类研究的总结,参见 B. Schneider and D. E. Bowen, "The Service Organizatoin : Human Resource Management Is Crucial," *Organizational Dynamics* 21, no. 4(spring 1993): 39-52。

## 第二章

1. 引自 Richard Normann, *Service Management: Strategy and Leadership in Service Business*, 2nd. (Chicherster: Wiley, 1991). 41。

2. 我们用期望一词作为总的概念,涵盖与此相类似的词和概念,尽管意义上有一些差别。这些词和概念包括:

- 理应(should):顾客认为应该发生的。
- 势必(will):顾客认为将要发生的。
- 现实的期待(realistically expect):顾客从现实的角度看,认为会出现的;与势必同义。
- 理想的(Ideal):客户以为理想的服务。

学者们已经开展了许多有意义的研究。研究表明,当人们被问起这些词的意义差别时,不同的人会有不同的解释。在这方面,Valerie Zeithaml、Leonard Berry 和 A. Parasuraman("The Nature and Determinants of Customer Expectations of Service," *Journal of the Academy of Marketing Science* 21 [winter 1993]: 1-12)对顾客认为理想的服务和最基本的可接受服务作了区分。他们认为,介于这两个水平间的顾客期望是顾客的忍受区间(zone of tolerance)。从我们的研究角度,这些词都归于"期望"一词下,定义顾客接受服务时的心理状态。

为提供优质的服务而去了解顾客的期望是否重要这一问题一直存在着争议。我们认为,泛泛地谈顾客的一般期望是不重要的,因为各类的顾客可能有着相似的一般期望。例如所有的顾客都期望他们接到的服务有较强的响应性和可靠性,等等。然而,特定形式的期望,对于不同的服务是不同的。对于服务企业而言,掌握这些特定的期望比一般的期望重要得多,例如必须准确掌握顾客对响应性和可靠性的期望。

3. 这些结果是综合了得克萨斯 A&M 大学的一项研究,最先报道于由 V. A. Zeithaml、L. L. Berry 和 A. Parasuraman 撰写的"A Conceptual Model of Service Quality and Its Implications for Future Research"一文中,见 *Jounal of Marketing* 49 (fall 1985): 41-50。

4. 在一系列的研究中,Parasuraman 和他的同事们已经向我们展示了,表 2-1 中的十个概念性的服务质量要素可以归纳为五个要素:可靠性、保障度、有形性、温情和响应(RATER)。参见 Valerie Zeithaml, Leonard Berry, and A. Parasuraman, "Refinement and Reassessment of the SERVQUAL Scale," *Jounal of Retailing* 67(winter 1991): 420-450。然而,其他的一些研究人员却宣称说很难复验这五个要素。参见 E. Babakus and G. boller , " An Empirical Assessment of the SERVQUAL Scale," *Journal of Business Research* 24,(May 1992):253-268; 还有 J. M. Carman, "Consumer Perceptions of Service Quality: An Assessment of the SERVQUAL Dimensions," *Journal of Retailing* 66 (spring 1990): 33-55。

5. Thomas Bosewell, *Washington Post*, June 5, 1993, G5.

6. 这一结果来自 Stephanie Storm, "Image and Attitude are Department Stores' Draw," *New York Times*, Sunday, August 12, 1993, Business section, 它是基于一家纽约市场调研和广告公司——BBDO 的研究。

7. M. J. Bitner 和她的同事们对顾客满意度的关键指标作了相当长时间的研究。他们最新的论文是 M. J. Bitner, B. H. Booms, and M. S. Tetreault, "The Service Encounter: Diagnosing Favorable and Unfavorable Incidents," *Journal of Marketing* 53 (January 1990): 71-84。

8. 改编自 M. J. Bitner, B. H. Booms, and M. S. Tetreault, "The Service Encounter," 77。

9. 改编自 M. J. Bitner, B. H. Booms, and M. S. Tetreault, "The Service Encounter," 77。

10. 同上。

11. 同上。

12. 关于第一弗吉尼亚银行的描述取自于 William F. Powers 在 *Washington Post* (November 29, 1993, Business section, 5)上发表的一篇文章;关于 Dayton-Hudson 的材料取自于 *The Service Edge* (Minneapolis: Lakewood Press); KImco 宾馆和餐饮管理公司的信息由 Perry GarFinkel 报道于 *New York Times*, January 16, 1994, 7。

13. William H. Davidow 和 Bro Uttal 在其"Service Companies: Focus or Falter"一文中首次使用了"聚焦还是游弋(focus or falter)"的概念,该文发表在 *Harvard Business Review* (July-August 1989): 77-85 上。

14. 这一术语来自 Richard B. Chase and Robert H. Hayes, "Beefing Up Operations in Service Firms," *Sloan Management Review* 33, no. 1(fall 1991): 15-26。

## 第三章

1. Kenneth P. Runyon, *Consumer Behavior and the Practice of Marketing* (Columbus, Ohio: Merrill, 1977), 1972.

2. 参见 Kevin Coyne, "Beyond Service Fads—Meaningful Strategies for the Real World," *Sloan Management Review* 30 (summer 1989): 69-76。

3. 对需求心理学和各种需求理论的深入研究和验证已超出了我们的讨论范围。我们之所以在此引入这个概念,是因为我们对服务组织的研究表明,一些顾客对劣质服务的强烈反应是由于其某种基本需求而不是某种期望被违背了。有兴趣想从心理学家角度作更加深入了解的读者可以参考 Salvatore R. Maddi, *Personality Theories: A Comparative Analysis* (Chicago: Dorsey, 1989)。在消费者行为研究方面，需求的概念已经被非常频繁地应用到广告中。我们还没发现像我们在本章所进行的研究那样将需求概念应用到解释顾客对服务所作出的反应的案例。

4. 关于 VALS 的原创著作，可以参见 Arnold Mitchell，Consumer Values：A Typology（Menlo Park，Calif：SRI，1978）。近来的一些关于 VALS 的文献在下文中得到了总结：Joel Herche，"Measuring Social Values：A Multi-item Adaptation to the List of Values，" report 94-101（Cambridge，Mass.：Marketing Science Institute，1994）。

5. Richard Oliver 和他的同事们对我们讨论的需求之一——公平需求作了研究。他还特别就与顾客满意相关的公平、公正需求问题撰写了文章，提到了为我们所熟知的顾客满意研究中的不确定模式（disconfirmation paradigm）。这个模式认为，那些期望不确定的人是不会满意的。以下是 Oliver 的相关研究论文：R. L. Oliver and J. E. Swan，"Equity and Disconfirmation Perceptions as Influences on Merchant and Product Satisfaction，" *Journal of Consumer Research* 16（December 1989）：372-383；R. L. Oliver，"A Conceptual Model of Service Quality and Services Satisfaction：Implication for Services，" in *Advance in Service Marketing and Management*，ed. T. A. Schwartz，D. E. Bowen，and S. W. Brown（Greenwich，Conn.：JAL Press，1993），65-86。

6. Howard Schlossberg，"Dawning of the Era of Emotion：Companies That Survive Will Go Beyond Satisfying Customers，" *Marketing News*，February 15，1993，1.

7. 必须坦诚地说，我们还想添加第四个需求——缓解内疚感的需求。内疚是一种普遍的情感，缓解内疚感是人们普遍的需求。促使我们想将其列入进来的原因是，这种需求是行为的有力激励因素（这是孩子都懂的）。内疚可以成为某些服务广告的目标。例如 MCI 公司就利用内疚感向母亲们兜售长途电话服务；Met Life 公司利用内疚感向家庭的一家之主销售人寿保险，因为一家之主不会让自己所爱之人没有保护；在这方面还有让人最讨厌的例子是 FTD 公司，它利用我们的良知在母亲节大肆兜售鲜花。

8. 关于马斯洛需求理论的基本参考材料请参见：Abraham H. Maslow，"A Theory of Human Motivation，" *Psychological Review* 50(January 1943)：370-396。在后来的一些著作中，马斯洛和其他学者用了另外一些术语描述了这五个需求（例如用自我需求代表对尊严的需求，用社交需求代表对爱的需求）。

9. 因为马斯洛在表述他的理论时说，低一层次的需求得到满足就会激发高一层次的需求（当一个孩子的生理需求得到满足就会产生安全需求；安全需求得到满足就会产生归属感和爱的需求；以此类推）。他的需求层次理论被描绘为一个金字塔形，低级需求被画在底部，自我实现需求则被画在顶部。这就是为什么我们在图 3－2 中采用了金字塔的形式，当然马斯洛自己并不知道他的理论被用这样的形式表述。

10. 关于公正需求思想的最早源头来自 M. J. Lerner，*The Belief in a Just World*（New York：Plenum，1993）；John Rawls，*A Theory of Justice*（Cambridge，Harvard University Press，Belknap Press，1993）；James Q. Wilson，*The Moral Sense*（New York：Free Bess，1993）。

11. Brad Stratton，"How Disneyland Works，"*Quality Progress* 24(July 1991)：19；Sylvia De Bartoli，"How Club Med Keeps Its Unique Service/Quality Identity in Today's Environment"（paper presented at the Activating Your Firm's Service Culture Symposium，Arizona State University，October 29，1992)；Tom Terranova，Industry Evaluators，AAA，Phoenix，Ariz.，August 29，1994.

12. Jane Bryant Quinn，"Here They Go Again，" *Newsweek*，February 7，1994，28.

13. "USA Snapshots：Lady You Need a New Engine，"*USA To-*

*day*, January 7,1994,1.

14. 参见 Christopher H. Loverlock and Robert F. Young, "Look to Consumers to Increase Productivity," *Harvard Business Review* 57(May-June 1979): 9-20。有一些研究服务的学者在定义服务的时候,将顾客参与自己的服务创造作为服务的定义性特征,特别是当与产品生产相比较的时候。关于这方面更多的材料可以参见 David E. Bowen and Benjamin Schneider, "Services Marketing and Management: Implications for Organizational Behavior," in *Research in Organizational Behavior*, ed. Larry L. Cummings and Barry Staw (Greenwich, Conn. :JAL Press, 1988),43-80。

15. Anastasis Toufexis, "A Lesson in Compassion," *Time*, December 23,1991,53.

16. Susan M. Bryan, " 'Respect' Campaign Zeroes In on Airline's Greatest Strengths,"*Arizona Republic*, May 2, 1993, 3.

17. V. L. Hamilton, "Intuitive Psychologist or Intuitive Lawyer? Alternative Models of the Attribution Process," *Journal of Personality and Social Psychology* 39(November 1980):767-772.

18. Nat B. Read, "Sears PR Debacle Show How Not To Handle a Crisis," *The Wall Street Journal*, January 11,1993, A16.

19. James L. Heskett, W. Warl Sasser Jr. , and Cristopher W. L. Hart, *Service Breakthroughs: Changing the Rules of the Game* (New York:Free Press,1990).

20. Elizabeth C. Clemmer and Benjamin Schneider, "Fair Service," working paper, Department of Psychology, University of Maryland, College Park, 1993.

21. Cathy Goodwin and Ivan Ross, "Consumer Evaluations of Responses to Complaints:What's Fair and Why," *Journal of Service Marketing* 4 (summer 1990):53-61.

## 注释

### 第四章

1. D. Ulrich, "Tie the Corporate Knot: Gaining Complete Customer Commintment," *Sloan Management Review* 30 (summer 1989): 19-27.

2. 将顾客视为半个员工和合作生产者的理念日益受到企业界和学界的重视。早在 1979 年，Christopher Lovelock 和 Robert Young 就在他们的文章["Look to Customer to Increase Productivity," *Harvard Business Review* (summer 1979): 168-178]中提出了这一观点。在此之后，一大批学者都在关注这一现象，他们包括 D. E. Bowen ["Managing Customers as Human Resources in Service Organizations," *Human Resources Management* 25 (summer 1986): 371-384], P. K. Mills and J. H. Morris ["Client as Partial Employees of Service Organizations: Role Development in Client Participation," *Academy of Management Review* 11 (October 1986): 726-735]。

3. S. Kerr and J. Jermier, "Substitutes for Leadership: Their Meaning and Measurenment," *Organizational Behavior and Human Decision Processes* 22 (December 1978): 375-403.

4. D. Bowen, "Customers as Substitutes for Leadership" (Ph. D. dissertation, Michigan State University, 1983).

5. Ulrich, "Tie the Corporation Knot."

6. 同上。

7. Mills and Morris, "Clients as Partial Employees," 733.

8. 关于实际工作预演(RJP, realistic job preview)的研究是很有说服力的。主要原因是，这些研究中的很多都采取了现场试验的方式，比较有 RJP 和没有 RJP 情形下招聘的结果。欲知关于 RJP 方面更多的信息可以参见 J. P. Wanous, *Organizational Entry: Recruitment, Selection and Socialization*, 2nd ed. (Reading, Mass.: Addison-Wesley, 1992)。

9. "Making Customers Smarter Is a Strategic Step Toward Satisfaction," *The Service Edge* 2, no. 6(June 1989):3.

10. 同上。

11. J. E. G. Bateson, "Perceived Control and the Service Encounter," in *The Service Encounter*, ed. J. Czepiel et al. (Lexington, Mass.: Lexington Books, 1985).

12. 如果顾客没有其他选择，只能选择这家公司，那么外在的奖励是没有必要的。

13. 尽管我们对服务中供需双方的实力对比没有研究，但是我们下这样的结论似乎还是有道理的：顾客并不总是处于更加强势的地位。想想医生和病人的案例：通常医生处于强势地位，但是如果医生家的下水道堵了，那么作为维修该医生家下水道的水管工的病人则会处于较强势的地位。

14. J. R. Hackman, G. Oldham, R. Janson, and K. Purdy, "A New Strategy For Job Enrichment," *California Management Review* 17(summer, 1975):57-71.

15. W. Ouchi, "The Relationship between Organizational Structure and Organizational Control," *Administrative Science Quarterly* 22 (December 1977):108.

16. Anat Rafaeli 从一项对超市收银员的研究中得出了这些结论，见"When Cashiers Meet Customers: An Analysis of the Role of Supermarket Cashiers," *Academy of Management Journal* 32 (June 1989): 245-273。

17. T. Parsons, "How Are Clients Integrated in Service Organizations?" in *Organizations and Clients: Essays in the Sociology Service*, ed. W. R. Rosengren and M. Lefton (Columbus, Ohio: Merrill, 1970):1-16.

18. 通讯"On Achieving Excellence"的编辑 Paul Cohen 与作者的谈话，TPG Communications, Palo Alto, August 29, 1994。

## 注释

### 第五章

1. 这些思想是下述研究结论的摘要:Christian Gronroots 所著的 *Service Management and Marketing: Managing the Moments of Truth in Service Competition* (Lexington, Mass.: Lexington Books, 1990)。

2. A. Hocheshild, The Managed Heart: *The Commercialization of Human Feeling* (Berkeley: University of California Prss, 1983); A. Rafaeli and R. I. Sutton, "Expression of Emotion as Part of the Work Role," *Academy of Management Review* 12 (January 1987):23-37.

3. Benjamin Schneider, "The Service Organization: Climat Is Crucial ," *Organization Dynamics* 9 (summer 1980): 52-65.

4. Benjamin Schneider and Neal Schmitt, *Staffing Organizations*, 2nd ed. (Glenview, Ill: Scott, Foresman, 1986).

5. 模拟的内容与工作内容的吻合,无论是从做好招聘工作的角度还是从法律角度来看,都是重要的。在此,我们不能就模拟的合理性做更多的研究,只能强调模拟与职位的吻合是要考虑的重要方面。关于这一点,参见 Schneider and Schmitt, *Staffing Organizations*。

6. Sephen Gilliland 就有关人员选拔程序的公平性的研究文献作了综述:The Perceived Fairness of Selection Systems: An Organizational Justice Perspective, *Academy of Management Review* 18 (October 1993): 694-734。

7. R. T. Hogan, J. Hogan, and A. Busch, "How to Measure Service Orientation," *Journal of Applied Psychology* 69(October 1984): 167-173. 还可以参见 H. T. Hogan, " Personality Measurement," in *handbook of Industrial and Organzitional Psychology*, 2nd ed. ,ed. M. D. Dunnette and L. A. Hough(Palo Alto: Consulting Psychologists Press, 1991)。

8. 关于这三种方法(Hogan 的方法、明尼阿波利斯市的 Personnel Decisions 公司的方法以及旧金山市 CORE 公司开发和检验过的方法)有效性的资料可以从 Michael McDaniel(Department of Psychology, University of Akron)那里获得。他执行了一项被称之为"有效性归纳(validity generalization)"的检验,将这三种方法应用于许多组织,以确认在通常情形下它们能否作出有效的预测。他发现它们都达到了预期的效果,每一种方法的统计有效相关系数都在 0.5 左右(对这项工作而言,这是相当不错的了)。

9. Timothy A. Judge, "The Dispositional Perspective in Human Resources Research," in *Research in Personal and Human Management*, vol. 10, ed. Ken Rowland and Gerald Ferris (Greenwich, Conn,:JAI Press, 1992),31-72.

10. Benjamin Schneider, "Service Quality and Profits: Can You Have Your Cake and Eat It, Too?" *Human Resource Planning* 14, no. 2(1991):151-157.

11. 关于如何使面试更为有效的问题,就我们所知,比较出色的介绍资料可以参见 *The Employment Interview: Theory, Research and Practice*, ed. R. W. Eder and G. R. Ferris (Newbury Park, Calif.: Sage, 1989)。该书对如何使面试更为有效的所有重要方面作了探讨。

12. Benjamin Schneider, "The People Make the Place," *Personnel Psychology* 40 (fall 1987)437-453.

13. Benjamin Schneider, Jill K. Wheeler, and Jonathan F. Cox "A Passion for Service: Using Content Analysis to Explicate Service Climate Themes," *Journal of Applied Psychology* 77 (1972):705-716; and Benjamin Schneider and David Bowen, "The Service Organization: Human Resource Management Is Crucial," *Organizational Dynamics* 21, no. 4 (spring 1993) 39-52.

14. D. E. Bowen, G. E. Ledford, and B. N. Nathan, "Hiring

for the Organization, Not the Job," *Academy of Management Executive* (November 1991): 35-51; Also, S. Rynes and B. Gerhart, "Interviewer Assessments of Applicant 'fit': An Exploratory Investigation," *Personnel Psychology* 44 (spring 1990): 13-34.

15. "Selection and Hiring," *The Service Edge* (Minneapolis: Lakewood Press) 7, nos. 1-2 (April 1994).

16. D. H. Maister, "The Psychology of Waiting Lines," in *The Service Encounter*, ed. J. A. Czepiel, M. R. Solomon, and C. F. Surprenant (Lexington, Mass.: Lexington Books, 1985), 113-124; and E. C. Clemmer and B. Schneider, "Managing Customer Dissatisfaction with Waiting: Applying Social-Psychological Theory in a Service Setting," in *Advances in Services Marketing and Management*, vol. 2, ed. T. A. Swartz, D. E. Bowen and S. Brown (Greenwich, Conn.: JAI Press, 1993), 213-230.

17. 用来得出这些结论的统计分析方法是要素分析法，也被称做为关键要素分析法。利用这一方法，我们可以发现顾客对调查问卷中的问题所给出的答案之间的关系。在本项研究中，我们要顾客回答问卷中的大约 25 个问题（在不同的研究中，问题的数量有一些差异），所有这些问题都是与服务期望相关的。我们利用统计分析的方法研究顾客对这些问题所给出的答案，发现顾客对某些问题的回答与对另一些问题的回答极其相似。顾客对机器设备方面问题的反应与对舒适和安全方面问题的反应高度相关，与员工素质水平和等候时间则没有这么高的相关度。但是，员工素质水平与等候时间却有着高度相关性。而且，可以想象企业削减员工人数，其结果是员工们不得不满场转，才能把事情做妥当。

18. Benjamin Schneider, "Alternative Strategies for Creating Service-Oriented Organizations," in *Service Management Effectiveness*, ed. David Bowen, Richard Chase, and Tom Cummings (San Francisco: Jossey-Bass, 1990), 126-151.

19. 参见 Michael Hartline and O. C. Ferrell, "Service Quality Implementation: The Effects of Organizational Socialization and Managerial Actions on Customer Contact Employee Behaviors," report 93-122 (Cambridge, Mass.: Marketing Science Institute, 1993)。

20. Schneider, Wheeler, and Cox, "A Passion for Service"; and Schneider and Bowen, "The Service Organization."

21. Christopher Busse, "Creating a Service Culture," *The Service Edge* (Meanneapolis: Lakewood Press) 7, no. 1 (January 1994): 1-3.

22. 参见 Irwin L. Goldstein *Trainning: Program Development and Evaluation*, 3d ed. (Pacific Grove, Calif.: Brooks/Cole, 1992)。该书完整地描述了需求分析、培训内容和方法以及对培训计划的评估。

23. 实际工作预览已被证明是一种可以增强新员工对企业的忠诚度的战略。而且,这样还可以降低员工的流动率:参加过实际工作预览的员工比没有参加过的员工有更低的流动率。关于实际工作预览更多的资料,参见 John Wanous, *Employee Entry: Recruitment, Selection and Socialization*, 2nd ed. (Reading, Mass.: Addison-Wesley, 1992)。

24. 关于 ServiceMaster 培训计划的详细材料,参见 Christopher Busse, "Focus on ... ServiceMaster," *The Service Edge* (Minneapolis: Lakewood Press) 5, no. 2(February 1992): 3。

25. Ron Zemke, "Experience Shows Intuition Isn't the Best Guide to TeamWork," *The Service Edge* (Minneapolis: Lakewood Press) 7, no. 1 (January 1994): 5.

26. C. Cooper and K. Niles-Jolly, "The Impact of Population Diversity on Customer Service" (paper presented at the International Personnel Management Association Assessment Council Conference,

Sacramento, Calif., June 21, 1993).

第六章

1. Steven Kerr, "Some Characteristics and Consequences of Organizational Reward," in *Facilitating Work Effectiveness*, ed. F. D. Schoorman and B. Schneider (Lexington, Mass.: Lexington Books, 1988), 44-45. Steven Kerr, "On the Folly of Rewarding A While Hoping for B," *Academy of Management Journal* 18 (Decemeber 1975):769-783.

2. Kerr, "Some Characteristics and Consequences of Organizational Reward," 53.

3. Edward E. Lawler III, "The Design of Effective Reward Systems," in *The Handbook of Organizational Behavior*, ed. L. Lorsch (Englewood Cliffs, N.J.: Prentice-Hall, 1987), 255-271.

4. Steve Kerr, *Reward Systems*, University of Southern California, Department of Management and Organization, Los Angeles, 1986, video-tape.

5. J. Richard Hackman and Greg Oldham, *Job Redesign* (Reading, Mass.: Addison-Wesley, 1980).

6. B. Schneider and D. E. Bowen, "Employee and Customer Perceptions of Service in Banks: Replication and Extension," *Journal of Applied Psychology* 70(August 1985):423-433.

7. 要对这些研究作一个回顾，可以参见 *Human Resource Planning* 14, no. 2(December 1991)。还可以参见 Benjamin Schneider and David E. Bowen, "The Service Organization: Human Resources Management Is Crucial," *Organizational Dynamics* 21, No. 4 (spring 1993):39-52；还有 Stanley F. Slater and John C. Narver's work, which is Summarized in *Superior Customer Value and Business Performance: The Strong Evidence for a Market-Driven Cul-*

*ture* (Cambridge, Mass. : Marketing Science Institute, 1992)。

8. B. Schneider, J. K. Wheeler, J. Cox, "A Passion for Service: Using Content Analysis to Explicate Service Climate Themes," *Journal of Applied Psychology* 77 (October 1992): 705-716. 也可参见 Schneider and Bowen, "*The Service Organization: Human Resource Management Is Crucial*"。

9. 事实上，自从著名的霍桑实验我们对此就有所了解。霍桑实验证实了工作团队对员工行为的关键影响作用。这些研究不仅揭示了心理因素会影响员工的行为，而且外界的现实力量也会对员工的行为产生影响。关于这些研究的介绍以及对工作中的行为进行研究的重要历史作用，可以参见 P. M. Muchinsky, *Psychology Applied to Work*, 4th ed. (Pacific Grove, Calif. : Brooks/Cole, 1993)。

10. 引自 Dave Zielinski, "Celebrating Service Quality: Methods Vary but Customer Retention Is Payoff," *The Service Edge* (Minneapolis: Lakewood Press) 4, no. 4 (April 1991): 2。

11. Carlzon 的这番言论，可参见 *Scandinavian Airline System*, #890-021, Harvard Business School, Boston, 1989, videotape。

12. "Linking Pay to Service Quality Risky, but Sends Strong Message," *The Service Edge* (Minneapolis: Lakewood Press) 6 (Decemeber 1993): 5.

13. 关于工作中的目标设定和激励研究的综述，参见 Edwin A. Locker and Gary Latham, *A Theory of Goal Setting and Task Performance* (Englewood Cliffs, N. J. : Prentice-Hall, 1990)。

14. 参见 Joel Brocker 的 *Self-Esteem at Work* (Lexington, Mass. : Lexington Books, 1988) 一书；与他有相似观点的还有 D. T. Hall and B. Schneider, 参见 *Organizational Climate and Careers: The Work Lives of Priests* (New York: Academic Press, 1973)。

15. 尽管看似把问题过分简单化了，然而确实如此。在 *A Theory of Goal Setting and Task Performance* 一书中，Locker 和 Latham

指出，在科学研究中，设定明确、有挑战性且可以接受的目标，在以后可以有更多的重大发现！

16. 参见 Schneider, Wheeler, and Cox, " A Passion for Service"; and Schneider and Bowen, "The Service Organization"。

17. 极有可能与这些问题相关的几个概念是公平、公正、心理契约以及员工行为，在以下资料中有更多的研究：D. M. Rousseau and J. M. Parks, "The Contracts of Individuals and Organizations," in *Research in Organizational Behavior*, vol. 15, ed. L. L. Cummings and B. M. Staw(Greenwich, Conn.: JAI Press, 1993):1-43; D. Organ, "The Motivational Basis of Citizenship Behavior," in *Research in Organizational Behavior*, vol. 12, ed. B. M. Staw and L. L. Cummings and B. M. Staw(Greenwich, Conn.: JAI Press, 1990):43-72; and B. Shephard et al., *Organizational Justice* (Lexington, Mass.: Lexington Books, 1992)。

18. D. E. Bowen and R. Folger, "The Meaning and Management of Fairness in Service Exchange," working paper, Arizona State University West, Phoenix, 1994; R. H. Moorman, "Relationship between Organizational Justice and Organizational Citizenship Behaviors: Do Fairness Perceptions Influence Employee Citizenship?" *Journal of Applied Psychology* 76 (December 1991): 845-855.

19. 参见"Service Quality and Organizational Effectiveness," Walter Tornow, guest ed., *Human Resource Planning* 14, no. 2 (December 1991)。

20. Dave Zielinski, "Farsighted Pay Plans Return High Yield in Customer Satisfaction and Rentention," *The Service Edge* (Minneapolis: Lakewood Press) 5, No. 12(1992):1-2.

**第七章**

1. Karl Albrecht, *At America's Service* (Homewood, Ill.:

Dow Jones-Irwin, 1988), 27.

2. 参见 S. Rathnam, V. Mahahan, and A. W. Whinston, "Using Information Technology to Reduce Coordination Breakdowns in Customer Support Teams," report 94-105, Cambridge, Mass., Marketing Science Institute, 1994。

3. A. Parasuraman, V. A. Zeithaml, and L. L. Berry, "SERVQUAL: A Multiple Item Scale for Measuring Customer Perceptions of Service Quality," *Journal of Retailing* 64 (spring 1988): 12-40.

4. M. J. Bitner, "Servicescape: The Impact of Physical Surroundings on Customers and Employees," *Journal of Marketing* 56 (April 1992): 57-71.

5. B. Schneider and E. E. Bowen, "Employee and Customer Perceptions of Service in Banks: Replication and Extension," *Jouranal of Applied Psychology* 70 (August 1985): 423-433.

6. R. E. Wene, "The Environmental Psychology of Service Encounters," in *The Service Encounter: Managing Employee/Customer Interaction in Service Business* ed. J. A. Czepiel, M. R. Solomon, and C. F. Surprenant (Lexington, Mass.: Lexington Books, 1985), 101-112.

7. A. Rafaeli and M. G. Pratt, "Tailored Meanings: On the Meaning and Impact of Organizational Dress," *Academy of Management Review* 18(January 193): 32-55.

8. R. D. Buzzell and B. T. Gale, *The PIMS Principles: Linking Strategy to Performance* (New York: Free Press, 1987).

9. 关于 Club Med 的资料来自 W. E. Sasser Jr., C. W. L. Hart, and J. L. Heskett, *The Service Management Course: Cases and Readings* (New York, Free Press, 1991): 243-261。

## 第八章

1. Jane Kingman-Brundage, William R. George, and David E.

Bowen, "Service Logic—Achieving Essential Service System Integration," *International Journal of Service Industry Management*.

2. 同上。

3. Aleda. Y. Roth and Marjdijn van der Velde, "Operations as Marketing: A Competitive Service Strategy," *Journal of Operations Management* 10, no. 3 (1991), 303-328.

4. Christopher H. Lovelock, "Managing Interactions between Operations and Marketing and Their Impact on Customers," in *Service Management Effectiveness*, ed. D. E. Bowen, R. B. Chase, and T. G. Cummings (San Francisco: Jossey-Bass, 1990), 343-368.

5. 同上。

6. Richard B. Chase, "Where Does the Customer Fit in a Service Operation?" *Harvard Business Review* 56 (November-December 1978): 137-142.

7. 关于 Ikea 的信息来自一篇关于系统设计的论文,该论文研究在提供产品或服务时,企业与顾客的相互影响。参见 Richard Normann and Rafael Ramirez, "From Value Chain to Value Constellation: Designing Interactive Strategy," *Harvard Business Review* 71 (July-August 1993): 65-77。

8. Lovelock, "Managing Interactions."

9. Richard B. Chase and Robert H. Hayes, "Beefing Up Operations in Service Firms," *Solan Management Review* 33, no. 1 (fall 1991): 15-26.

10. Bernard H. Booms and Mary Jo Bitner, "Marketing Strategy and Organization Structures for Service Firms," in *Marketing of Service*, ed, J. H. Donnelly and W. R. Geroge (Chicago: American Marketing Association, 1982), 47-52.

11. Christian Gronroos, *Service Marketing and Management* (Lexington, Mass.: Lexington Books, 1990).

12. John E. G. Bateson, "Evaluating the Role and the Place of Marketing in Service Firms," in *Service Marketing Effectiveness*, ed. D. E. Bowen, R. B. Chase, and T. Cummings (San Francisco: Jossey Bass, 1990), 324-342.

13. 市场导向问题日益成为学术研究所关注的焦点。在一项创新性研究中,John Narver 和 Stan Slater 对 140 家企业进行了调查,发现愈是能以市场为导向,获得的利润愈多。他们将市场导向定义为五个相互关联的因子:(1)顾客导向;(2)竞争对手导向;(3)跨职能协调导向;(4)持之以恒;(5)以利润为核心。他们在研究中还对这五个因子作了进一步的评估分析。参见 J. C. Narver and S. F. Slater, "The Effect of Market Orientation on Business Profitability," *Journal of Marketing* 54 (October 1990): 20-35; 还可以参见 J. C. Narver, R. Jacobson, and S. F. Slater, Market Orientation and Business Performance: An Analysis of Panel Data," Report 93-121, Cambridge, Mass.: Marketing Science Institute, 1993。

14. Leonard Berry and A. Parasuranman, *Marketing Service* (New York: Free Press, 1991), 78-84.

15. Leonard Berry, "The Employee as Customer," *Journal of Retail Banking* (March, 1981):33-40.

16. Richard B. Chase and W. E. Youngdahl, "Service by Design," *Design Management Journal* 9 (winter 1992):12.

17. Richard B. Chase and David A. Tansik, "The Customer Contact Model for Organization Design," *Management Science* 29 (September 1983):1042.

18. Timothy W. Firnstahl, "My Employees Are My Service Guarantee," *Harvard Business Review* 67 (July-August 1989):28-34.

19. Leonard Berry, Valerie Zeithaml, and A. Parasuranman, "Five Imperatives for Improving Service Quality," *Sloan Manage-*

*ment Review* 31(summer 1990)：29-38.

20. B. Schneider and D. E. Bowen，"Employee and Customer Perceptions of Service in Banks：Replication and Extension，" *Journal of Applied Psychology* 70 (August 1985)：423-433.

21. D. E. Bowen and Larry Greiner，"Moving from Production to Service in Human Resources Management，" *Organizational Dynamics* 15 (summer 1986)：35-53.

22. 有关创新的深入研究，特别是企业的技术创新，参见 L. G. Tornatzky and M. Fleischer，*The Process of Technological Innovation* (Lexington，Mass.：Lexington Books，1990)。读者应该清楚这样一个事实，无论是制造企业还是服务企业，在引入新技术特别是信息系统技术方面还未达到最初的设想。例如人们期望引入新技术可以削减成本，提高生产率，这一点似乎还没有出现。我们相信，之所以不能一蹴而就是因为新技术的引入没有相应的支持(培训、管理)是不行的。而且，在运营管理和系统方面，许多新技术的引入应该咨询它们的潜在使用者，但是都没做到。事实上，服务提供商对新技术不适用，顾客对其也不了解，但这些似乎都被忽略了。

23. C. R. Martin Jr. and D. A. Horner，"Services Innovation：Successful Versus Unsuccessful Firms，" *International Journal of Service Industry Managemnt* 4 (1993)：49-65.

24. Karl Albrecht，*At America's Service* (Homewood，Ill.：Dow Jones-Irwin，1988)，139-142.

25. Graham Button，"The Man Who Almost Walked Out on Ross Perot，" *Forbes*，November 22，1993，72.

26. 参见 Kingman-Brundage，Geroge，and Bowen，"Service Logic"；也可参见 Jane Kingman-Brundage，"Technology，Desigen and Service Quality，" *International of Service Industry Management* 2 (1991)：47-59。

## 第九章

1. 这句话是改编自克林顿总统的一句名言,“笨蛋,要重视经济”。在1992年总统竞选期间,克林顿将此句作为自己的座右铭,以强化对一些重要问题的关注,这些重要问题都是他的竞选班子为他确认的一些关乎他竞选成败的问题。我们在最后一章引用此座右铭,也是想向读者强调,关注服务文化是关乎服务游戏成败的关键。

2. M. Sheridan,“J. W. Marriott, Jr., Chairman and President, Marriott Corporation,” *Sky Magazine*, March 1987,46-53.

3. T. J. Peters and N. Austin, *A Passion for Excellence* (New York: Random House, 1985), 204.

4. R. Zemke and D. Schaff, *The Service Edge: 101 Companies that Profit from Customer Care* (New York: NAL Books, 1989), 149-152.

5. H. M. Trice 和 J. Beyer 在 *The Culture of Work Organizations* (Englewood Cliffs, N.J.: Prentice-Hall, 1993)一书中对于组织文化方面的研究成果提供了一个概览。从环境和文化来说,B. Schneider 在组织环境方面有更多的论述,参见 B. Schneider, ed., *Organizational Climate and Cluture* (San Francisco: Jossey-bass, 1990)。

6. J. J. Kao, “Scandinavian Airlines System,” 9-487-041, rev. 11/87(Boston: Harvard Business School, 1987), 9.

7. B. Schneider, J. K. Wheeler, and J. F. Cox, “A Passion for Service: Using Content Analysis to Explicate Service Climate Themes,” *Journal of Applied Psychology* 77 (October 1992): 705-716; B. Schneider and D. E. Bowen, “The Service Organization: Human Resources Management Is Crucial,” *Organizational Dynamics* 21 (1993): 39-52.

8. 这句话对我们书中所阐述的研究发现和观点作了简明的总

结。这些研究发现和主要观点归纳于下述论文：David E. Bowen and Benjamin Schneider，"Service Marketing and Management：Implications for Organizational Behavior，" in *Research in Organizational Behavior*，ed. Larry L. Cummings and Barry Staw（Greenwich，Conn.：JAI Press），43-80；Benjamin Schneider，"The Climate for Service：Application of the Climate Construct，" in *Organizational Climate and Culture*，ed. Benjamin Schneider（San Francisco：Jossey-Bass，1990），383-412；Benjamin Schneider and David E. Bowen，"Employee and Customer Perceptions of Service in Banks：Replication and Extension，" *Journal of Applied Psychology* 70（August 1985）：423-433；Benjamin Schneider and David E. Bowen，"Personnel and Human Resources Management in the Service Sector，" in *Research in Personnel and Human Resources Management*，ed. Gerald Ferris and Kenndrith Rowland（Greenwich，Conn.：JAI Press，1992），10：1-30；Benjamin Schneider and David E. Bowen，"The Service Organization：Human Resources Management Is Crucial，" *Organizational Dynamics* 21（spring 1993）：39-52。

9. 更多的案例可以参见 Zenmke 和 Schaff 所著的 *The Service Edge* 一书，第 90-95 页。

10. B. G. Chung，"The Effects of Service Orientation Discrepancy on Role Stress，Job Satisfaction and Employee Outcomes：A Boundary Role Study"（master's thesis，Department of Psychology，University of Maryland，College Park）。

11. E. E. Lawler III，"Choosing an Involvement Strategy，" *Academy of Management Executive* 2（1988）：197-204；D. E. Bowen and E. E. Lawler III，"The What，Why，How and When of Empowering Service Workers，" *Sloan Management Review* 33，no. 3（spring 1993）：31-39.

12. P. A. Nayyar，"Performance Effects of Three Foci in Serv-

ice Firms," *Academy of Management Journal* 35 (December 1992): 985-1009.

13. M. Treacy and F. Wiersema, "Customer Intimacy and Other Value Disciplines," *Harvard Business Review* (January-February 1993): 84-93.

服务企业

# 作者介绍

本杰明·施奈德是马里兰大学的心理学教授，组织与人员研究公司（一家专门设计和应用人力资源方法增强组织效率的咨询企业）的副总裁。他曾执教于耶鲁大学、密歇根州立大学、巴伊兰大学、北京大学，以及艾克斯—马赛大学劳动与经济学院。他是产业与组织心理学学会主席，管理学会的组织行为分会主席，美国心理学协会、美国心理学学会和管理学会的高级会员。他是《应用心理学刊》（*Journal of Applied Psychology*）、《英国管理学刊》（*British Journal of Management*）和《国际服务产业管理学刊》（*International Journal of Service Industry Management*）等期刊的编辑委员会成员。

施奈德教授出版了六本专著，发表了八十多篇论文。这些著述的研究主题包括人员选拔、组织文化以及服务质量等。

戴维·E.鲍恩是亚利桑那州立大学副教授。之前，他曾执教于南加利福尼亚大学。他为大量的服务企业做过咨询，包括花旗银行、第一州际服务公司、东京快递（Tokyo Express）、国防大学（National Defense University）和博物馆管理研究所（the Museum Management Institute）。他的研究与咨询工作主要集中在服务企业的组织行为问题方面。他是《管理评论学刊》(*Academy of Management Review*)、《人力资源管理杂志》(*Human Resource Management Journal*)、《国际服务产业管理学刊》等期刊的编辑委员会成员。

鲍恩教授出版了四本专著,发表了四十多篇论文,研究的主题包括员工授权、与顾客合作生产服务以及质量导向的人力资源管理实践。

检